普通高等教育车辆工程专业"新工科"建设系列教材

Qiche Shiyanxue
汽车试验学

(第3版)

郭应时　袁　伟　主　编
魏　朗　刘玺斌　主　审

人民交通出版社股份有限公司
北京

内 容 提 要

本书是"普通高等教育车辆工程专业'新工科'建设系列教材"之一。本书介绍了汽车试验研究的原理、方法及相关技术,主要内容包括:汽车试验测试系统的静、动态特性;汽车试验的基本理论和试验设计方法;试验测试系统中常用传感器、调理电路和数据采集系统的工作原理与特性;试验的静态数据处理和信号分析处理的原理与方法等。

本书可作为普通高等院校车辆工程及相关专业本科生和研究生的专业基础课教材,也可供有关研究人员、工程技术人员参考。

图书在版编目(CIP)数据

汽车试验学/郭应时,袁伟主编. —3 版. —北京:
人民交通出版社股份有限公司,2022.6
ISBN 978-7-114-17931-0

Ⅰ.①汽… Ⅱ.①郭… ②袁… Ⅲ.①汽车试验—高等学校—教材 Ⅳ.①U467

中国版本图书馆 CIP 数据核字(2022)第 067634 号

书　名:	**汽车试验学(第3版)**
著 作 者:	郭应时　袁 伟
责任编辑:	钟　伟
责任校对:	孙国靖　宋佳时
责任印制:	刘高彤
出版发行:	人民交通出版社股份有限公司
地　　址:	(100011)北京市朝阳区安定门外外馆斜街3号
网　　址:	http://www.ccpcl.com.cn
销售电话:	(010)59757973
总 经 销:	人民交通出版社股份有限公司发行部
经　销:	各地新华书店
印　刷:	北京建宏印刷有限公司
开　本:	787×1092　1/16
印　张:	15.75
字　数:	383 千
版　次:	2006年6月　第1版
	2015年10月　第2版
	2022年6月　第3版
印　次:	2024年7月　第3版　第2次印刷　总第9次印刷
书　号:	ISBN 978-7-114-17931-0
定　价:	45.00元

(有印刷、装订质量问题的图书,由本公司负责调换)

普通高等教育车辆工程专业"新工科"建设系列教材

编 委 会

主 任

赵祥模(长安大学)

副主任(按姓名拼音顺序)

陈　南(东南大学)　　　高振海(吉林大学)　　　郭应时(长安大学)
黄　彪(北京理工大学)　刘　杰(湖南大学)　　　吴光强(同济大学)

委 员(按姓名拼音顺序)

曹立波(湖南大学)　　　冯崇毅(东南大学)　　　龚金科(湖南大学)
郭伟伟(北方工业大学)　韩英淳(吉林大学)　　　胡兴军(吉林大学)
黄　江(重庆理工大学)　黄韶炯(中国农业大学)　李　凡(湖南大学)
李志恒(清华大学)　　　刘晶郁(长安大学)　　　鲁植雄(南京农业大学)
栾志强(中国农业大学)　史文库(吉林大学)　　　谭继锦(合肥工业大学)
谭坚元(北方工业大学)　汪贵平(长安大学)　　　王　方(长沙理工大学)
吴志成(北京理工大学)　谢小平(湖南大学)　　　杨　林(北京理工大学)
姚为民(吉林大学)　　　于海洋(北京航空航天大学)张　凯(清华大学)
张志沛(长沙理工大学)　周淑渊(泛亚汽车技术中心)左曙光(同济大学)

第3版前言
Preface to the third edition

为主动应对新一轮科技革命与产业变革，支撑服务创新驱动发展、"中国制造2025"等一系列国家战略，自2017年2月以来，教育部积极推进"新工科"建设，先后形成了"复旦共识""天大行动"和"北京指南"，全力探索形成领跑全球工程教育的中国模式、中国经验，助力高等教育强国建设。为顺应"新工科"建设的发展需求，人民交通出版社股份有限公司针对高等院校车辆工程专业课程开设情况进行了充分的调研，并在此基础上，围绕着工程教育改革的新理念、新结构、新模式、新质量、新体系，对原有的车辆工程专业教材进行了全面的调整、修订和增补等，形成了全新的"普通高等教育车辆工程专业'新工科'建设系列教材"。

本书是"普通高等教育车辆工程专业'新工科'建设系列教材"之一，其首版自2006年出版以来，被许多高校车辆工程专业选为教材或教学参考书，得到了同行的充分肯定。作为车辆工程学生知识体系的重要环节，本书立足于帮助学生建立试验科学的基本概念、基础理论，适当了解汽车产品研发过程中应用的基本评价方法和手段，衔接专业教育的不同阶段培养要求，这是编写团队多年从事本科与研究生教育、参与相关研究和企业产品研发的体会与经验的总结。我们也在不断探索作为一门专业发展课程的教材，如何帮助读者实现"基础理论知识-工程实践经验-思维创新能力"多维能力广泛融合，如何在保证知识结构和内在逻辑符合工程专业人才培养规律的同时，还要体现出技术进步和工程实际的现实结合。本次修订，保持了上一版教材的结构和逻辑，对第一至第八章的内容进行了文字修订完善，更新了车辆工程领域试验研究的相关标准；增加了第九章有关主观评价的内容，力图使读者全面了解汽车产品开发过程的评价方法。

本书由郭应时、袁伟主编。其中绪论及第一、四章由郭应时编写，第二、三章由郭羽熙编写，第五、六章由孙秦豫编写，第七、八章由袁伟编写，第九章由白艳编写，全书由郭应时统稿。书稿的部分内容参考了其他教材中的有关章节，在此对原书作者表示敬意和感谢。长安大学的魏朗教授和陕西汽车集团公司的刘玺斌教授级高级工程师继续作为主审审阅了书稿，在此深表谢意。

尽管进行了认真校核，书中错误和疏漏在所难免，敬请读者理解并斧正。

编　者

2022年2月

目录

绪论 ······ 1
  第一节 概述 ······ 1
  第二节 汽车试验的分类与特点 ······ 2
  第三节 汽车试验计划与组织 ······ 4
  第四节 本书的主要内容 ······ 6

第一章 试验测试系统的技术特性 ······ 7
  第一节 试验测试系统的基本概念 ······ 7
  第二节 试验测试系统的静态特性 ······ 10
  第三节 试验测试系统的动态特性 ······ 13
  第四节 测试装置的动态响应特性 ······ 16
  第五节 测试系统对瞬态激励的响应 ······ 22
  第六节 测试系统频率特性的测定 ······ 27
  第七节 稳态正弦激励下的悬臂梁动态特性参数的测试实验 ······ 30
  本章思考题 ······ 32

第二章 测量不确定度与误差理论 ······ 33
  第一节 测量与测量不确定度 ······ 33
  第二节 测量误差 ······ 37
  第三节 随机误差 ······ 40
  第四节 系统误差 ······ 45
  第五节 过失误差 ······ 49
  第六节 测量结果的数据处理 ······ 52
  第七节 MATLAB 在数据误差分析中的应用 ······ 54
  本章思考题 ······ 56

第三章 试验设计 ······ 57
  第一节 基本概念 ······ 57
  第二节 2^2 因子设计 ······ 58
  第三节 正交设计 ······ 66
  本章思考题 ······ 73

第四章 模型试验基础 ······ 74
  第一节 相似现象及概念 ······ 74

  第二节 相似理论基础 ·········· 76
  第三节 相似准则的求解 ·········· 80
  第四节 模型试验的数据处理 ·········· 89
  本章思考题 ·········· 92

第五章 测试系统基本单元模块（1）——传感器与调理电路 ·········· 93
  第一节 传感器概述 ·········· 93
  第二节 电参数型传感器 ·········· 94
  第三节 电量型传感器 ·········· 104
  第四节 频率输出型数字传感器 ·········· 112
  第五节 放大器 ·········· 115
  本章思考题 ·········· 120

第六章 测试系统基本单元模块（2）——数据采集系统 ·········· 121
  第一节 数据采集系统概述 ·········· 121
  第二节 模拟量数据的采集 ·········· 122
  第三节 数字量数据的采集 ·········· 128
  第四节 CAN 总线数据输出采集 ·········· 136
  第五节 智能数据采集系统 ·········· 139
  第六节 综合应用实例 ·········· 143
  本章思考题 ·········· 144

第七章 试验数据处理 ·········· 145
  第一节 插值与图形表达 ·········· 145
  第二节 回归分析 ·········· 150
  第三节 信号的分类 ·········· 156
  第四节 时域分析及应用 ·········· 160
  第五节 频域分析及应用 ·········· 166
  本章思考题 ·········· 175

第八章 典型汽车试验及设备 ·········· 176
  第一节 汽车基本性能试验 ·········· 176
  第二节 汽车可靠性试验 ·········· 188
  第三节 汽车空气动力学试验 ·········· 193
  第四节 汽车被动安全性试验 ·········· 199
  第五节 汽车电磁兼容性试验 ·········· 204
  第六节 汽车环保性试验 ·········· 207
  第七节 汽车总成与零部件试验 ·········· 210
  第八节 汽车驾驶适宜性试验 ·········· 214
  第九节 汽车试验场 ·········· 218
  本章思考题 ·········· 224

第九章 主观评价方法 ·········· 225
  第一节 概述 ·········· 225

第二节　乘坐舒适性主观评价 ·· 228
　第三节　操纵稳定性主观评价 ·· 231
　第四节　转向性能主观评价 ·· 234
　第五节　制动性能主观评价 ·· 236
　第六节　动力性及驾驶性能主观评价 ··· 238
　第七节　NVH 性能主观评价 ··· 239
　第八节　智能驾驶主观评价 ·· 241
　本章思考题 ·· 242
参考文献 ··· 243

绪　　论

第一节　概　　述

汽车作为人类交通运输工具问世已经有 100 多年的历史了,它的出现和发展给人类社会带来了无可估量的经济效益和社会效益。伴随着汽车日益走向成熟,汽车产品的研究开发、设计生产等相关领域的技术、手段和方法的发展也日臻完善,并不断推陈出新。而这一切都与汽车的试验研究密不可分。

一、汽车试验研究的作用

作为工业产品,汽车具有许多特点:①汽车的使用条件复杂,既有复杂多变的使用环境,又涉及不同的使用人群和使用方式,具有不同的用途;②集成度高,它是融合了机械、电子、材料、化工、石油等多个领域先进技术和成果的综合性产品;③对产品的性能、寿命、质量、驾乘者感受和成本等方面综合质量和性能要求高;④影响产品质量和技术性能的因素和环节多,所涉及的技术领域也极为广泛;⑤涉及能源消耗、环境保护和交通安全。正因为如此,汽车产品的品质与价格综合性能不断提高,使之成为市场广阔、受众普遍的工业产品。

在汽车技术发展的过程中,针对市场变化和用户的需求,不断出现新的需要研究解决的问题,相关领域新的技术和研究成果的应用,技术上许多创新和突破以及新车型的开发设计,都要求以试验研究、驾乘者的主观感受为基础,或是经过试验来检验,帮助研究人员深入了解汽车在实际使用中各种现象的本质及其规律,并推动其技术的进一步发展。此外,汽车的试验研究,可以有效地解决汽车开发研究过程中无法通过理论计算和分析得到有效解决的问题,如汽车的结构强度分析、汽车抗撞特性研究、汽车的空气动力性能等。可见,汽车的试验研究是汽车技术发展的一种极为重要的方法,是保证产品性能、提高产品质量和市场竞争力的重要手段。

二、汽车试验研究的发展

汽车产品及其工业是在 19 世纪末、20 世纪初产生的。早期的汽车基本采用了单件小批量方式生产,性能不高而且成本高昂。随着汽车生产方式转向生产流水线作业,部分总成专业化生产,汽车工业生产率显著提高,成本下降,批量增加,有效地增加了社会保有量。同时,20 世纪上半叶的两次世界大战对工业技术的刺激作用和战争对军需物资的拉动效应,客观上促进了汽车工业整体技术水平的提高。至 20 世纪 40 年代,汽车工业已广泛采用了大规模生产技术及流水生产线。而此时道路条件已得到相应的改善,车速明显提高,汽车产品的各项性能存在的问题逐步突显,迫切需要通过试验研究工作加以解决,并且出于市场竞争的需要,其性价比的提高也是厂商迫切的需求。为此,生产厂商进行了大量的有关材料、工艺、可靠性以及性能等诸多方面问题的试验研究。这期间的试验技术除借用其他行业比较成熟的方法外,也逐渐形成汽车行业自己的试验方法和试验设备,如转鼓试验台、闭式试验台及疲劳试验台等,这些设备除结构和控制方面有所改进外,其基本原理沿用至今。此外,道路试验得到了充分的重视,成为汽车试验的基本方法之一。这时也出现了早期的汽车试验场。应该说,早期的汽车试验,虽然规模不大,范围不广,仪器设备比较简单,除个别厂家有试验场外,试验工作主要在试验台架和一般道路上进行,但汽车试验工作的基本方法是在这段时间形成的,并为以后试验技术的发展打下了良好的基础。由于专业化和协作生产的需要,也开展了制定各种标准、规范的研究工作,其中包括试验方法标准的制定。

第二次世界大战以后至20世纪70年代,全世界汽车保有量剧增,汽车结构和性能方面有大幅改善和提高。这一时期汽车工业的主要特点是,既保持着大规模生产,又有向多品种和高技术发展的趋势。由于汽车生产发展的需要,同时也是许多相关工业、相邻学科发展和渗透的结果,汽车试验技术进入了一个新的发展时期,大量的基础性研究工作推动了试验技术的发展。

试验技术的发展与试验仪器设备的完善和提高有密切关系。由于电子技术的发展。出现了各种数据采集、变换、放大、储存、处理以及控制等方面的高精度电子仪器。电测量测试技术的应用在现代汽车试验中占有十分重要的地位。

汽车工业发展到20世纪70年代以后,不仅保持了大规模、多品种和高技术的特征,而且出现一些新的更科学、更合理的生产组织管理制度,标准化、专业化、集约化和自动化程度大幅提升,使汽车制造业能够大规模地生产高质量、低售价的产品。同时,试验技术也同步提高与发展,高技术的应用越来越多。特别是电子技术的高度发展,如电子计算机的应用对汽车试验起到了巨大的促进作用。电子计算机在汽车的性能预测、强度计算上提供了快速、准确的运算工具,如操纵稳定性、空气动力学特性、车身以及车架的有限元计算等,从而代替了大量多方案比较试验。

此外,电子液压振动试验台、电控转鼓试验台等大型先进试验设备的广泛采用,以及现代化风洞、试验场等大型试验设施的普遍建立,使汽车试验技术无论在方法上或装备上都达到了空前完善的程度。

近年来,由于传感器技术、大规模集成电路、计算机控制和以计算机为核心的智能仪器、虚拟仿真试验技术的发展,传统的电测技术有了质的飞跃,使得汽车的试验技术向着大规模、集成化、智能化方向发展,大大提高了试验工作的效率和水平,客观上也促进了汽车技术和相关研究的发展。

第二节　汽车试验的分类与特点

汽车是一个由成千上万个零部件组装成的产品,每个零件的质量和功能,都有可能直接影响汽车的性能。因此,有关汽车的试验研究内容很广,需要解决的问题也极为复杂,既有涉及产品质量的检查性试验,也有涉及性能对比研究的研发性试验,以及涉及安全和环保的认证试验等,从事汽车试验的单位和部门也包括了生产企业、科研部门和认证机构、使用单位,可见,汽车试验研究本身已经成为伴随汽车技术发展的一个相对独立的相关研究领域。

汽车试验可按其试验目的、试验对象、试验场地和试验方法进行分类。

一、按试验目的分类

（1）质量检查试验。对在产的汽车产品,定期进行质量检查试验,考核产品质量的稳定性和生产一致性。为及时检查出产品存在的问题,通常是针对影响性能的关键环节进行检查,并得出检查结论。质量检查试验一般按照产品类别都有具体的试验规范。

（2）新产品定型试验和认证试验。在新车型投产以前,由生产企业和第三方认证机构按照汽车法规和标准规程进行全面性能试验和在不同地区和道路条件进行适应性和可靠性试验,以此作为产品生产许可的依据。

（3）研发性试验。为了改进现有产品或开发研制新产品,必须对车辆的新部件、新结构,采用的新材料、新工艺等进行广泛深入的研究试验,试验常采用较先进的仪器设备。此外,新的试验方法与测试技术的探讨,试验标准的制定,也是研发性试验的一部分内容。

二、按试验对象分类

（1）整车试验。整车试验的目的是考核评定整车的主要技术性能,测出各项技术性能指标,如动力性、经济性、平顺性、制动性及通过性等。此外,整车基本参数的测定也包括在内。

（2）机构及总成试验。机构及总成试验主要考核机构及总成的工作性能和耐久性,如发动机功率、变速器效率、悬架装置的特性以及它们的结构强度、疲劳寿命和耐久性等。

（3）零部件试验。零部件试验主要考核其设计和工艺的合理性,测试其刚度、强度、磨损和疲劳寿命以及研究材料的选用是否合适。

三、按试验场地分类

（1）室内台架试验。室内台架试验能以较高的精度在室内试验台上测试汽车整车及总成和零部件,并能消除不需研究的某些因素,容易控制试验条件。近年来,由于广泛应用计算机控制、模拟负荷加载、虚拟环境以及数据采集系统,室内台架试验可以更加真实地模拟实际使用工况,建立起室内台架试验与实际道路试验相应的关系,以代替一部分道路试验,这样不仅提高了试验精度,而且缩短了试验周期。

（2）室外道路试验。汽车在实际使用的道路条件下现场试验,其试验结果符合实际使用情况,可全面考核其技术性能,所以室外道路试验依然是普遍应用的方法。近年来陆续发展的各种高性能的小型传感器、智能电子仪器、遥测系统以及记录器,使道路试验技术更趋完善。

（3）试验场试验。试验场试验按预先制定的试验项目、规范,在规定的行驶条件下进行。试验场可设置比实际道路更恶劣的行驶条件和各种典型道路与环境,在这种条件下进行可靠性试验、寿命试验及环境试验,也可进行强化试验以缩短试验周期,提高试验结果的可比性。

四、按试验方法分类

汽车开发试验评价常用方法有以下三种：

（1）客观评价法。通过客观测试可对整车结构及性能目标进行定量测试,以评价这些性能的指标测试数据作为依据进行评价。

(2)主观评价法。汽车的许多性能可能无法用若干指标测试结果反映出来,有时甚至很难找到相关指标项,往往可通过驾乘者的主观感受真实地判断其综合性能。

(3)仿真分析法。设计开发初期可以通过仿真分析对整车结构及性能目标进行仿真验证及优化。

整车性能开发是一个复杂的过程,包括汽车的方方面面,以上三种方法,都是产品开发过程中判断产品性能和品质的常用方法。通过仿真分析可对整车结构及性能目标进行仿真验证及优化,通过客观测试可对整车结构及性能目标进行定量测试,通过主观评价可对车辆进行驾乘感受评价。汽车主观评价方法作为一种定性评估的手段,可以快速地发现车辆之间的性能差距,但却不能反映出这种性能差距具体体现在哪些客观性能指标上。这就需要研发人员对比、测试影响这些性能的客观指标项,找出客观测试指标项的差距,对性能影响表现的产品结构、产品参数进行重新优化匹配,以提升车辆的性能。实际开发过程中,研发人员通过这三种方法的反复迭代,最终制定出能够满足整车产品定性与量产的整车性能设计方案。

第三节 汽车试验计划与组织

汽车试验是一项技术性较强的工作,同时又是一个涉及多部门、多学科密切配合的系统工程,必须周密计划与组织。试验过程可分为试验准备、试验实施和试验总结三个阶段。

一、试验准备阶段

1. 制定试验大纲

试验大纲是指导试验的重要技术文件。根据汽车试验任务提出的要求,按相应的国家汽车法规和试验标准编制试验大纲,经讨论、审批后实施。

试验大纲包括下列内容:

(1)试验目的和任务。明确规定试验必须完成的任务(如解决的技术问题、测取的数据及观察的现象等)以及要求达到的目的。试验目的决定了试验的类型、试验的规模与内容。

(2)试验内容与条件。为了完成试验任务所需的试验内容、试验程序以及试验工作量,对每项试验内容和条件应做简要说明,必要时应附有试验原理图。

(3)试验项目和测量参数。试验大纲应根据试验内容,详细列出必须进行的试验项目和每个项目中必须测量的参数,并说明由测量参数求得最后性能指标的方法,附必要的计算公式。

(4)试验仪器。根据试验项目和测量参数,选择试验仪器设备,并提出其精度要求。

(5)试验技术和方法。试验大纲中规定的试验有关技术事项及试验的方法和步骤,对试验人员的正确操作、检测数据及确保试验成功是十分重要的。特别要遵守标准的或法规规定的试验程序和方法。

此外,还应明确参试人员组织、职责和分工以及试验进度计划。

2. 仪器设备的准备

根据试验大纲要求,准备好所需仪器设备。例如对整车试验,应准备好各种传感器和记录仪器等;对室内台架试验,则要准备好各种辅助支架、连接件、测量仪器、动力设备以及测功设备等。所有测试仪器与设备都应满足试验的测量范围、容量和精度要求。试验前应对各种传感器、测试仪器进行定度,定度的数据应记录并填入试验报告中。

3. 人员配备和记录表格准备

根据试验项目和测试数据,配备参加试验人员,明确每人的任务和相互间的配合,熟练掌握仪器设备的操作方法,并拟定试验记录表格和数据处理表格。对自动记录的测试系统,要备好记录介质、设计好打印格式、记录图形的方式与规格。

二、试验实施阶段

试验实施阶段一般经历以下几个过程:起动预热、工况监测、采样读数和校核数据。

不论是整车试验还是总成、部件试验,除另有规定外(如汽车冷起动),都必须经过起动预热过程,使试验设备和被试车辆或总成都达到正常工作状态,一般负荷由小到大、转速由低到高进行试验。试验过程中,必须随时监测车辆和设备的运转工况(如发动机冷却液温度、机油温度等),检查测试仪器的工作状况。按试验大纲规定,在指定工况下采样读数和记录。在稳态试验中,要读取或记录在一定时间内的稳定值。在动态瞬时试验中,要使被试件的动作和记录同步。如采用自动采样记录系统,可快速记录大量数据,并由计算机计算出所需要的参数,画出关系曲线或图形。在试验结束后,应立即汇总主要测试数据,检查、校核各参数测定值,及时作出试验是否有效的判断。若发现数据遗漏、偏差过大或数据互相矛盾,明显不合理,则要分析原因,采取改进措施,重新进行试验。

在试验实施中,必须遵守下列原则:

(1)试验现场不得临时改变项目或内容,以避免考虑不周、准备不足而发生意外事故。

(2)试验中发现车辆、设备及仪器出现故障,应停止试验,进行检修。

(3)试验人员应牢记试验大纲中规定的允许最大负荷、最高转速、最大压力及最大车速等极限值,任何情况下不得超过。

(4)测试数据应随时观察,及时汇总处理,发现问题及时在试验中解决。

(5)试验中,对确保人身安全必须作出明确规定,同时还要采取相应的安全措施。

三、试验总结阶段

试验完成后的总结工作包括:对试验中观察到的现象和发现的问题进行定性的分析研究;对测得的数据进行处理,获取必要的信息和参数,以确定实测所得的性能指标和参数间的关系;在强度、疲劳及磨损试验完毕后,对试件的损坏情况进行分析、检查与测量,以取得必要的试验数据。在完成上述工作后,对试验数据和资料再进一步归纳上升至理论高度,得出规律,对被试件作出评价,并得出结论,撰写试验报告和研究报告。

试验报告内容一般包括:

(1)问题的提出和简要测试方案。

(2)试验条件描述,如地面状况、测试工况、气温、风向和风速等。它便于比较和应用试验结果时参考。

(3)试验方案设计与试验方法。

(4)测试系统仪器选配。

(5)传感器定度。

(6)数据处理方法、处理结果与误差范围。
(7)试验结果分析。
(8)结论。
(9)存在的问题和进一步的改进意见。
(10)附录,如典型试验记录曲线、数据处理结果表、试验规律曲线及工况照片等。

第四节　本书的主要内容

汽车试验学是研究试验规律、试验方法和测量技术的科学,是实验工程学的一部分。现代科学技术研究包括理论研究与试验研究,对汽车工程科技人才而言,除了要掌握专业理论知识外,还应有从事试验研究的能力。汽车试验学就是从各种具体的试验方法中概括那些具有共性的基本理论和技术,它是一门专业技术基础课。通过对本课程的学习,可培养学生正确地选用测试装置,初步掌握试验方法和测试技术,处理试验数据和分析试验结果,为学生进一步学习、研究和处理汽车工程技术问题打下基础。

本课程讨论的主要内容包括:
(1)汽车试验中测试系统的静、动态特性。
(2)汽车试验过程中所要应用的基本理论方法,如测量不确定度与误差理论、模型试验理论与方法、试验设计的基本理论和主观评价方法介绍。
(3)试验测试系统中常用传感器、调理电路的工作原理与特性。
(4)测试系统中的数据采集系统。
(5)试验的静态、动态数据处理原理与方法。
(6)汽车行业常用试验方法与设备。

汽车试验学课程中涉及过去所学的许多有关知识,需要多种学科知识的综合运用,其内容包括常用的试验基本理论和技能,具有涉及面宽、实践性强的特点。学生学习过程中要注意物理概念,掌握基本原理和特性,密切联系实际,加强实践。学习中,学生必须通过必要的试验课,亲自动手完成某些试验项目的全过程,受到科学试验能力的基本训练,才能掌握有关试验的知识和测试技术,初步具有在实际生产、科研中组织、实施各种试验工作的能力。

第一章　试验测试系统的技术特性

第一节　试验测试系统的基本概念

一、测试系统的组成

测试系统是由若干相互联系、相互作用的单元(试验装置、仪器设备和传输及控制部件),为实现特定的测试目的而组成的有机整体。对于实现不同目的的试验测试系统来说,其复杂程度是不同的,通常可以由一些基本的、实现单一功能的基本系统组成。

现代技术条件下的试验测试系统,主要是采用了非电参量的电测技术。图1-1为典型试验测试系统的组成框图。

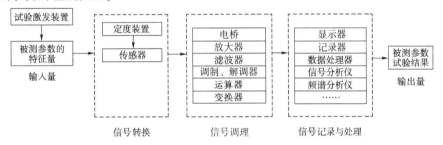

图1-1　典型试验测试系统的组成框图

一般地,一个完备的试验测试系统应包括:

(1)信号转换系统。信号转换系统通常使用相应的传感器,将被测非电参量转换为电参量信号,作为测试系统的输入信号。

(2)信号调理系统。信号调理系统通常由若干个放大器、滤波器、变换器等组成,通过信号源的阻抗变换,信号的放大、衰减与波形变换,信号滤波,多路信号切换或调制解调,将传感器输出的电信号变换成不失真且便于传输、记录、处理的电信号。

(3)信号记录与处理系统。信号记录与处理系统一方面对包含被测参数信息的信号进行记录或显示,显示必要的数据变化图形,供直接观察分析,或将其保存,供后续仪器分析、处理。另一方面,将记录的信号按测试目的与要求提取其有用信息,通过专用或通用的计算机进行分析、处理,诸如概率统计分析、相关分析、功率谱分析和传递特性分析等。

此外,为确保测试系统能有效工作,还应包括相应的辅助装置:

(1)试验激发装置。试验激发装置(试验台)作为试验测试系统的前端,用以最大限度地获得被测参数可能的特征量。

(2)定度和校准装置。定度和校准装置用于测试前对传感器及测试系统确定其输入与输出物理量转换关系的定度曲线,并根据一种较高准确度的参考仪器进行校准,确定整个测试系统的精度。

二、测试系统的数学模型

事实上,试验测试的核心问题就是分析和研究被测参量、测试系统的特性和测量结果之间的关系。如果从系统的角度来研究问题,则可以把测试系统抽象成简单的系统模型,如图 1-2 所示。

图中:输入量或被测量 $x(t)$ 是测试过程中的被测参量;系统的传输或转换特性 $h(t)$ 是测试系统自身所具备的特性;输出量 $y(t)$ 是测试的结果。

图 1-2 测试系统的抽象模型

通常的工程测试问题总是处理输入量或被测量 $x(t)$、系统的传输或转换特性 $h(t)$ 和输出量 $y(t)$ 三者之间的关系:

(1)如果系统的特性已知,通过对输出信号的观察分析,就能推断其相应的输入信号或被测量,这就是通常的测量。

(2)如果输入信号已知,通过对输出信号的观察分析,就能推断出测试系统的特性,这就是通常的系统或仪器的定度过程。

(3)如果输入信号和系统的特性已知,则可以推断和估计系统的输出量,这就是通常的输出信号预测。

可见,只有深入掌握三者之间的相互关系,才能有效地解决工程试验测试问题。

试验测试系统的数学模型是根据相应的物理定律(如牛顿定律、能量守恒定律等)得出的一组将系统的输入与输出联系起来的微分方程式,它能够深刻反映出测试系统的特性的品质,预测作用在各个仪器上的输入量、外界干扰量和仪器自身的内部参数对测试的影响。因此,需要借助系统的数学模型来研究测试系统及相关环节的属性。

一般地,大多数的测试系统都可以假定为具有集中参数、有限自由度和参数时不变系统的物理系统。因此,测试系统也都可以作为线性定常系统处理,即系统的输入信号(激励) $x(t)$ 和输出信号(响应) $y(t)$ 之间可用下列微分方程式来描述:

$$a_n \frac{\mathrm{d}^n y(t)}{\mathrm{d} t^n} + a_{n-1} \frac{\mathrm{d}^{n-1} y(t)}{\mathrm{d} t^{n-1}} + \cdots + a_1 \frac{\mathrm{d} y(t)}{\mathrm{d} t} + a_0 y(t)$$
$$= b_m \frac{\mathrm{d}^m x(t)}{\mathrm{d} t^m} + b_{m-1} \frac{\mathrm{d}^{m-1} x(t)}{\mathrm{d} t^{m-1}} + \cdots + b_1 \frac{\mathrm{d} x(t)}{\mathrm{d} t} + b_0 x(t) \tag{1-1}$$

式中:$\dfrac{\mathrm{d}^n y(t)}{\mathrm{d} t^n}$、$\dfrac{\mathrm{d}^m x(t)}{\mathrm{d} t^m}$ ——系统的输出、输入对时间的微商;

a_n、b_m ——系统的结构特性参数。

若 $a_n, a_{n-1}, \cdots, a_1, a_0$ 和 $b_m, b_{m-1}, \cdots, b_1, b_0$ 均为常数,则该方程为常系数微分方程。

若用 $x(t) \rightarrow y(t)$ 表示上述系统的输入、输出对应关系,则常系数线性系统具有如下基本性质:

(1)叠加特性。叠加特性是指几个输入同时作用于系统时的输出,等于这些输入单独作用于系统时系统各输出的总和,即:

若
$$x_1(t) \rightarrow y_1(t), x_2(t) \rightarrow y_2(t)$$
则

$$[x_1(t)+x_2(t)] \to [y_1(t)+y_2(t)]$$

(2) 比例特性。比例特性是指当系统输入增大若干倍，其输出也增大若干倍，即：

若
$$x_1(t) \to y_1(t)$$

则对任意常数 a，都有
$$ax_1(t) \to ay_1(t)$$

(3) 微分特性。系统对输入微分的响应等同于对原输入响应的微分，即：

若
$$x(t) \to y(t)$$

则
$$\frac{\mathrm{d}x(t)}{\mathrm{d}t} \to \frac{\mathrm{d}y(t)}{\mathrm{d}t}$$

(4) 积分特性。若系统的初始状态为零，则系统对输入积分的响应等同于原输入响应的积分，即：

若
$$x(t) \to y(t)$$

则
$$\int_0^t x(t)\mathrm{d}t \to \int_0^t y(t)\mathrm{d}t$$

(5) 频率保持性。若系统输入为某一频率的正弦(余弦)激励，则其稳态输出也将只有该同一频率而不改变。

线性系统的这些主要特性，特别是频率保持性在动态测试中具有重要的作用。如已知系统是线性的，其输入的激励频率也已知（例如动不平衡引起的振动或稳态正弦激励），那么测量信号中就只有与激励频率相同的频率成分才可能是由该激励引起的振动，而其他频率完全是噪声干扰。

三、理想测试系统

理想的测试仪器或系统应该具有单值的、确定的输入-输出关系，而且最好是一个单向线性系统。

所谓单向系统，即指测试系统对被测量的反作用影响可以忽略。例如振动测试时，要求传感器的质量很小，使其对被测振动物体的固有频率的影响可忽略不计。

所谓线性系统，即输出与输入是线性关系。在静态测试中，系统的线性关系虽然是所希望的，但不是必需的（因为在静态测试中，用校正曲线或输出补偿技术做非线性校正尚不困难），在动态测试中，测试系统本身应该力求是线性系统，这不仅因为在动态测试中做非线性校正目前还相当困难，而且现在只能对线性系统做比较完善的数学处理与分析。然而，实际测试系统不可能在较大的工作范围内保持线性。因此，只能在一定的误差和工作范围内做线性处理。

四、测试系统的基本要求

对测试系统的要求，一般要从测试对象、测试目的和要求出发，综合考虑精度要求、使用环境及被测物理量变化的快慢、测量范围、成本费用及自动化程度等因素,使其达到技术合理、经济实用。

所谓技术合理,主要应考虑如下因素:测试系统应当具有单值的、确定的输入-输出关系,呈线性关系为最佳;保证具有与测试目的和要求相适应的测量精度;测试过程中信号不失真;系统必须有足够的信噪比;系统响应的时间较短。

然而,在实现上述技术要求的同时,必然存在着相应的测试成本问题。所谓经济实用,即既要综合考虑必要的技术要求,又要确定合理的尺度,不至于因过分追求技术上的要求而盲目增加不必要的测试成本,加大试验费用。

此外,测试系统组成中还应考虑以下因素:

(1)测试系统的使用环境条件。主要从温度、振动和介质三个方面全面考虑对仪器或系统的影响。例如,温度、湿度的变化有可能使仪器或其元件变质、失效乃至破坏等;而过大的加速度将使仪器受到不应有的惯性力作用,导致输出的变化或仪器的损坏;在带腐蚀性的介质中或有辐射的环境中工作的仪器也往往容易受到损坏。因此,必须针对不同的工作环境选用合适的仪器,并采取必要的措施对其加以保护。

(2)负载效应及其减轻措施。在实际测试工作中,测试系统和被测对象之间、测试系统内部各环节之间相互连接并因而产生相互作用。当后一个环节的存在影响到前一个环节的输出时,后一个环节相当于对前一个环节加上了负载,通常称为"负载效应"。负载效应将影响测试结果的准确性,应采取必要的措施,减轻负载效应。

(3)测试系统的干扰与抗干扰。在实际测试过程中,测试系统内除了被测信号以外,还会出现与被测量无关的各种不可见、随机的信号成分,使有用信号发生畸变而造成测试误差。这种由非期望的无用信号所造成的不良作用就是干扰。为了减少或消除干扰的影响,有效地抑制干扰,首先要找到干扰发源地,防患于源头是积极的措施。然而有些干扰,如自然干扰及某些现场环境干扰则是不可避免的,因此,削弱通道对干扰的耦合以及提高受感器的抗干扰能力就非常重要。

为了使测试系统发挥正常的效能,必须全面掌握测量系统的特性。这是设计、选购和使用系统并正确处理和表达测量结果的基础。按照被测试量在测试中的状态,测试系统的基本特性可分为静态特性和动态特性两类。

第二节 试验测试系统的静态特性

测试装置的静态特性表示被测物理量处于稳定状态,输入和输出都是不随时间变化的常量(或变化极慢,在所观察的时间间隔内可忽略其变化而视为常量)。此时,输入-输出关系一般可用下式表示:

$$y = a_0 + a_1 x + a_2 x^2 + \cdots + a_n x^n \tag{1-2}$$

式中: x——输入的物理量;

y——输出量;

$a_0, a_1, a_2, \cdots, a_n$——常数。

当 $a_0 \neq 0$ 时,表示即使在没有输入的情况下,仍有输出,通常称为零点漂移(零漂)。理想的静态量测试装置,其输出应是单值的,且与输入呈线性关系,即静态特性为 $y = a_1 x + a_0$,

其输入-输出关系曲线是一条直线。

实际测试装置的静态特性指标主要以准确度、灵敏度、非线性度、重复度和回程误差来表征。此外，还有分辨率、零点漂移、温度漂移及测量范围等，可根据测试装置本身的特点和实际应用的要求确定相应的静态特性指标。

一、准确度

准确度是指测量系统的测定值与被测参数真值相符合的程度，它是表征测量系统静态特性的主要性能指标。

由于各种测量系统存在着本质的区别，其影响测定值与真值符合程度的误差因素也是不确定的，因此，难以一概而论地制定严格的准确度概念。一般意义上的准确度概念是一个定性的概念，大多数情况下，可以按准确度等级、系统测量误差或系统最大允许误差等方式加以描述。

二、灵敏度

灵敏度 k 是测试装置静态特性的一个基本参数。测试装置输入 x 有一个增量 Δx，引起输出 y 发生相应的变化 Δy，则称 $k = \Delta y/\Delta x$ 为该装置的绝对灵敏度，如图1-3所示。对于特性呈直线关系的装置，有：

$$k = \frac{\Delta y}{\Delta x} = \frac{x}{y} = C \quad （常量） \tag{1-3}$$

而非线性装置的灵敏度就是该装置静态特性曲线上各点的斜率。当测试装置的输出和输入为同一量纲时，灵敏度常称为放大倍数。

以上是仅以被测量变化时考虑了灵敏度的变化。实际在被测量不变的情况下，由于外界环境条件等因素的变化，也可能引起测试装置输出的变化，最后表现为灵敏度的变化。例如，温度改变引起测试仪器中电子元件参数的变化或机械部件尺寸和材料特性的变化等，由此引起的测试装置灵敏度的变化称为"灵敏度漂移"。产生灵敏度漂移的根源是由于这些环境条件因素的变化造成式(1-2)中系数 $a_0, a_1, \cdots, a_n$ 变化。如图1-4所示，这种变化常以输入不变情况下每小时输出的变化量来衡量。显然，性能良好的测试装置，其灵敏度漂移极小。

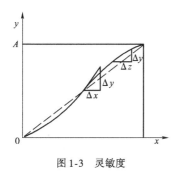

图1-3　灵敏度

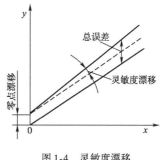

图1-4　灵敏度漂移

在选择测试装置(仪器)时，应当注意其灵敏度的合理性。因为一般来说，测试装置的灵敏度越高，测量范围往往越窄，稳定性也往往越差。

三、非线性度

非线性度是指测试装置的输出、输入间是否能保持常值比例关系(线性关系)的一种量度。在静态测试中,通常用试验的办法求取装置的输入-输出关系曲线,并称其为定度曲线。定度曲线(实际特性曲线)偏离其拟合直线(理想直线)的程度就是非线性度,如图1-5所示。作为技术指标,是采用在测试装置的标称输出范围(全量程)A内,定度曲线与该拟合直线的最大偏差Δy_{max}与A的比值,即:

$$L_N = \frac{\Delta y_{max}}{A} \times 100\% \tag{1-4}$$

四、回程误差

回程误差也叫迟滞误差,也是判断实际测试装置的特性与理想装置特性差别的一项指标。理想测试装置的输出与输入应是单值的——对应关系,而实际测试装置有时会对同一大小的输入量,按照其正向输入(输入量由小增大)和反向输入(输入量由大到小)得出不同数值的输出量,其差值称为滞后量Δh,如图1-6所示。测试装置全量程A内的最大滞后量Δh_{max}和A之比值称为回程误差或迟滞误差,用E_r表示:

$$E_r = \frac{\Delta h_{max}}{A} \times 100\% \tag{1-5}$$

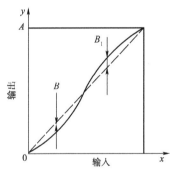
图1-5 定度曲线与非线性度

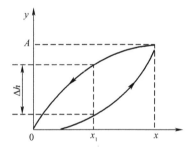
图1-6 回程误差

回程误差一般是由滞后现象引起的后果,在磁性材料的磁化和一般材料受力变形的过程中都能发生。此外,回程误差也可能反映仪器的不工作区(也叫死区)的存在,而不工作区则是输入变化对输出无影响的范围。摩擦力和机械元件之间的游隙是存在不工作区的主要原因。

五、重复度

重复度是指在相同条件下,重复测量同一个被测参数时测定值的一致程度。任何一种测试系统,只要被测参数的真值与测量值之间存在——对应的确定性单调关系,且这种关系是可重复的,这个系统就是可信的、有效的、能够满足需要的。可见,测量的重复度也是测试系统的重要指标。

在重复度的定义中,相同的测试条件称为重复性条件。它包括:相同的测试程序,相同的测试者,在相同条件下使用相同的测试设备,相同的短时间段(测试者的能力、测试系统参数及使用条件均保持不变的时间段)内重复测试。测量值的一致程度就是指测量值分散在允许的范围内,可以用测量值的离散程度定量表示。

为了使测试结果最大限度地反映被测量的实际情况,要求测试系统有较高的准确度、重复度和足够的灵敏度,而非线性度和回程误差应尽可能小。若不符合测试要求,则应究其根源并设法排除和采取改善措施,或更换测量系统。

第三节 试验测试系统的动态特性

测试装置的动态特性是指输入量随时间变化时,其输出随输入变化的关系。就动态测量用的测试装置而言,必须对其动态特性有清楚的了解,否则根据所得的输出无法正确地确定所要测定的输入量。在输入变化时,人们所观察到的输出量不仅受到研究对象动态特性的影响,也受到测试装置动态特性的影响。如用具有弹簧-质量系统构成的机械式千分表去测量汽车驾驶室上某一点的动态变形量,所得的测量结果中不仅反映驾驶室这点迅速变化的变形量,还包含千分表的弹性-阻尼特性,即测量系统动态特性的影响。因此,在动态测试中不能根据其指针最大偏摆量作为其最大变形的量度。

由于测试装置一般都是线性系统,所以它们的数学模型是常系数线性微分方程,经过简单的运算即可求得其传递函数。该传递函数就能描述测试装置的固有动态特性。但在实践中对很多复杂的测试装置,即使作出不少近似的假设,也很难准确列出它们的运动微分方程式,况且即使运用上述理论分析方法得出了结果,也需要经过实际测试验证。因此在工程应用中,通常采用一些足以反映系统动态特性的参数,将系统的输出与输入联系起来。这些函数有传递函数、频率响应函数、脉冲响应函数等。

一、测试系统的传递函数

第一节中已经指出时不变线性系统及其主要特性,它是一种理想的系统,然而实际的测试系统都能在一定的误差范围内和一定量程范围内看成时不变线性系统。通常可以用式(1-1)来描述输出 $y(t)$ 和输入 $x(t)$ 之间的关系。通过对微分方程进行拉普拉斯变换,可以建立传递函数的概念来表示它的动态特性。传递函数是代数方程,可使动态特性的解算简化、方便且直观,从而避免解微分方程的困难,且便于分析研究系统动态特性。因此,传递函数是对元件及系统进行分析、研究与综合的有力工具。

若线性系统的初始条件为零,即在考察时刻以前($t=0$),其输入量、输出量及其各阶导数均为零,则对式(1-1)进行拉普拉斯变换,得:

$$(a_n s^n + a_{n-1} s^{n-1} + \cdots + a_1 s + a_0)Y(s) = (b_m s^m + b_{m-1} s^{m-1} + \cdots + b_1 s + b_0)X(s) \quad (1-6)$$

通常,将输出量和输入量两者的拉氏变换之比定义为传递函数 $H(s)$,即:

$$H(s) = \frac{b_m s^m + b_{m-1} s^{m-1} + \cdots + b_1 s + b_0}{a_n s^n + a_{n-1} s^{n-1} + \cdots + a_1 s + a_0} \quad (1-7)$$

传递函数以代数式的形式表征了系统的传输、转换特性,其分母中 s 的幂次 n 代表系统微分方程的阶数,如 $n=1$ 或 $n=2$,就分别称为一阶系统或二阶系统的传递函数。传递函数是一种对系统特性的解析描述,它包含了瞬态、稳态时间响应和频率响应的全部信息。传递函数有以下特点:

(1) $H(s)$ 只描述了系统本身的动态特性,它与输入量 $x(t)$ 无关。

(2) $H(s)$ 不说明被描述系统的物理结构,不管是电路系统,还是机械系统,只要动态特性相似,就可用同一类型传递函数 $H(s)$ 来描述。

(3) $H(s)$ 所描述的系统对任一具体的输入 $x(t)$ 都确定地给出了相应的输出 $y(t)$。由于输入 $x(t)$ 常具有不同的量纲,所以函数传递也真实地反映了这种量纲变换。

(4) $H(s)$ 中的分母通常取决于系统(包括研究对象和测试装置)的结构,而分子则和输入点的位置、激励方式、所测的变量以及测点布置情况有关。

二、频率响应特性和频率响应函数

对于稳定的常系数线性系统,如取 $s = j\omega$ 代入式(1-7),就可得到:

$$H(j\omega) = \frac{b_m (j\omega)^m + b_{m-1} (j\omega)^{m-1} + \cdots + b_1 (j\omega) + b_0}{a_n (j\omega)^n + a_{n-1} (j\omega)^{n-1} + \cdots + a_1 (j\omega) + a_0} \quad (1\text{-}8)$$

式中: $j = \sqrt{-1}$;

$H(j\omega)$——频率响应函数或频率响应特性。

实质上 $H(j\omega)$ 就是在频率域中,反映一个系统正弦输入(或激励)的稳态响应。它是复数,具有相应的模和相角。

对于稳定的常系数线性系统,若输入为一正弦函数,则稳态时的输出也是与输入同一频率的正弦函数。输出的幅值和相位角往往不等于输入的幅值和相位角。输出、输入幅值的比值和相角差是输入频率的函数,并反映在频率响应函数 $H(j\omega)$ 的模和相位角上。

如将 $H(j\omega)$ 的实部和虚部分开,并记作:

$$H(j\omega) = P(\omega) + jQ(\omega) \quad (1\text{-}9)$$

则 $P(\omega)$ 和 $Q(\omega)$ 都是 ω 的实函数,所画出的 $P(\omega)\text{-}\omega$ 曲线和 $Q(\omega)\text{-}\omega$ 曲线分别称为该系统的实频特性和虚频特性曲线。

如将 $H(j\omega)$ 写成下列形式:

$$H(j\omega) = A(\omega) e^{j\varphi(\omega)} \quad (1\text{-}10)$$

则称 $A(\omega) = |H(j\omega)| = \sqrt{P^2(\omega) + Q^2(\omega)}$ 为系统的幅频特性,其 $A(\omega)\text{-}\omega$ 曲线称为幅频特性曲线。而式(1-10)中的 $\varphi(\omega) = \angle H(j\omega) = \arctan \dfrac{Q(\omega)}{P(\omega)}$ 称为系统的相频特性,其 $\varphi(\omega)\text{-}\omega$ 曲线称为相频特性曲线。

$A(\omega)$ 和 $\varphi(\omega)$ 两者合称为频率响应特性,利用它可以从频率域形象、直观、定量地表征测试系统的动态特性。

为了直观起见,在工程上,常常画出幅频特性和相频特性曲线。它表达输出与输入的幅值比 $A(\omega)$ 和相位滞后角 $\varphi(\omega)$ 随频率的变化关系,即分别画出 $20\lg A(\omega)\text{-}\lg(\omega)$ 和 $\varphi(\omega)\text{-}\lg(\omega)$ 曲线,两者总称为伯德(Bode)图。如果将 $H(j\omega)$ 的虚部和实际分别作为纵横坐标,画出 $P(\omega)\text{-}Q(\omega)$ 曲线并在曲线上注明相应的频率 ω,那么所得的图像称为奈奎斯特(Nyquist)图。图中自原点所画的矢量向径,其长度和与横轴夹角就是该频率点的幅、相特性。频率响应函数为 $H(j\omega) = 1/(1 + j\tau\omega)$ 的一阶系统的伯德图和奈奎斯特图如图1-7所示。

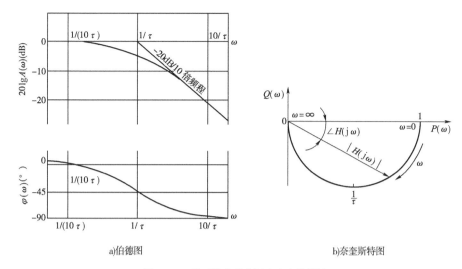

图 1-7 一阶系统的伯德图和奈奎斯特图

频率响应函数可以通过试验方法求得,现已成为应用最广泛的动态特性分析工具。假设测试装置是线性不变系统,按其频率不变特性,若输入频率为 ω 的正弦信号,测试装置将有同频率 ω 的正弦信号的稳态输出,只是输出的幅值和相位角有变化。改变输入正弦信号的圆频率 ω,即可得到幅频特性 $|H(j\omega)|$ 和相频特性 $\varphi(\omega)$,即为频率响应特性。

上述求频率响应函数的试验方法是一种基本的传统方法,是十分烦琐费时的。随着计算机以及数字信号分析技术的发展,可利用脉冲信号或随机噪声(如白噪声)信号作为系统的输入,运用快速傅里叶变换(Fast Fourier Transform,FFT)技术,可很快得到频率响应函数。

三、脉冲响应函数

由系统的传递函数: $H(s) = \dfrac{Y(s)}{X(s)}$,可得:

$$Y(s) = H(s) \cdot X(s) \tag{1-11}$$

对上式进行拉普拉斯逆变换,可得:

$$y(t) = h(t) \cdot x(t) \tag{1-12}$$

如果线性系统的输入 $x(t)$ 为单位脉冲函数 $\delta(t)$,则该系统的输出应当是:

$$y(t) = h(t) \cdot \delta(t) \tag{1-13}$$

因而有:

$$y_0(t) = h(t) \cdot \delta(t) = h(t) \tag{1-14}$$

这表明,$h(t)$ 等于系统的输入为单位脉冲函数 $\delta(t)$ 时的响应 $y_0(t)$,因此,称 $h(t)$ 为单位脉冲响应函数。

$h(t)$ 是在时域中通过瞬态响应过程来描述系统的动态特性;频率响应 $H(j\omega)$ 则是在频域中通过对不同频率的正弦激励,以稳定状态下的系统响应特性来描述系统的动态特性(它不能反映响应的过渡过程);而传递函数 $H(s)$ 描述系统的特性则具有普遍意义,即它既反映了系统响应的稳态过程,也反映了系统响应的过渡过程。由于要获得较好的测试结果,测试工作总是力求在系统的响应达到稳态阶段再进行,故在测试技术中常用频率响应来描述系统的动态特性。

第四节　测试装置的动态响应特性

研究测试装置的动态特性时,尽管测试装置的物理结构千差万别,但经过简化,只要运动微分方程式具有相似的形式,则其动态特性也就相似。在工程中,最常见的测试系统是零阶系统、一阶系统和二阶系统。其他更为复杂的测试系统,可以看作是这些简单系统的组合。

一、零阶系统

若式(1-1)中的系数除了 a_0 与 b_0 外,其他系数均为零,此时测试系统的微分方程式为:

$$a_0 y(t) = b_0 x(t) \tag{1-15}$$

凡是在预定工作范围内其输入、输出之间的关系符合式(1-15)的系统,称为零阶系统。式(1-15)通常可改写为:

$$y(t) = \frac{b_0}{a_0} x(t) = k x(t) \tag{1-16}$$

式中:k——系统的静态灵敏度,$k = b_0/a_0$。

不难看出,不论输入 $x(t)$ 怎样变化,零阶系统的输出 $y(t)$ 均能跟踪其变化,不产生任何的失真和延迟。自然,零阶系统所代表的是一种理想的测试系统。

在工程应用中,可近似地把位移电位器、电子示波器等测试装置视作零阶系统。

二、一阶系统

若式(1-1)中的系数除 a_1、a_0 与 b_0 外,其他系数均为零,则方程成为一阶微分方程式:

$$a_1 \frac{\mathrm{d}y(t)}{\mathrm{d}t} + a_0 y(t) = b_0 x(t) \tag{1-17}$$

任何在预定工作范围内,其输入、输出关系可用一阶微分方程式所描述的系数,称为一阶系统。式(1-17)通常可改写为:

$$\tau \frac{\mathrm{d}y(t)}{\mathrm{d}t} + y(t) = k x(t) \tag{1-18}$$

式中:k——静态灵敏度,$k = b_0/a_0$;

τ——系统的时间常数,$\tau = a_1/a_0$。

对式(1-18)两边作拉氏变换,便可得到系统传递函数:

$$\begin{cases} \tau s Y(s) + Y(s) = k X(s) \\ H(s) = \dfrac{Y(s)}{X(s)} = \dfrac{k}{\tau s + 1} \end{cases} \tag{1-19}$$

当静态灵敏度 $k = 1$ 时,则式(1-19)为:

$$H(s) = \frac{1}{\tau s + 1} \tag{1-20}$$

令上式传递函数 $H(s)$ 中的 $s = \mathrm{j}\omega$,就可得一阶系统频率响应特性:

$$H(\mathrm{j}\omega) = \frac{1}{\tau \mathrm{j}\omega + 1} = \frac{1}{1 + (\tau\omega)^2} - \mathrm{j}\frac{\tau\omega}{1 + (\tau\omega)^2} \tag{1-21}$$

其幅频特性和相频特性分别为：

$$A(\omega) = |H(j\omega)| = \frac{1}{\sqrt{1+(\tau\omega)^2}} \quad (1-22)$$

$$\varphi(\omega) = -\arctan(\tau\omega) \quad (1-23)$$

按式(1-22)和式(1-23)画出的幅频特性曲线和相频特性曲线,分别如图1-8a)、图1-8b)所示。

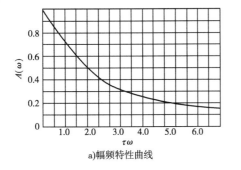
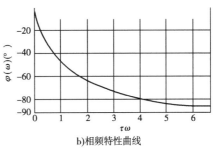

a)幅频特性曲线　　　　　　　　　b)相频特性曲线

图1-8　一阶系统的频率响应特性

在工程实际中,一个忽略了质量的单自由度振动系统,在施于 A 点的外力 $f(t)$ 作用下[图1-9a)],其运动方程为：

$$c\frac{dy(t)}{dt} + ky(t) = f(t) \quad (1-24)$$

一个无源积分电路[RC积分电路,见图1-9b)],其输出电压 $v(t)$ 和输入电压 $u(t)$ 间的关系为：

$$RC\frac{dv(t)}{dt} + v(t) = u(t) \quad (1-25)$$

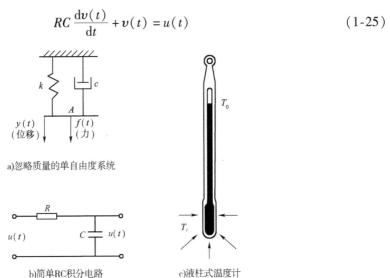

a)忽略质量的单自由度系统

b)简单RC积分电路　　　c)液柱式温度计

图1-9　一阶系统实例

对图1-9c)所示的液柱式温度计,设 $T_i(t)$ 为被测温度,$T_0(t)$ 为其示值温度,C 为温度计的温包(包括液柱介质)的热容,R 为传导介质的热阻,则它们之间的关系是：

$$C\frac{dT_0(t)}{dt} = \frac{1}{R}[T_i(t) - T_0(t)] \quad (1-26)$$

或

$$RC = \frac{\mathrm{d}T_0(t)}{\mathrm{d}t} + T_0(t) = T_i(t) \tag{1-27}$$

上述所列举的三个装置的输入、输出关系均可用一阶微分方程式描述,均属一阶系统。

三、二阶系统

若式(1-1)中的系数除 a_2、a_1、a_0 和 b_0 外,其他系数均为零,则方程成为二阶微分方程式:

$$a_2 \frac{\mathrm{d}^2 y(t)}{\mathrm{d}t^2} + a_1 \frac{\mathrm{d}y(t)}{\mathrm{d}t} + a_0 y(t) = b_0 x(t) \tag{1-28}$$

任何在预定工作范围内,其输入-输出关系可用二阶微分方程式所描述的系统,称为二阶系统。式(1-28)通常可改写为:

$$\frac{\mathrm{d}^2 y(t)}{\mathrm{d}t^2} + 2\zeta\omega_n \frac{\mathrm{d}y(t)}{\mathrm{d}t} + \omega_n^2 y(t) = \omega_n^2 k x(t) \tag{1-29}$$

式中:ω_n——系统固有频率,$\omega_n = \sqrt{a_0/a_2}$;

ζ——系统的相对阻尼比,$\zeta = a_1/2\sqrt{a_0 a_2}$;

k——系统的静态灵敏度,$k = b_0/a_0$。

对式(1-28)两边作拉氏变换,便可得到系统传递函数:

$$H(s) = \frac{Y(s)}{X(s)} = \frac{k\omega_n^2}{s^2 + 2\zeta\omega_n s + \omega_n^2} \tag{1-30}$$

ω_n、k、ζ 都是决定于系统的结构参数,对某一定的系统或测试装置均为定值。因此,它们是二阶系统动态特性的重要参数。

相应的频率响应函数为:

$$H(\mathrm{j}\omega) = \frac{Y(\mathrm{j}\omega)}{X(\mathrm{j}\omega)} = \frac{k\omega_n^2}{\omega_n^2 - \omega^2 + \mathrm{j}2\zeta\omega_n\omega} = \frac{k}{1 - \left(\frac{\omega}{\omega_n}\right)^2 + \mathrm{j}2\zeta\frac{\omega}{\omega_n}} \tag{1-31}$$

它们的频率响应特性,即幅频和相频特性可分别表达为:

$$A(\omega) = |H(\mathrm{j}\omega)| = \frac{k}{\sqrt{\left[1 - \left(\frac{\omega}{\omega_n}\right)^2\right]^2 + 4\zeta^2 \left(\frac{\omega}{\omega_n}\right)^2}} \tag{1-32}$$

$$\theta(\omega) = \angle H(\mathrm{j}\omega) = -\arctan\left[\frac{2\zeta\left(\frac{\omega}{\omega_n}\right)}{1 - \left(\frac{\omega}{\omega_n}\right)^2}\right] \tag{1-33}$$

若令灵敏度 $k=1$,则按式(1-32)和式(1-33)画出二阶系统的幅频和相频特性曲线,如图 1-10 所示。它所描述的频率响应是系统输出 $y(t)$ 处于稳态下的稳态响应。

二阶系统的伯德图及奈奎斯特图如图 1-11 所示。

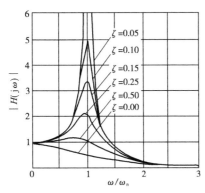
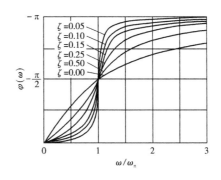

图 1-10 二阶系统的幅频和相频特性曲线

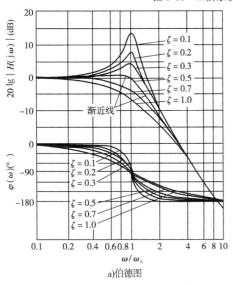
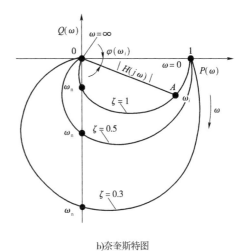

a) 伯德图　　　　　　　　　　　　　　b) 奈奎斯特图

图 1-11 二阶系统的伯德图和奈奎斯特图

将二阶系统的频率响应函数 $H(j\omega)$ 表达成如下形式：

$$H(j\omega) = P(\omega) + jQ(\omega)$$

其中，$P(\omega)$ 和 $Q(\omega)$ 都是 ω 的实函数：

$$P(\omega) = \frac{1-\left(\dfrac{\omega}{\omega_n}\right)^2}{\sqrt{\left[1-\left(\dfrac{\omega}{\omega_n}\right)^2\right]^2 + 4\zeta^2\left(\dfrac{\omega}{\omega_n}\right)^2}} \tag{1-34}$$

$$Q(\omega) = \frac{2\zeta\left(\dfrac{\omega}{\omega_n}\right)}{\sqrt{\left[1-\left(\dfrac{\omega}{\omega_n}\right)^2\right]^2 + 4\zeta^2\left(\dfrac{\omega}{\omega_n}\right)^2}} \tag{1-35}$$

绘制出的曲线图如图 1-12 所示，分别称为实频特性曲线和虚频特性曲线。

在工程实际中，弹簧-质量-阻尼系统、动圈式振子和 RLC 电路等都是二阶系统的实例，如图 1-13 所示。

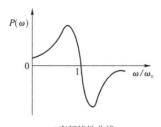
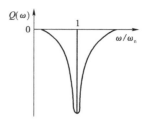

a) 实频特性曲线　　　　　　　　b) 虚频特性曲线

图 1-12　二阶系统的实、虚频特性曲线

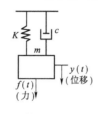
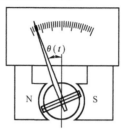

a) 弹簧-质量-阻尼系统

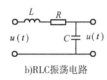
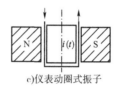

b) RLC 振荡电路　　　　c) 仪表动圈式振子

图 1-13　二阶系统实例

图 1-13a) 所示的弹簧-质量-阻尼系统的运动方程为：

$$m\frac{\mathrm{d}^2 y(t)}{\mathrm{d}t^2} + c\frac{\mathrm{d}y(t)}{\mathrm{d}t} + Ky(t) = f(t) \tag{1-36}$$

图 1-13b) 中 RLC 振荡电路的电流方程为：

$$L\frac{\mathrm{d}i(t)}{\mathrm{d}t} + Ri(t) + \frac{1}{c}\int i(t)\mathrm{d}t = u(t) \tag{1-37}$$

其中，$i(t) = c\dfrac{\mathrm{d}v(t)}{\mathrm{d}t}\left[或 \dfrac{1}{c}\int i(t)\mathrm{d}t = v(t)\right]$，于是上式又可改写为：

$$Lc\frac{\mathrm{d}^2 v(t)}{\mathrm{d}t^2} + Rc\frac{\mathrm{d}v(t)}{\mathrm{d}t} + v(t) = u(t) \tag{1-38}$$

在笔式记录仪和光线示波器的动圈式振子以及动圈式电表中，由永久磁钢所形成的磁场和通电线圈所形成的动圈磁场相互作用而产生的电磁转矩使线圈产生偏转运动，如图 1-13c) 所示，动圈作偏转运动的方程式为：

$$J\frac{\mathrm{d}^2 \theta(t)}{\mathrm{d}t^2} + \mu\frac{\mathrm{d}\theta(t)}{\mathrm{d}t} + G\theta(t) = k_i i(t) \tag{1-39}$$

式中：J——转动部件的转动惯量；
　$\theta(t)$——动圈偏转的角位移（即输出信号）；
　μ——阻尼系数；
　G——游丝的扭转刚度；
　k_i——电磁转矩系数；
　$i(t)$——输入动圈的电流信号。

由此可得：振子的固有频率 $\omega_n = \sqrt{G/J}$；振子的灵敏度 $k = k_i/G$；振子的阻尼比 $\zeta = \dfrac{\mu}{2\sqrt{GJ}}$。

因为参数 G、J、k_i、μ 均为结构参数，故 ω_n、k、ζ 也均是由系统决定的，反映的是系统自身的特性。

上述三例的输入-输出关系都用二阶微分方程式描述，均属二阶系统。

表 1-1 给出了上述各类系统的典型微分方程、传递函数、表征动态特性的参数及其应用实例。

测试装置分类　　　　　　　　　　　　　　表 1-1

系统类型	项目			
	微分方程	传递函数	特性参数	举例
零阶系统	$a_0 y(t) = b_0(t)$ 或 $y(t) = kx(t)$	$H(s) = k$	静态灵敏度 $k = b_0/a_0$	电位器式位移传感器宽频带电子放大器
一阶系统	$a_1 \dfrac{dy(t)}{dt} + a_0 y(t) = b_0 x(t)$ 或 $\tau \dfrac{dy(t)}{dt} + y(t) = kx(t)$	$H(s) = \dfrac{k}{\tau s + 1}$	静态灵敏度 $k = b_0/a_0$ 时间常数 $\tau = \dfrac{a_1}{a_0}$	液体温度计 热电偶传感器 RC 滤波器 LC 谐振测量电路 弹簧-阻尼机械系统
二阶系统	$a_2 \dfrac{d^2 y(t)}{dt^2} + a_1 \dfrac{dy(t)}{dt} + a_0 y(t) = b_0 x(t)$ 或 $\dfrac{1}{\omega_n^2}\dfrac{d^2 y(t)}{dt^2} + \dfrac{2\zeta}{\omega_n}\dfrac{dy(t)}{dt} + y(t) = kx(t)$	$H(s) = \dfrac{k\omega_n^2}{s^2 + 2\zeta\omega_n s + \omega_n^2}$	静态灵敏度 $k = b_0/a_0$ 固有圆频率 $\omega_n = \sqrt{\dfrac{a_0}{a_2}}$ 阻尼比 $\zeta = \dfrac{a_1}{2\sqrt{a_0 a_2}}$	惯性加速度计 应变式切削测力仪 光线示波器振子 膜片式压力传感器 RLC 电路

注：1. $x(t)$ 表示系统输入；$y(t)$ 表示系统输出。
　　2. 传递函数的量纲由 y/x 决定。

四、理想频率响应函数（不失真测试）

输出不失真是对测试系统的基本要求。设测试系统由输入信号 $x(t)$ 所引起的输出信号为 $y(t)$，从时域上看，如果输入与输出信号满足方程：

$$y(t) = A_0 x(t - t_0) \tag{1-40}$$

且 A_0 和 t_0 都是常量，则认为是不失真测试。此式表明此测试系统的输出波形和输入波形精确相一致，只是幅值增大了 A_0 倍和时间上延迟了 t_0 而已，如图 1-14 所示。

根据这一时域表达式可以导出输入与输出不失真测试的频域表达式。对式（1-41）作傅里叶变换，得：

$$Y(j\omega) = A_0 X(j\omega) e^{-j\omega t_0}$$

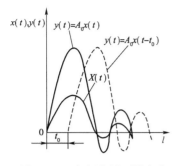

图1-14 不失真测试的时域波形

于是可得出实现不失真测试条件下对系统的频率响应函数的要求为:

$$H(j\omega) = \frac{Y(j\omega)}{X(j\omega)} = A_0 e^{-j\omega t_0} \tag{1-41}$$

从而得到相应的幅频特性和相频特性要求为:

$$A(\omega) = A_0 \tag{1-42}$$

$$\varphi(\omega) = -t_0 \omega \tag{1-43}$$

式(1-42)和式(1-43)的物理意义是:

(1)输入信号所含各频率成分的幅值在通过测试系统后的增益是一常值倍率,即幅频特性曲线是一条与横坐标平行的直线,如图1-15a)所示。

(2)输入信号中各频率成分的相位角在通过测试系统后的相位延迟与频率成正比,即相频曲线是一条通过原点并具有负斜率的直线,如图1-15b)所示。

实际的测试系统往往很难做到无限频带宽上完全符合不失真测试的条件,即使在某一频段范围内,也难以完全理想地实现不失真测试。人们只能努力使波形失真限制在一个允许的误差范围内,以满足测试的特定要求。

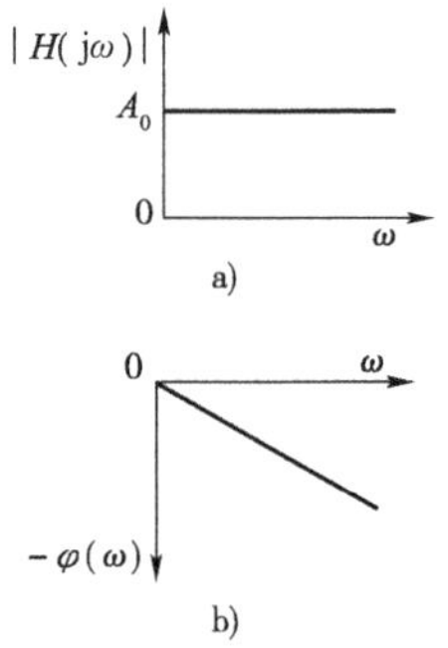

理想的测试系统幅频特性应当是常数,相频特性应当是线性关系,否则就要产生失真。由于$A(\omega)$不等于常数所引起的失真通常称为幅值失真;由$\varphi(\omega)$与ω间的非线性关系引起的失真通常称为相位失真。

满足式(1-42)和式(1-43)的条件后,系统的输出仍滞后一定时间。如果测试的目的是精确地测试出输入波形,那么上述条件完全可以满足要求。但是,如果测试结果要用来作为反馈控制的信号,则上述条件还是不充分的,因为输出对输入时间的滞后就有可能破坏系统的稳定性,所以不允许输出滞后于输入。要求测试系统的相频特性为零,即$\varphi(\omega)=0$,幅频特性仍为常数才是理想的。

图1-15 不失真测试的频响特性曲线

实际被测信号的频带宽度是有限的。因此,只要求频率特性在允许误差范围内满足上述要求就可以了,而在不需要的频带内,幅频特性最好为零,这样可以避免其他信号的干扰。

第五节 测试系统对瞬态激励的响应

研究测试系统动态特性的目的,是确定系统输出与输入之间的差异,即动态测试误差,以提高测试精度。对任何测试系统,总是要求具有好的动态响应特性、高灵敏度以及测试信号精确可靠而不失真。

一、单位阶跃输入系统的响应

对测试系统突然加载或突然卸载就属于阶跃输入。这种输入方式简单易行,又能充分揭示测试系统的动态特性,并且通过适当的数学运算就可以推算出对任意输入的响应,因而是经常被采用的方法。一、二阶系统对单位阶跃函数输入的响应及其特性曲线见表1-2。

一、二阶系统对单位阶跃函数输入信号的响应及其特性曲线 表 1-2

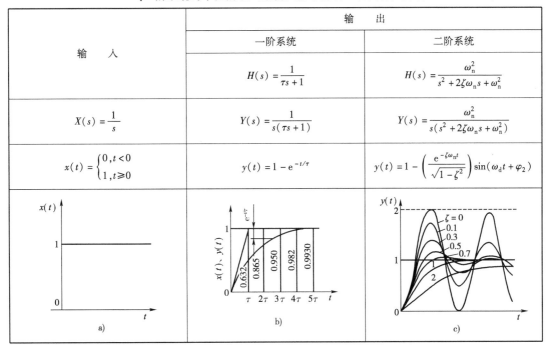

注:$\omega_d = \omega_n \sqrt{1-\zeta^2}$;$\varphi_2 = \arctan(\sqrt{1-\zeta^2}/\zeta)$。

表 1-2 中的方程式都是在灵敏度归一化(即取 $k=1$)之后求得的,所以输入量值就是输出的理论值。因此,输入量值和它所对应的响应函数值(输出实际值)之差就是测试装置的动态误差。

如表 1-2 中图 b)所示,一阶测试系统的阶跃响应函数为指数曲线:

$$y(t) = 1 - \mathrm{e}^{-\frac{t}{\tau}} \tag{1-44}$$

该曲线适用于任意物理结构的一阶测试装置。这一指数曲线在 $t=0$ 处的切线斜率等于 $1/\tau$,这是一阶系统单位阶跃响应的一个特点。根据这一点,可以在参数未知的情况下,由一阶系统的单位阶跃响应实验曲线来确定其时间常数 τ。

如图 1-16 所示,时间常数 τ 越小,曲线上升就越快,达到稳态值用的时间越短,也就是系统惯性越小;反之,τ 越大,系统对信号的响应越缓慢,惯性越大。因此,τ 的大小反映了一阶系统惯性的大小。

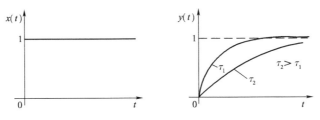

图 1-16 一阶系统的阶跃响应

从响应开始到进入稳态所经过的时间称为调整时间(或过渡过程时间)。理论上讲,一阶系统结束瞬态过程进入稳态,要求 $t \to \infty$,这时输出等于输入,其稳态误差为零。由于没有明确的时间标准,工程实践中不便于判断瞬态结束进入稳态的过程。输出量达到多大数值就可认为瞬态过程结束,近似达到稳态了呢?可以认为经过某足够长(有限)的时间,这与系统的精度要求有关。

通常,系统的动态误差定义为:

$$e(t) = y(t) - x(t) \tag{1-45}$$

且

$$e(t) = -e^{-t/\tau} \tag{1-46}$$

式(1-46)中的负号表明系统的响应滞后于输入,如表1-2中图b)所示。

实际工作中有时也以系统响应时间 t 作为衡量测试装置响应速度的特性参数。系统的响应时间就是指达到某一个给定动态误差范围,直至系统瞬态过程结束所需的时间。如表1-2中图b)所示,实际在工程测试中 $t = 3\tau$ 或 $t = 4\tau$ 时,其误差在2%~5%之间,可以认为已达到稳态。因此通常工程上采用 3τ 或 4τ 作为一阶测试系统响应速度的指标。

一般希望系统响应速度越快越好,通过调整构成系统的元件参数,减少 τ 值,可以提高系统的快速响应性。

如表1-2中图c)所示,二阶系统在单位阶跃信号输入下的稳态输出误差也为零。但是系统的响应在很大程度上取决于阻尼比 ζ 和固有圆频率 ω_n。系统固有圆频率由其主要结构参数决定,ω_n 越大,系统的响应越快。阻尼比 ζ 直接影响超调量和振荡次数。当 $\zeta = 0$ 时,超调量为100%,且持续不断地振荡下去,达不到稳定;$\zeta > 1$,则系统蜕化等同于两个一阶环节的串联,此时虽然不发生振荡(即不发生超调),但也需要较长的时间才能达到稳态;如果阻尼比 ζ 在0.6~0.8之间,则最大超调量将在2.5%~10%之间,其以允许5%~29%的误差趋近"稳态"的调整时间也最短,为 $(3~4)/(\zeta\omega_n)$。这也是很多测试装置在设计时常把阻尼比选在这个区间的理由之一。

二、单位正弦输入系统的响应

当单位正弦信号 $x(t) = \sin\omega t$ 输入系统时,一、二阶系统的稳态输出均为该输入频率的正弦函数。用不同频率的正弦信号去激励测试装置,观察稳态时的响应幅值和相位滞后,就可得到测试装置准确的动态特性。这种方法准确可靠,但比较费时,必须具有各种频率成分的正弦信号发生器。一、二阶系统对单位正弦函数的响应及其特性曲线见表1-3。

一阶测试系统在单位正弦信号输入时,由输入和输出与时间 t 的关系曲线可见,其输出与输入的频率不变,但幅值有衰减,相位滞后 φ,时间上则延迟 φ/ω。

在工程上,常常画出幅频特性和相频特性曲线,如图1-10a)、图1-10b)所表达的输出与输入的幅值比和相位角随频率的变化关系。当时间常数 τ 一定时,幅值比 $A(\omega)$ 随 ω 的增大而减小,相位差 $\varphi(\omega)$ 随 ω 的增大而增大,即一阶测试系统稳态响应的动态误差随 ω 增加而增大。当 $\omega \to \infty$ 时,$\varphi \to -90°$。当 ω 一定时,τ 越大,幅值比 $A(\omega)$ 下降越快,相位差 $\varphi(\omega)$ 也增加越快。因此,系统的频率响应取决于时间常数 τ。τ 越小,响应越快,动态误差越小,失真小的工作频率范围越宽,与前面阶跃输入时结论一致。

单位正弦函数输入二阶测试系统的频率响应特性如图1-12所示。当 ζ 较小时,在 $\omega/\omega_n = 1$ 附近,输出振幅 $A(\omega) \gg 1$;当 ζ 较大时,输出振幅值 $A(\omega) < 1$。这两种情况下 $A(\omega) \approx 1$ 的圆频率范围都较小,只有在 $\zeta = 0.6~0.8$ 范围内 $A(\omega) = 1$ 的频率范围最大,且此时相位角 $\varphi(\omega)$ 与频率比 ω/ω_n 呈线性关系,可以使得在较宽的频率范围内,稳态响应的动误差较小。

通常,二阶测试系统的阻尼比应设计为 $\zeta = 0.6 \sim 0.8$ 为宜。

一、二阶系统对单位正弦函数输入信号的响应及其特性曲线　　　表 1-3

输　入	输　　出	
	一阶系统	二阶系统
	$H(s) = \dfrac{1}{\tau s + 1}$	$H(s) = \dfrac{\omega_n^2}{s^2 + 2\zeta\omega_n s + \omega_n^2}$
$X(s) = \dfrac{\omega}{s^2 + \omega^2}$	$Y(s) = \dfrac{\omega}{(\tau s + 1)(s^2 + \omega^2)}$	$Y(s) = \dfrac{\omega_n^2 \omega}{(s^2 + \omega^2)(s^2 + 2\zeta\omega_n s + \omega_n^2)}$
$x(t) = \sin\omega t$ $(t > 0)$	$Y(t) = \dfrac{1}{\sqrt{1 + (\omega\tau)^2}} \times$ $[\sin(\omega t + \varphi_1) - e^{-t/\tau}\cos\varphi_1]$	$y(t) = A(\omega)\sin[\omega t + \varphi(\omega)]$ $- e^{-\zeta\omega_n t}[K_1 \cos\omega_d t + K_2 \sin\omega_d t]$
a)	b)	c)

注:$A(\omega)$ 和 $\varphi(\omega)$ 分别按式(1-42)和式(1-43)计算;$\omega_d = \omega_n\sqrt{1-\zeta^2}$;$\varphi_1 = -\arctan\omega\tau$;$K_1$ 和 K_2 都是取决于 ω_n 和 ζ 的系数。

如图 1-12a)所示,系统固有圆频率 ω_n 越高,动态误差小的工作频率范围越宽;反之,ω_n 越低,则测试系统的工作频率范围越窄。通常,根据允许的幅值误差所决定的测试系统的工作频率范围称为系统的通频带宽度。当 $\zeta = 0.7$ 左右时,在 $\omega/\omega_n < 0.58$ 的范围内,幅值误差不超过 5%。

由图 1-12a)还可看出:当 $\zeta < 1$ 时,在 $\omega/\omega_n = 1$ 附近,输出的幅值显著增加,从而产生共振。在其幅值达到最大值时,对应输入信号的圆频率 ω_r 叫共振频率,其值为 $\omega_r = \omega_n\sqrt{1-2\zeta^2}$。只有当 $\zeta = 0$ 时,共振频率等于测试系统的固有圆频率。当 $\zeta \geq 1$ 时,不再出现共振现象。

由图 1-12b)可见,当 $\omega/\omega_n = 1$ 时,相位滞后为 90°,因此可以不断改变输入信号的圆频率 ω,并测定系统的相位滞后角;当 $\varphi(\omega) = -90°$ 时,输入信号圆频率 ω 即为系统的固有圆频率 ω_n。这就是用相位共振测定系统固有圆频率的方法。

三、单位脉冲输入系统的响应

若测试系统输入单位脉冲,即 $x(t) = \delta(t)$,则 $X(s) = L[\delta(t)] = 1$,系统相应输出的拉氏变换将是 $Y(s) = H(s)X(s) = H(s)$,其时域描述即可通过对 $Y(s)$ 的拉氏逆变换得到:

$$y(t) = L^{-1}[H(s)] = h(t) \tag{1-47}$$

式中:$h(t)$——脉冲响应函数或权函数。

一阶和二阶系统输入的单位脉冲函数、脉冲响应函数及其特性曲线见表 1-4。

一阶和二阶系统输入单位脉冲及其响应函数及其特性曲线　　　　　表 1-4

输 入	输 出	
	一阶系统	二阶系统
	$H(s) = \dfrac{1}{\tau s + 1}$	$H(s) = \dfrac{\omega_n^2}{s^2 + 2\zeta\omega_n s + \omega_n^2}$ $(k = 1)$
$X(s) = 1$	$Y(s) = H(s) = \dfrac{1}{\tau s + 1}$	$Y(s) = H(s) = \dfrac{\omega_n^2}{s^2 + 2\zeta\omega_n s + \omega_n^2}$
$x(t) = \delta(t) = \begin{cases} 0 \\ \infty \end{cases}$	$h(t) = \dfrac{1}{\tau} e^{-t/\tau}$ $(t \geq 0)$	$y(t) = h(t) = \dfrac{\omega_n}{\sqrt{1-\zeta^2}} e^{-\zeta\omega_n t} \sin\sqrt{1-\zeta^2}\,\omega_n t$ ①
a)	b)	c)

注：① 对二阶系统，只考虑 $0 < \zeta < 1$ 的欠阻尼情况；若 $\zeta > 1$，则可将系统看成是两个一阶系统的串联。

理想的单位脉冲实际上是不存在的。但是，假如给系统以非常短暂的冲击输入，其作用的时间小于 $1/10\tau$ (τ 为一阶系统的时间常数或二阶系统的振荡周期)，则可近似地认为就是单位脉冲输入。在单位脉冲输入下，系统输出的时域函数就是脉冲响应函数。如表 1-4 中图 b) 所示，一阶系统单位脉冲响应的特性和前面提到的其他典型输入时一样，反映了系统本身的特性。时间常数 τ 大的系统，其响应速度低于时间常数 τ 小的系统，与前面的结论一致。不管用哪种信号输入，都遵循这一规律。输入试验信号是为了识别系统的特性，而系统特性只取决于组成系统的参数，不取决于输入信号的形式。

单位脉冲的时间响应也可以由单位阶跃响应进行微分获得。如表 1-4 中图 c) 所示，对于欠阻尼情况，$h(t)$ 围绕零值作正负之间的衰减振荡；对于 $\zeta = 1$ 的情况，响应无振荡。二阶系统的脉冲响应与上述典型信号的响应所显示的规律是一致的，这是二阶系统本身的特点。系统的特性完全取决于系统的结构参数，如已知二阶系统的参数 ζ 和 ω_n，则完全可以预估系统的响应情况。

四、任意随机输入下测试系统的响应

若系统的随机输入为 $x(t)$ [图 1-17a)]，则该 $x(t)$ 就可以用很多等距分割的阶梯线条逼近。设在 t_i 时刻的阶梯形窄条面积为 $x(t_i)\Delta t_i$，若 Δt_i 足够小，则对该系统装置而言，其面积可看作是同一时刻 t_i，幅度为 $x(t_i)\Delta t_i$ 的脉冲输入。在 t 时刻，其输出的响应量为 $[x(t_i)\Delta t_i]h(t-t_i)$，而 t 时刻的输出应该是所有 $t_i < t$ 的各输入 $x(t_i)\Delta t_i$ 响应之总和，即：

$$y(t) \approx \sum_{i=0}^{t} [x(t_i)\Delta t_i] h(t - t_i) \tag{1-48}$$

对 Δt_i 取极限，就得到：

$$y(t) = \int_0^t x(t_i) \cdot h(t - t_i) \mathrm{d}t_i \tag{1-49}$$

即在时域上表明,系统(装置)的输出是输入与该系统(装置)脉冲响应函数的卷积。但目前卷积的计算比较困难,即使用计算机作离散数字卷积,其计算量也相当大。

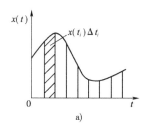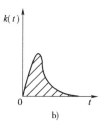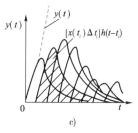

图 1-17　任意输入下系统的响应

在频域上处理该系统对任意输入的响应就方便一些,因为在频域上通过拉氏变换处理可得到联系输入、输出和系统装置特性间比较简单的关系式:

$$Y(s) = H(s) \cdot X(s) \tag{1-50}$$

一般测试系统装置总是稳定的,则用 $s = \mathrm{j}\omega$ 代入上式就可得到频率响应函数 $H(\mathrm{j}\omega)$。假如输入 $x(t)$ 符合傅里叶变换条件,即存在 $X(\mathrm{j}\omega)$,则有:

$$Y(\mathrm{j}\omega) = H(\mathrm{j}\omega) \cdot X(\mathrm{j}\omega) \tag{1-51}$$

也可写为:

$$Y(\omega) = H(\omega) \cdot X(\omega) \tag{1-52}$$

然后对 $Y(s)$ 求拉氏逆变换,或对 $Y(\mathrm{j}\omega)$ 求傅氏逆变换,即可得到在任意输入下的时域响应 $y(t)$。

第六节　测试系统频率特性的测定

为保证测试系统在设计调试阶段和长期使用阶段的测试结果精确可靠,需要对其进行定度或定期校准。为确定系统不失真测试的工作频段范围符合规定要求,需要对系统的频率特性进行实验测定。测定频率特性的方法是以标准信号作输入,测出其输出信号,从而求得需要的特性参数。常用输入的标准信号有正弦信号和阶跃信号。

一、正弦信号激励

测试系统的频率响应函数 $H(\mathrm{j}\omega)$ 为:

$$H(\mathrm{j}\omega) = \frac{Y(\mathrm{j}\omega)}{X(\mathrm{j}\omega)} = A(\omega) \mathrm{e}^{\mathrm{j}\varphi(\omega)} \tag{1-53}$$

它是输入信号的各频率成分与输出信号对应频率成分的幅值之比——幅频特性和两者的相位差——相频特性。所以,可以逐点改变输入正弦信号的频率,测取系统的输出信号对应各频率的幅值和相位,从而得到系统的幅频特性曲线和相频特性曲线。

对于一阶测试系统,其主要的特性参数是时间常数 τ,可以通过所测得的幅频或相频特性数据代入式(1-22)或式(1-23),直接确定 τ 值。

对于二阶测试系统,通常通过幅频特性曲线估计其固有频率 ω_n 和阻尼比 ζ。由于一般

测试系统的 $\zeta < 1$，所以其幅频特性曲线的峰值出现在稍偏离 ω_n 的 ω_r 处，而且：

$$\omega_r = \omega_n \sqrt{1 - 2\zeta^2} \tag{1-54}$$

又

$$\frac{A(\omega_r)}{A(0)} = \frac{1}{2\zeta \sqrt{1-\zeta^2}} \tag{1-55}$$

根据上述两式从实验数据来估计出 ω_n 和 ζ，也可从实验测得的相频特性曲线直接估计系统的 ω_n 和 ζ。在 $\omega = \omega_n$ 处输出与输入的相位差为 90°，曲线在该点的斜率也反映了阻尼比的大小。

二、阶跃信号激励

1. 一阶测试系统的阶跃响应求取法

由表 1-2 中所列的公式，一阶测试系统的阶跃响应函数为：

$$y(t) = 1 - e^{-t/\tau} \tag{1-56}$$

改写后，得：

$$1 - y(t) = e^{-t/\tau}$$

两边取对数：

$$-\frac{t}{\tau} = \ln[1 - y(t)]$$

令

$$Z = \ln[1 - y(t)] \tag{1-57}$$

则

$$\frac{dZ}{dt} = -\frac{1}{\tau} \tag{1-58}$$

为了求得 τ 值，需绘制出 Z-t 的曲线。这可以由实验测得的 $y(t)$-t 数据通过式(1-57)求得与 Z-t 的相对应的值，如图 1-18 所示。若这些点基本上落在一条直线上，则说明该系统是一阶系统，该直线的斜率在数值上等于 $-1/\tau$，从而精确求得时间常数 τ 值。

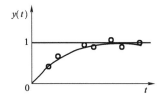
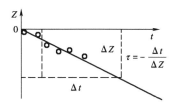

图 1-18 一阶系统时间常数的求取

2. 二阶测试系统的阶跃响应求取法

一个典型二阶系统($\zeta < 1$)的阶跃响应函数的表达式为：

$$y(t) = 1 - \frac{e^{-\zeta\omega_n t}}{\sqrt{1-\zeta^2}} \sin\left(\omega_n \sqrt{1-\zeta^2}\, t + \arctan \frac{\sqrt{1-\zeta^2}}{\zeta}\right) \tag{1-59}$$

其图形如图 1-19 所示。这一阶跃响应函数表明它的瞬态响应是以 $\omega_n \sqrt{1-\zeta^2}$ 的圆频率作衰减振荡。将此圆频率记作 ω_d，称为有阻尼固有频率。对此响应函数求极值，即为各振荡峰

值所对应的时间 $t_p = 0, \pi/\omega_d, 2\pi/\omega_d, \cdots$，其出现的时间间隔 t_p 为半周期。将 $t_p = T_d/2 = \pi/\omega_d$ 代入式(1-59)，可求得最大超调量度 M(图1-19)和阻尼比 ζ 的关系：

$$M = e^{-(\zeta\pi/\sqrt{1-\zeta^2})} \tag{1-60}$$

或

$$\zeta = \sqrt{\dfrac{1}{\left(\dfrac{\pi}{\ln M}\right)^2 + 1}} \tag{1-61}$$

因此，在测得 M 后即可按式(1-61)求得 ζ，亦可根据式(1-61)作出的 M-ζ 曲线图(图1-20)求得阻尼比 ζ。

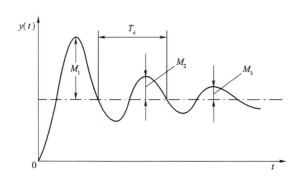
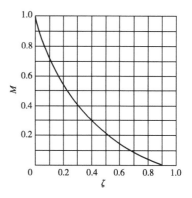

图1-19 二阶系统($\zeta<1$)的阶跃响应　　　图1-20 二阶系统($\zeta<1$)的 M-ζ 曲线

若可测得多个峰值 M_i 和 M_{i+n} (n 是两峰值相隔的周期数)，两峰值各自对应的时间应为 t_i 和 t_{i+n}，则：

$$t_{i+n} = t_i + \dfrac{2n\pi}{\omega_n\sqrt{1-\zeta^2}} \tag{1-62}$$

代入式(1-61)可得：

$$\ln\dfrac{M_i}{M_{i+n}} = \dfrac{2n\pi\zeta}{\sqrt{1-\zeta^2}} \tag{1-63}$$

令 $\delta_n = \ln\dfrac{M_i}{M_{i+n}}$，则：

$$\zeta = \sqrt{\dfrac{\delta_n^2}{\delta_n^2 + 4\pi^2 n^2}} \tag{1-64}$$

根据式(1-63)和式(1-64)即可按实测得的 M_i 和 M_{i+n}，经 δ_n 而求取 ζ。考虑到 $\zeta<0.3$ 时以 1 代替 $\sqrt{1-\zeta^2}$ 进行近似计算不会产生过大的误差，则由式(1-63)可得：

$$\zeta \approx \dfrac{\ln\dfrac{M_i}{M_{i+n}}}{2n\pi} \tag{1-65}$$

这样，计算 ζ 就更加方便了。

若系统装置是精确的二阶系统，n 值采用任意正整数所得的 ζ 值不会有所差别。反之，若 n 取不同值所获得的 ζ 值不同，则表明该系统装置不是二阶系统。

欠阻尼系统响应的振动圆频率为：

$$\omega_d = \omega_n \sqrt{1-\zeta^2} \qquad (1\text{-}66)$$

由于振动周期 $T_d = 2\pi/\omega_d$，则可求得系统的固有圆频率为：

$$\omega_n = \frac{2\pi}{T_d\sqrt{1-\zeta^2}} \qquad (1\text{-}67)$$

由此可知，对于某一欠阻尼测试系统，若保持阻尼比 ζ 不变，则超调量 M 不变。此时 ω_n 增加则峰值时间 t_p 和振动周期 T_d 均减小，即响应速度加快。若 ω_n 不变，ζ 增大，则超调量 M 下降，而峰值时间增加，响应速度减慢。因此，二阶系统的响应速度取决于系统的阻尼比 ζ 和固有圆频率 ω_n。系统响应快，则输出和输入间的差异越小。所以减少测试系统动态误差的措施是选择合适的系统阻尼比，通常选取 $\zeta = 0.6 \sim 0.8$，而系统的固有圆频率应尽可能地高。

第七节 稳态正弦激励下的悬臂梁动态特性参数的测试实验

梁振动问题在工程中会经常遇到，如旋转机械的转子、叶片、飞行器、高层建筑等。悬臂梁是一种一端固定一端自由的梁。它的结构简单，在工程实际中有较多的应用。除用作工程构件外，机械加工中的刀杆、测量传感器中的弹性元件等，也都采用悬臂梁形式。

本实验用"机械阻抗"或称"频率响应"方法，测量悬臂梁的固有频率、阻尼比和振型等动态特性参数。在结构动态特性的测试中，激励方式通常有稳态正弦激振、随机激振和瞬态激振三类，本实验采取其中一种，以稳态正弦激振的方式进行。

一、实验目的

掌握用稳态正弦激振进行机械阻抗测试的仪器组合及使用方法；了解机械阻抗数据的分析处理方法；测出悬臂梁的固有频率、阻尼比及振型。

二、实验原理

稳态正弦激振是对试件施加一个稳定的单一频率的正弦激振力，在试件达到稳定状态后，测定振动响应与正弦力的幅值比及相位差。幅值比为该激振频率时的幅频特性值，相位差为该激振频率时的相频特性值。为了测得整个频率范围内的频率响应，必须无级或有级地改变正弦激振力的频率，这一过程称为频率扫描或扫频过程。频率扫描可以用手动或自动方式实现。在扫描过程中，必须采用足够缓慢的扫描速度，以保证测试、分析仪器有足够的响应时间和使被测试件能够处于稳态振动状态，对于小阻尼系数，这点尤为重要。

正弦激振力一般由正弦信号发生器产生电信号，经功率放大后送给激振器，激振器便输出一正弦力作用于试件。在特殊情况下，也可以选用电液或机械激振设备产生正弦力。对于激振力的幅值，可进行恒力控制，其方法是采用高阻抗输出的功率放大器，送恒定电流给激振器来实现恒力，或通过检测到的力信号反馈到激振信号中，进行"压缩"控制实现恒力。

试件的振动响应，一般用测振传感器及仪器测量。

本实验的仪器为由正弦信号发生器、功率放大器和激振器组成正弦激振系统，其组合框图如图 1-21 所示。实验利用力传感器、电荷放大器、毫伏表及反馈线来检测激振力的幅值,并向信号发生器送反馈信号;用压电式加速度计、电荷放大器和毫伏表来检测试件的振动响应。电荷放大器中设有积分网络,可将振动的加速度信号转换为速度或位移信号。相位计用来测激振力与振动响应之间的相位差值。

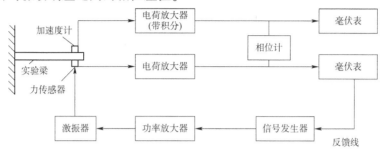

图 1-21 稳态正弦激励实验框图

根据正弦信号的频率、两个毫伏表上的电压值及相位计上的相位差值,可以得出幅频和相频特性值。用整个频率范围内的特性值作出幅频特性曲线,进而估计出悬臂梁的固有频率和阻尼比。若有振动信号分析仪,可将毫伏表的输出(或电荷放大器的输出)送入分析仪,用扫频方式直接绘出幅频、相频特性曲线。测得悬臂梁的固有频率后,用此频率的正弦激振力激振,再测出悬臂梁上各点位移大小的比例关系和相对方向的关系,便可得到该频率下的振型。

三、实验仪器和设备

正弦信号发生器 1 台,功率放大器及激振器 1 套,压电式力传感器 1 个,压电式加速度传感器 1 个,电荷放大器 1 台,带积分网络的电荷放大器 1 台,相位计 1 台,毫伏表(宽频带)2 个,实验梁 1 根。

四、实验步骤、方法和注意事项

(1) 按图组合好仪器,检查接线无误后,接通各台仪器电源。按各台仪器的使用说明书调整好仪器,使悬臂梁作轻微的振动。

(2) 由低频段向高频段逐次改变信号发生器的频率。每改变一次频率,一定要让测试系统和悬臂梁都达到稳态后方可读取数据(测量中载荷值最好保持恒定)。发现悬臂梁产生共振时,应在共振频率附近多取几个频率点测试,分别测出悬臂梁的位移、速度和加速度响应共振频率。

(3) 每改变一次信号发生器的频率,都将相位计及毫伏表上的读数值,记入事先设计好的数据记录表格之中。

(4) 测振型数据时,依次将传感器移至各测点上,应注意传感器的安装,以免引起误差。测点的位置及数量依梁的悬伸长度决定。

五、实验数据处理

绘制悬臂梁的幅频、相频特性曲线图;求出悬臂梁的固有频率和阻尼比;绘出悬臂梁的一阶、二价振型图。

本章思考题

1. 了解测试系统特性的目的是什么？对于构建实际测试系统有什么意义？
2. 从系统分析的角度讨论,如何用试验的方法获取系统的响应特性？

第二章 测量不确定度与误差理论

所谓测量,就是将被测量和同一物理量的标准值进行比较的实验过程,以期获得被测量的参量值。由于人们对客观世界认识的局限性和测量设备的不准确性,任何测量都不可避免地会产生测量误差。人们只能获得被测量值的一个估计值或近似值,即测量结果具有不确定性。只有对测量结果的不确定性给出客观的评价,测量结果才具有可参考价值,测量才是有意义的。本章主要介绍测量不确定度的概念和误差的分类、表示和评价。

第一节 测量与测量不确定度

一、测量的基本方法

在自然科学中,为了研究客观事物的规律,需要对各种参数进行测量。对具体测量过程而言,就是用测量工具(测量仪器),将被测量参数与同一物理量的标准量进行比较,从而确定该参数数值的过程。根据测量方法的不同,测量工作可以分为直接测量、间接测量、组合测量和软测量。

1. 直接测量

直接测量是通过测量仪器,将被测量参数与同一物理量的标准量直接比较,或者用事先经过标准量校正的测量仪器进行测量,从而直接求得被测量参数的数值。例如,用等臂天平通过砝码测量质量,用尺测量长度,用温度计测量温度等。直接测量是从测量结果直接获得被测量参数数值的一种测量方法,可用一般公式表示如下:

$$Y = X \tag{2-1}$$

式中:Y——被测量参数的数值;

X——测量结果。

2. 间接测量

间接测量是被测量参数通过某个已知的函数关系和一些独立的参数相联系,对这些独立的参数进行直接测量,取得测量结果并代入函数式计算,以间接获得被测量参数的数值。例如,用测量质量和几何尺寸的方法计算均质材料组成物体的密度,用测量转矩和转速的方法计算发动机输出的功率等。间接测量可用一般公式表示如下:

$$Y = F(X_1, X_2, \cdots, X_m) \tag{2-2}$$

式中: Y——被测量参数的数值;

$X_1, X_2, \cdots, X_m$——直接测量参数的测量结果。

3. 组合测量

组合测量是将一定数量的被测量参数以不同的方式组合(或者用改变试验条件的方法取得这种不同的组合),通过直接测量或间接测量取得测量结果,求解相应的方程组,以获得被测量参数的数值。

4. 软测量

软测量技术就是利用易测过程变量与难以直接测量的待测过程变量之间的数学关系，通过数学计算和方法估计，在测定易测量的基础上实现对待测过程变量的测量。

软测量技术出现在近年来的过程控制及检测领域，其实质也是基于间接测量的思想。软测量是在成熟的硬件基础上，以计算机技术为核心，通过模型运算处理而完成的，以软测量技术为基础的软仪表，具有通用性好、灵活性强、适用范围宽等优点。软测量技术的关键是建立表征辅助变量（易测过程变量）与主导变量（难以直接测量的待测过程变量）之间数学关系的软测量模型。按建立软测量的数学模型的方法不同可将软测量技术分为机理建模、回归分析、状态估计和辨识、模式识别、人工神经网络、模糊数学、相关分析、过程层析成像、非线性处理技术等。

二、测量不确定度

当报告测量结果时，必须对其质量给出定量的说明，以确定测量结果的可信度。近年来，人们已越来越普遍地认为，在测量结果的定量表述中，用"不确定度"比"误差"更为合适。测量不确定度就是对测量结果质量的定量表征，表示测量结果（测量值）不能肯定确认的程度，或者说它是表征测量结果分散性的一个参数。测量结果的可用性很大程度上取决于其不确定度的大小，测量结果必须附有不确定度说明才有意义。

1. 有关不确定度的术语

本小节所用术语及定义与中华人民共和国国家计量规范《测量不确定度评定与表示》（JJF 1059.1—2012）一致。

（1）标准不确定度：以标准差表示的测量不确定度。

（2）不确定度的 A 类评定：用对观测列进行统计分析的方法来评定标准不确定度。不确定度的 A 类评定有时又称为 A 类不确定度评定。

（3）不确定度的 B 类评定：用不同于观测列进行统计分析的方法来评定标准不确定度。不确定度的 B 类评定有时又称为 B 类不确定度评定。

（4）合成标准不确定度：当测量结果是由若干个其他量的值求得时，按其他各量的方差和协方差算的标准不确定度。它是测量结果标准差的估计值。

（5）扩展不确定度：确定测量结果区间的量，合理赋予被测量之值分布的大部分可望含于此区间。扩展不确定度有时也称为展伸不确定度或范围不确定度。

（6）包含因子：为求得扩展不确定度，对合成标准不确定度所乘之数字因子。

2. 产生测量不确定度的原因

在测量实践中，不确定度主要来自许多可能的因素，如：被测量样品不能完全代表被测量，测量方法和程序中的近似和假设，标准值或标准物质的值不准确，数据处理中所引用的常数和其他参数的不准确等测量方法的因素；测量仪器或装置的分辨力或鉴别阈值不够，对环境条件的影响或测量程序的认识不足，或在不完善的环境条件下测量，以及仪器读数时人为偏差等因素；当然还包括在相同条件下被测量在重复观测中变化的因素。

在实际工作中人们会发现，无论怎样控制环境以及各类对测量结果可能产生影响的因素，而最终的测量结果总会存在一定的分散性，即多次测量的结果并不完全相等。这种现象是客观存在的，是由一些随机效应造成的。

上述不确定度的来源可能相关,例如最后一项可能与前面各项有关。对于那些尚未认识到的系统效应,显然是不可能在不确定度中予以考虑的,但它可能导致测量结果的误差。

由此可见,测量不确定度一般来源于随机性或模糊性,前者归因于条件不充分,后者归因于事物本身概念不确定。因而测量不确定度一般由许多分量组成,其中一些分量具有统计性,另一些分量具有非统计性。所有这些不确定度来源若影响到测量结果,都会对测量结果的分散性作出贡献。可以用概率分布的标准差来表示测量的不确定度,称为标准不确定度来表示测量结果的分散性。此外,也可以用具有一定置信概率的区间来表示测量不确定度。

3. 不确定度的 A 类评定

A 类评定是用统计分析法评定,其标准不确定度 μ 等同于由系列观测值获得的标准差 σ,即 $\mu = \sigma$。标准差 σ 的可用贝塞尔法、别捷尔斯法、极差法、最大误差法等方法来求解估计。

当被测量 Y 取决于其他 N 个量 $X_1, X_2, \cdots, X_N$ 时,则 Y 的估计值 y 的标准不确定度 μ_y 将取决于 X_i 的估计值 x_i 的标准不确定度 μ_{xi},为此要首先评定 x_i 的标准不确定度 μ_{xi}。其方法是:在其他 $X_j (j \neq i)$ 保持不变的条件下,仅对 X_i 进行 n 次等精度独立测量,用统计法由 n 个观测值求得单次测量标准差 σ_i,则 x_i 的标准不确定度 μ_{xi} 的数值按下列情况分别确定:如果用单次测量值作为 X_i 的估计值 x_i,则 $\mu_{xi} = \sigma_i$;如果用 n 次测量的平均值作为 X_i 的估计值 x_i,则 $\mu_{xi} = \sigma_i / \sqrt{n}$。

4. 不确定度的 B 类评定

B 类评定不用统计分析法,而是基于其他方法估计概率分布或分布假设来评定标准差并得到标准不确定度。B 类评定在不确定度评定中占有重要地位,因为有的不确定度无法用统计方法来评定,或者即便可用统计法,但不经济可行,所以在实际工作中,多采用 B 类评定方法。

设被测量 X 的估计值为 x,其标准不确定度的 B 类评定是借助于影响 x 可能变化的全部信息进行科学判定的。这些信息可能是:以前的测量数据、经验或资料;有关仪器和装置的一般知识;制造说明书和检定证书或其他报告所提供的数据;由手册提供的参考数据等。

为了合理使用信息,正确进行标准不确定度的 B 类评定,要求有一定的经验及对一般知识有透彻的了解。

采用 B 类评定法,需先根据实际情况分析,对测量值进行一定的分布假设,可假设为正态分布,也可假设为其他分布,常见有下列几种情况。

(1)当测量估计值 x 受到多个独立因素影响,且影响大小相近,则假设为正态分布,由所取置信概率 P 的分布区间半宽 a 与包含因子 k_p 来估计标准不确定度,即:

$$\mu_x = \frac{a}{k_p} \quad (2-3)$$

其中,包含因子 k_p 的数值可由正态分布积分表查得。

(2)当估计值 x 取自有关资料,所给出的测量不确定度 U_x 为标准差的 k 倍时,则其标准不确定度为:

$$\mu_x = \frac{U_x}{k} \quad (2-4)$$

(3) 若根据信息,已知估计值 x 落在区间 $(x-a, x+a)$ 内的概率为1,且在区间内各处出现的机会相等,则 x 服从均匀分布,其标准不确定度为:

$$\mu_x = \frac{a}{\sqrt{3}} \tag{2-5}$$

(4) 当估计值 x 受到两个独立且皆是具有均匀分布的因素影响时,则 x 服从在区间 $(x-a, x+a)$ 内的三角分布,其标准不确定度为:

$$\mu_x = \frac{a}{\sqrt{6}} \tag{2-6}$$

(5) 当估计值 x 服从在区间 $(x-a, x+a)$ 内的反正弦分布时,其标准不确定度为:

$$\mu_x = \frac{a}{\sqrt{2}} \tag{2-7}$$

5. 测量不确定度的合成

(1) 合成标准不确定度。当测量结果受多种因素影响形成了若干个不确定度分量时,测量结果的标准不确定度用各标准不确定度分量合成后所得的合成标准不确定度 μ_c 表示。为了求得 μ_c,首先需分析各种影响因素与测量结果的关系,以便准确评定各不确定度分量,然后才能进行合成标准不确定度计算,如在间接测量中,被测量 Y 的估计值 y 是由 N 个其他量的测得值 $x_1, x_2, \cdots, x_N$ 的函数求得,即:

$$y = f(x_1, x_2, \cdots, x_N) \tag{2-8}$$

且各直接测得值 x_i 的测量标准不确定度为 μ_{xi},它对被测量估计值影响的传递系数为 $\partial f / \partial x_i$。则由 x_i 引起被测量 y 的标准不确定度分量为:

$$\mu_i = \left| \frac{\partial f}{\partial x_i} \right| \mu_{xi} \tag{2-9}$$

而测量结果 y 的不确定度 μ_y 应是所有不确定度分量的合成,用合成标准不确定度 μ_c 来表征,计算公式为:

$$\mu_c = \sqrt{\sum_{i=1}^{N} \left(\frac{\partial f}{\partial x_i} \right)^2 (\mu_{xi})^2 + 2 \sum_{1 \leq i \leq j}^{N} \frac{\partial f}{\partial x_i} \frac{\partial f}{\partial x_j} \rho_{ij} \mu_{xi} \mu_{xj}} \tag{2-10}$$

式中:ρ_{ij}——任意两个直接测量值 x_i 与 x_j 不确定度的相关系数。

若 x_i、x_j 的不确定度相互独立,即 $\rho_{ij} = 0$,则合成标准不确定度计算式(2-10)可表示为:

$$\mu_c = \sqrt{\sum_{i=1}^{N} \left(\frac{\partial f}{\partial x_i} \right)^2 (\mu_{xi})^2} \tag{2-11}$$

当 $\rho_{ij} = 1$,且 $\frac{\partial f}{\partial x_i}$、$\frac{\partial f}{\partial x_j}$ 同号时,或是 $\rho_{ij} = -1$,且 $\frac{\partial f}{\partial x_i}$、$\frac{\partial f}{\partial x_j}$ 异号,合成标准不确定度计算式(2-10)可表示为:

$$\mu_c = \sum_{i=1}^{N} \left| \frac{\partial f}{\partial x_i} \right| \mu_{xi} \tag{2-12}$$

若引起不确定度分量的各种因素与测量结果没有确定的函数关系,则应根据具体情况按 A 类评定或 B 类评定方法来确定各不确定度分量 μ_i 的值,然后按上述不确定度合成方法求得合成标准不确定度为:

$$\mu_c = \sqrt{\sum_{i=1}^{N} \mu_i^2 + 2 \sum_{1 \leq i \leq j}^{N} \rho_{ij} \mu_{xi} \mu_{xj}} \tag{2-13}$$

用合成标准不确定度作为被测量 Y 估计值 y 的测量不确定度,其测量结果可表示为:
$$Y = y \pm \mu_c \tag{2-14}$$

为了正确给出测量结果的不确定度,还应全面分析影响测量结果的各种因素,从而列出测量结果的所有不确定度来源,做到不遗漏、不重复。因为遗漏会使测量结果的合成不确定度减小,重复则会使测量结果的合成不确定度增大,都会影响不确定度的评定质量。

(2)扩展不确定度。合成标准不确定度可表示测量结果的不确定度,但它仅对应于标准差,由其所表示的测量结果 $y \pm \mu_c$ 含被测量 Y 真值的概率仅为68%。然而在一些实际工作中,如高精度比对、一些与安全生产以及与身体健康有关的测量,要求给出的测量结果区间包含被测量真值的置信概率较大,即给出一个测量结果的区间,使被测量的值大部分位于其中,为此需用扩展不确定度表示测量结果。

扩展不确定度由合成标准不确定度 μ_c 乘以包含因子 k 得到,记为 U,即:
$$U = k\mu_c \tag{2-15}$$

用扩展不确定度作为测量不确定度,则测量结果表示为:
$$Y = y \pm U \tag{2-16}$$

包含因子 k 由 t 分布的临界值 $t_p(v)$ 给出,即:
$$k = t_p(v) \tag{2-17}$$

式中:v——合成标准不确定度 μ_c 的自由度。

根据给定的置信概率 P 与自由度 v 查 t 分布表,得到 $t_p(v)$ 的值。当各不确定度分量 μ_i 相互独立时,合成标准不确定度 μ_c 的自由度 v 由下式计算:
$$v = \frac{\mu_c^4}{\sum_{i=1}^{N} \frac{\mu_i^4}{v_i}} \tag{2-18}$$

式中:v_i——各标准不确定度分量 μ_i 的自由度。

当各不确定度分量的自由度 v_i 均已知时,才能由式(2-18)计算合成不确定度的自由度 v。但往往由于缺少资料难以确定每一个分量的 v_i,使得自由度 v 无法按式(2-18)计算,也不能按式(2-17)来确定包含因子 k 的值。为了求得扩展不确定度,一般情况下可取包含因子 $k = 2 \sim 3$。

第二节 测量误差

一、测量误差的分类与性质

测量误差根据其产生的原因可以分为以下几种:

(1)仪器误差(又称工具误差)。仪器误差是指由于仪器结构、制造不完善,或调整、校正不当以及测量的模式与方法等原因而引起的误差。

(2)人为误差(又称个人误差)。人为误差是指由于测量工作者技术不熟练或其他主观原因而引起的误差。

(3)环境误差(又称条件误差)。环境误差是指由于测量环境的影响或测量条件的变化而引起的误差。

测量误差根据其性质可以分为以下几种：

(1)系统误差。保持一定数值或按一定规律变化的误差，称为系统误差。即在重复条件下，对同一物理量无限多次测量结果的平均值与该被测量真值的差。在实际应用中，真值是用约定真值或相对真值来代替的，因而系统误差只能是近似估计。

系统误差的性质是大小、方向恒定不变或按一定规律变化。前者为已定系统误差，在误差处理中是可被修正的；后者为未定系统误差，在实际测量工作中方向往往是不确定的，在误差估计时可归为测量不确定度。

系统误差的来源包括测量设备的基本误差、偏离额定工作条件所产生的附加误差、测量方法理论不完善所带来的方法误差及试验人员测量素质不高产生的人员误差。例如，由于仪器刻度划分得不准确，测量时的温度与仪器校正温度不相等，测量者观察仪器指针时习惯于斜视等原因引起的误差，就具有系统误差的性质。

系统误差是有规律的，这种规律体现在每一次具体的测量中。因此，通过试验找到这种规律之后，就可以对测定值进行修正，以消除系统误差的影响。

(2)过失误差。过失误差是明显超出规定条件下预期的误差，它是统计异常值。也就是说，含有过失误差的测量结果明显偏离被测量的期望值。产生过失误差的原因有：读错或记错数据，使用有缺陷的计量器具，实验条件的突然变化等。显然，含有过失误差的测量值是对被测量的歪曲，故应从测量数据中剔除。

只要认真细致地进行测量，反复检查核对数据，严格保证试验条件，过失误差是可以避免的。

(3)随机误差。即使在相同的条件下，对同一个参数重复地进行多次测量，所得到的测定值也不可能完全相同。这种由于许多相互独立因素的微小变化的共同作用而产生的误差，就称为随机误差，或称偶然误差。随机误差具有各不相同的数值和符号，反映了许多互相独立的因素有细微变化时的综合影响。例如，在测量过程中，仪器内摩擦力的细微变化，环境温度的细微波动，观测者视线的细微变动等。在任何测量工作中，随机误差是无法避免的。但是，在重复条件下无限多次测量的平均值中只含有系统误差，也就是说，随机误差的期望值为零。这一特性常被称为随机误差抵偿特性。原则上说，凡具有抵偿特性的误差都可按随机误差进行处理。

随机误差产生于实验条件的微小变化，如温度波动、电磁场扰动、地面振动等。由于这些因素互不相关，因此随机误差就其个体而言，是没有规律的、无法预先估计的、不可控制修正的。但其总体却符合数理统计学的规律，重复测量的次数越多，这种规律性就越明显。因此，可以用数理统计的方法，计算随机误差可能对测量结果带来的影响。

应当指出，系统误差、过失误差和随机误差具有完全不同的性质，其定义是科学而严谨的，是不能混淆的。

但在测量实践中，一方面有时却难于区分。较大的随机误差有时会被认为是过失误差，而其规律尚未掌握的系统误差，往往被混杂在随机误差之中。采用更完善的测量方法和仪器，对误差的情况进行更深入的研究，就有可能将系统误差从随机误差中分离出来，并予以消除。同样，随着测量误差理论的不断发展，才可能确定恰当的界限，以区分过失误差和巨大的随机误差。

另一方面，对于测量误差的划分又是有条件的。在不同的测量场合、不同的测量条件下,误差之间是可以相互转化的。例如指示仪表的刻度程度,对于制造厂同型号的一批仪表来说具有随机性,故属于随机误差;对于用户特定的一块仪表来说,该误差是固定不变的,故属于系统误差。再如,用一块欧姆表测量某电阻时,该表的基本误差产生的测量误差属系统误差;而用多块不同的欧姆表测量该电阻时,各表的读数具有随机性。这样就可采用求平均值的办法来减小随机误差。

二、测量误差的表示

测量误差通常有 4 种表现形式:绝对误差、相对误差、引用误差和允许误差。

1. 绝对误差

绝对误差定义为示值与真值之差,即:

$$\Delta A = A_x - A_0 \tag{2-19}$$

式中:ΔA——绝对误差;

A_x——示值;

A_0——真值。

在一般测量中,示值就是测量系统或仪器给出的测量值,在比较法和平衡测量法中,示值就是标准量具的标称值或标准信号源的调定值或定值;A_0 为被测量的真值,由于真值的不可知性,常常用约定真值或相对真值代替。

绝对误差可正可负,并且是一个有单位的量。

绝对误差的负值称之为修正值,也叫补值,一般用 c 表示,即:

$$c = -\Delta A = A_0 - A_x \tag{2-20}$$

测量仪器的修正值一般是通过计量部门检定给出的。从定义上不难看出,示值加上修正值就可获得相对真值,即实际值。

2. 相对误差

相对误差定义为绝对误差与真值之比,一般用百分数形式表示,即:

$$\gamma_0 = \frac{\Delta A}{A_0} \times 100\% \tag{2-21}$$

这里的真值 A_0 也用约定值或相对真值代替。但在无法知道约定真值或相对真值时,往往用测量值(示值)代替,即:

$$\gamma_x = \frac{\Delta A}{A_x} \times 100\% \tag{2-22}$$

在测量实践中,测量结果准确度的评价常常使用相对误差,因为它方便直观。相对误差越小,准确度越高。

3. 引用误差

引用误差是为了评价测量仪表的准确度等级而引入的,因为绝对误差和相对误差均不能客观正确地反映测量仪表的准确度高低。引用误差定义为绝对误差与测量仪表量程之比,用百分数表示,即:

$$\gamma_n = \frac{\Delta A}{A_m} \times 100\% \tag{2-23}$$

式中:γ_n——引用误差;

A_m——测量仪表的量程。

测量仪表的各指示(刻度)值的绝对误差有正有负,有大有小。所以,确定测量仪表的准确度等级应用最大引用误差,即绝对误差的最大绝对值$|\Delta A|_m$与量程之比。若用γ_{nm}表示最大引用误差,则有:

$$\gamma_{nm} = \frac{|\Delta A|_m}{A_m} \times 100\% \tag{2-24}$$

《直接作用模拟指示电测量仪表及其附件 第2部分:电流表和电压表的特殊要求》(GB/T 7676.2—2017)规定,电流表和电压表的准确度等级指数分为:0.05,0.1,0.2,0.3,0.5,1,1.5,2,2.5,3,5,共11级。它们的基本误差(最大引用误差)不能超过仪表准确度等级指数a的百分数,即:

$$\gamma_{nm} \leq a\% \tag{2-25}$$

依照上述规定,不难得出:电测量仪表使用时所产生的最大可能误差可由下式给出:

$$\Delta A_m = \pm A_m a\% \tag{2-26}$$

4. 允许误差

允许误差是指测量仪器在使用条件下可能产生的最大误差范围,它是衡量测量仪器的最重要的指标。测量仪器的准确度、稳定度等指标都可用允许误差表征。

第三节 随 机 误 差

一、随机误差产生的原因

随机误差是由众多的、变化微小的因素造成的。这些因素中,有的尚未掌握其影响测量准确的规律;有的是在测量过程中对其难以完全控制的微小变化,而这些微小变化又给测量带来误差。

二、随机误差的统计特性——正态分布

随机误差可以随机地取不同的数值,是一个随机变量,因此测定值也是一个随机变量。在实际测量工作中,由于测量仪器灵敏度的限制,测定值的有效数字的位数是有限的,随机误差将是一个离散的随机变量。然而从理论上来说,随机误差应该是一个连续随机变量。因此,研究随机误差的规律,就是要研究随机误差以多大的概率落在某一范围内,也就是要研究概率分布密度函数。

作为一个连续随机变量,随机误差Δ的数值恰为Δ_1的概率等于零,这时,如概率分布密度函数的值为$f(\Delta_1)$,则随机误差落在Δ_1至$\Delta_1+d\Delta$这一微小范围内的概率为:

$$P(\Delta_1 \leq \Delta \leq \Delta_1 + d\Delta) = f(\Delta_1)d\Delta \tag{2-27}$$

随机误差在$(-\infty, +\infty)$范围内出现,是一个必然事件,所以有:

$$P(-\infty < \Delta < +\infty) = \int_{-\infty}^{+\infty} f(\Delta)d\Delta = 1 \tag{2-28}$$

由概率论可知,某随机变量如果是许多互相独立的随机变量之和,且每个独立的变量对总和只起微小的影响,则该随机变量的分布可以认为是正态分布。随机误差就是这样一种

随机变量,大量的测量实践也证明,随机误差服从正态分布规律。

随机误差的正态分布有以下4个特征:

(1)对称性:绝对值相等的正误差与负误差出现的次数相等。

(2)单峰性:绝对值小的误差比绝对值大的误差出现的次数多。

(3)有界性:在一定的测量条件下,随机误差的绝对值不会超过一定界限。

(4)抵偿性:随着测量次数增多,随机误差的算术平均值趋于零。

随机误差的概率分布密度函数可以用下式表示:

$$f(\Delta) = \frac{1}{\sqrt{2\pi}\sigma}e^{-\frac{\Delta^2}{2\sigma^2}} \tag{2-29}$$

式中:σ——标准误差或均方根误差,$\sigma = \sqrt{\frac{1}{n}\left(\sum_{i=1}^{n}\Delta_i^2\right)}$ ($n \to \infty$)。

式(2-29)称为误差理论基本方程式。随机误差服从正分布规律,通常可以记作 $\Delta \sim N(0,\sigma)$。与此同时,作为随机变量的测定值 l,也服从正态分布,可以记作 $l \sim N(X,\sigma)$,其中,X 为被测参数真值。

以随机误差 Δ 为横坐标,以概率分布密度 $f(\Delta)$ 为纵坐标,则式(2-29)可以描绘成图 2-1 所示的曲线,称为随机误差正态分布曲线。显而易见,曲线下的总面积为1,而在 Δ_1 至 Δ_2 范围内曲线之下的阴影面积,就是随机误差落在 $[\Delta_1, \Delta_2]$ 区间内的概率。标准误差 σ 取不同的数值时,分布曲线具有相似的变化规律,但 σ 较小者,曲线的中部升得更高,且下降得更快。也就是说,绝对值小的误差出现的概率更大,测量比较精密。因此,可以用标准误差 σ 衡量测量列的精密度。分布曲线具有两个拐点,令 $f'(\Delta)$ 的二阶导数等于零,即可求出拐点的坐标,即:

$$\frac{d^2f(\Delta)}{d\Delta^2} = \frac{1}{\sigma^2}\frac{1}{\sqrt{2\pi}}e^{-\frac{\Delta^2}{2\sigma^2}}(\Delta^2 - \sigma^2) = 0$$

解得:

$$\Delta = \pm\sigma \tag{2-30}$$

可见,标准误差 σ 就是分布曲线拐点的横坐标。

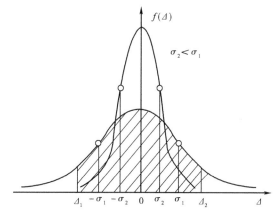

图 2-1 随机误差的分布

误差理论基本方程式完全反映了随机误差的总体规律性。因为 $f(\Delta)$ 是关于 Δ 的偶函数,分布曲线关于纵坐标轴对称,反映了绝对值相等的正误差与负误差出现的概率相等。随

着随机误差的 Δ 增加，$f(\Delta)$ 迅速减小，反映了绝对值小的误差出现的概率大于绝对值大的误差出现的概率。

已知测量列的标准误差 σ，则随机误差 Δ 落在 $[-a, +a]$ 范围内（即 $|\Delta| \leq a$）的概率，可按下式计算：

$$P(-a \leq \Delta \leq +a) = \int_{-a}^{+a} \frac{1}{\sqrt{2\pi}\sigma} e^{-\frac{\Delta^2}{2\sigma^2}} d\Delta \tag{2-31}$$

令 $t = \frac{\Delta}{\sigma}$，$K = \frac{a}{\sigma}$，代入上式得：

$$P(-K\sigma \leq \Delta \leq +K\sigma) = \frac{2}{\sqrt{2\pi}} \int_0^K e^{-\frac{t^2}{2}} dt \tag{2-32}$$

将被积函数 $e^{-\frac{t^2}{2}}$ 展开为下列级数：

$$e^{-\frac{t^2}{2}} = 1 - \frac{t^2}{2} + \frac{1}{2!}\left(\frac{t^2}{2}\right)^2 - \frac{1}{3!}\left(\frac{t^2}{2}\right)^2 + \cdots$$

于是有：

$$P(-K\sigma \leq \Delta \leq K\sigma) = \frac{2}{\sqrt{2\pi}}\left(K - \frac{K^3}{6} + \frac{K^5}{40} - \frac{K^7}{336} + \cdots\right) \tag{2-33}$$

为便于应用起见，常将上述级数值编成概率积分表，其形式为 $\Phi(K) = \frac{2}{\sqrt{2\pi}} \int_0^K e^{-\frac{t^2}{2}} dt$。使用时根据 a 和 σ 的数值，按 $K = a/\sigma$ 计算，然后查表以求得 $\Phi(K)$ 数值。

三、表征随机误差水平的参数

1. 算术平均值

在等精密度的条件下，对某个参数进行了 n 次重复测量，得到 $l_1, l_2, \cdots, l_n$ 共 n 个测定值，这些测定值组成一个测量列。以 X 表示被测参数的真值，以 $\Delta_1, \Delta_2, \cdots, \Delta_n$ 表示各测定值所包含的随机误差，则有：

$$\left.\begin{array}{l} l_1 = X + \Delta_1 \\ l_2 = X + \Delta_2 \\ \vdots \\ l_n = X + \Delta_n \end{array}\right\} \tag{2-34}$$

如以 L 表示测定值的算术平均值，即：

$$L = \frac{1}{n}(l_1 + l_2 + \cdots + l_n) = \frac{1}{n}\sum_{i=1}^{n} l_i \tag{2-35}$$

由式(2-34)、式(2-35)可得：

$$X = \frac{1}{n}\left(\sum_{i=1}^{n} l_i - \sum_{i=1}^{n} \Delta_i\right) = L - \frac{1}{n}\sum_{i=1}^{n} \Delta_i \tag{2-36}$$

当测量次数无限增加时，绝对值相等的正误差与负误差出现的可能性相同，因此可以互相抵消，使得 $\lim_{n\to\infty} \frac{1}{n}\sum_{i=1}^{n} \Delta_i = 0$，在这种情况下，测定值的算术平均值就等于被测参数的真值。但在实际上，测量的次数只可能是有限的，所以测定值的算术平均值只是真值的一个近似值。随着测量次数的增加,算术平均值就越接近于真值,因此,我们可以认为,测定值的算术平均值是最可信赖值。根据数理统计学原理,测定值的算术平均值是被测参数真值的一致而无偏估计。

测定值 l_i 与算术平均值 L 之差,称为残余误差,简称残差,以 v_i 表示,则有:

$$\left.\begin{aligned} v_1 &= l_1 - L \\ v_2 &= l_2 - L \\ &\vdots \\ v_n &= l_n - L \end{aligned}\right\} \tag{2-37}$$

各式相加,得:

$$\sum_{i=1}^{n} v_i = \sum_{i=1}^{n} l_i - nL$$

因为

$$L = \frac{1}{n} \sum_{i=1}^{n} l_i$$

所以

$$\sum_{i=1}^{n} v_i = 0$$

由此可见,各测定值残差的代数和恒等于零。残差的这个性质,可以用来检查算术平均值的计算是否正确。

被测参数的真值和测定值所包含的随机误差,实际上是无法求得的。而测定值的算术平均值与残差则是可以计算的,所以它们在测量数据处理与误差分析中具有重要的意义。

2. 测量的标准偏差

1) 单次测量的标准偏差

同一被测量,在相同条件下,测量列 $x_i(x=1,2,\cdots,n)$ 中单次测量的标准偏差(也称单次测量的标准不确定度)是表征同一被测量值 n 次测量结果的分散性参数,并按下式计算:

$$\sigma = \sqrt{\frac{\sum_{i=1}^{n}(x_i - X_0)^2}{n}} = \sqrt{\frac{\sum_{i=1}^{n} \delta_i^2}{n}} \tag{2-38}$$

式中:n——测量次数(充分大);

δ_i——测量结果 x_i 的随机误差。

式(2-38)即为正态分布函数式(2-29)中标准偏差 σ 的含义。

2) 标准偏差的基本估计——贝塞尔公式

对同一被测量,在相同测量条件下,进行有限次测量的测量列 $x_i(x=1,2,\cdots,n)$,则单次测量标准偏差的估计值为:

$$s = \sqrt{\frac{\sum_{i=1}^{n} v_i^2}{n-1}} \tag{2-39}$$

贝塞尔公式给出了有限次重复测量中单次测量的标准偏差。有时为了区别于定义的标准偏差,将由贝塞尔公式计算得到的标准偏差估计量用 s 表示。其中 $n-1$ 称为自由度。

由式(2-39)可见,用贝塞尔公式计算标准偏差时,当测量次数 $n=1$ 时,则公式无法计算。因此,在应用贝塞尔公式时,测量次数必须满足 $n \geq 2$。

贝塞尔公式较理想地解决了标准偏差的计算问题，由它确定的标准偏差 s 有较高的精度。它是由式(2-38)定义的标准偏差 σ 的最基本的估计量。贝塞尔公式在测量领域里被普遍而广泛地应用，十分重要。

3) 算术平均值标准偏差

将算术平均值标准偏差用 $s(\bar{x})$ 表示，则由式(2-39)可推出：

$$s(\bar{x}) = \frac{s}{\sqrt{n}} = \sqrt{\frac{\sum_{i=1}^{n} v_i^2}{n(n-1)}} \tag{2-40}$$

由此可知，在 n 次测量的等精度测量列中，算术平均值的标准差为单次测量标准差的 $1/\sqrt{n}$，当测量次数 n 越大时，算术平均值越接近被测量的真值，测量精度也越高。

增加测量次数，可以提高测量精度，但是由式(2-40)可知，测量精度是与测量次数的平方根成反比，因此，要显著地提高测量精度，必须付出较大的劳动。由图2-2知，s 一定时，当 $n > 10$ 以后，$s(\bar{x})$ 已减小得非常缓慢。由于测量次数越多，就越难保证测量条件的恒定，从而带来新的误差，因此一般情况下取 $n = 10$ 以内较为适宜。总之，要提高测量精度，应采用适当精度的仪器，选取适当的测量次数。

算术平均值的标准差也称为算术平均值的标准不确定度，简称标准不确定度。

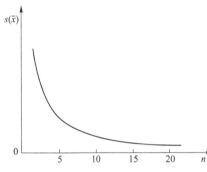

图 2-2 算术平均值标准偏差与测量次数的关系

3. 极限误差

1) 极限误差的定义

极限误差是指极端误差，是误差不应超过的界限，此时对被测量的测量结果（单次测量或测量列的算术平均值）的误差，不超过计算误差的置信概率为 p，并使差值 $1 - p = \alpha$ 可以忽略。极限误差 Δ 的值可依据测量标准差、误差分布及要求的置信概率确定：

$$\Delta = ks \tag{2-41}$$

或

$$\Delta = ks(\bar{x}) \tag{2-42}$$

式中：k——置信因子，是误差分布、自由度和置信概率的函数，可由表查得。

2) 单体测量的极限误差

随机误差正态分布曲线下的面积相当于全部误差出现的概率，即：

$$\frac{1}{\sigma \sqrt{2\pi}} \int_{-\infty}^{\infty} e^{-\frac{\delta^2}{2\sigma^2}} d\delta = 1$$

而随机误差在 $-\infty$ 至 $+\infty$ 范围内的概率密度为：

$$P(\pm\delta) = \frac{1}{\sigma \sqrt{2\pi}} \int_{-\infty}^{\infty} e^{-\frac{\delta^2}{2\sigma^2}} d\delta = \frac{2}{\sigma \sqrt{2\pi}} \int_{0}^{\infty} e^{-\frac{\delta^2}{2\sigma^2}} d\delta \tag{2-43}$$

引入新的变量 t：

$$t = \frac{\delta}{\sigma}, \delta = t\sigma$$

经变换,上式成为:

$$P(\pm\delta) = \frac{2}{\sigma\sqrt{2\pi}}\int_0^t e^{-t^2/2}dt = 2\Phi(t)$$

$$\Phi(t) = \frac{1}{\sqrt{2\pi}}\int_0^t e^{-t^2/2}dt \tag{2-44}$$

式(2-44)为概率积分式,不同 t 的 $\Phi(t)$ 值可由数学手册中查出。

3)算术平均值的极限误差

已知单体测量的标准偏差为 s,由式(2-40)可知,n 次测量结果的算术平均值 $\bar{x}$ 的标准偏差 $s(\bar{x}) = s/\sqrt{n}$。因此,算术平均值 $\bar{x}$ 的不确定度表示为:

$$ks(\bar{x}) = k\frac{s}{\sqrt{n}} \tag{2-45}$$

算术平均值 $\bar{x}$ 的极限误差为:

$$\Delta_{\bar{x}} = 3s(\bar{x}) = 3\frac{s}{\sqrt{n}} \tag{2-46}$$

第四节 系统误差

一、系统误差及其分类

保持一定数值或按一定规律变化的误差,称为系统误差。系统误差是有规律的,它体现在每一次具体的测量中。因此,通过试验找到这种规律之后,就可以对测定值进行修正,以消除系统误差的影响。设被测参数的真值为 X,系统误差为 θ,包含有系统误差的测定值为 m,在不考虑随机误差的情况下,可得:

$$m = X + \theta$$

于是

$$X = m - \theta = m + c \tag{2-47}$$

这就是说,为了获得被测参数的真值,需要在测定值上加上一项 c,也就是用 c 来修正测定值,因此 c 被称为更正值(或更正项)。由式(2-47)可知:

$$c = -\theta \tag{2-48}$$

研究系统误差,就是要寻找它的规律,并确定更正值的数值。系统误差与测量系统的情况有密切的关系,必须根据具体情况作具体分析。为了考察各种因素的影响,往往需要分别进行各种专门的试验。

系统误差根据其性质可以分为两类:固定的系统误差和变化的系统误差。

固定的系统误差:在整个测量过程中,数值大小和正负号都保持不变的系统误差,称为固定的系统误差。例如仪器标尺的刻度(或标定)误差,就是一种常见的固定的系统误差。仪器使用温度与标定温度不同而引起的误差,在使用温度保持不变的条件下,也有这种性质。

变化的系统误差:在测量过程中,数值大小或正负号发生变化的系统误差,称为变化的系统误差。根据变化规律的不同,又可分为:

(1) 累进的系统误差,指测量过程中不断增大(或减小)的系统误差。其中最简单的一种是线性系统误差。

(2) 周期性的系统误差,指周期性地改变数值或正负号的系统误差。

(3) 复杂的系统误差,指变化规律比较复杂的系统误差。

二、系统误差对测量的影响

对未知参数 X 做 n 次重复测量,取得一个测量列。在一般情况下,测定值中既包含有随机误差,也包含有系统误差。设 $m_1, m_2, \cdots, m_n$ 为未更正(即包含有系统误差和随机误差)的各测定值,$l_1, l_2, \cdots, l_n$ 为更正后(即消除了系统误差但仍含有随机误差)的各测定值,M 为未更正的测定值的算术平均值,L 为更正后的测定值的算术平均值。现在分别讨论固定的和变化的系统误差对测量的影响。

(1) 设测定值中只含有固定的系统误差和随机误差。根据测量误差的定义可得:

$$\left.\begin{array}{l} m_1 = X + \Delta_1 + \theta = l_1 + \theta \\ m_2 = X + \Delta_2 + \theta = l_2 + \theta \\ \cdots \qquad \cdots \\ m_n = X + \Delta_n + \theta = l_n + \theta \end{array}\right\} \quad (2\text{-}49)$$

式中: θ——固定的系统误差;

$\Delta_i (i=1,2,\cdots,n)$——偶然误差。将上式中各子式相加并除以 n,即得:

$$M = L + \theta$$

或

$$L = M - \theta = M + c \quad (2\text{-}50)$$

由此可见,固定的系统误差可以独立地予以消除。对未更正的测定值的算术平均值 M,引入各更正值,即可求得更正后的测定值的算术平均值 L 为最可信赖的测量结果。

将更正后的测定值的残差 $v_i = l_i - L$,以式(2-49)、式(2-50)代入,得 $v_i = l_i - L = (m_i - \theta) - (M - \theta)$,即:

$$v_i = m_i - M = v_i' \quad (2\text{-}51)$$

这说明,更正后的测定值的残差 v_i 与未更正的测定值的残差 v_i' 相等。即固定的系统误差的存在,将不会影响测量的精密度参数。因此,用式(2-49)处理测量数据时,将无法发现固定的系统误差的存在。这就是固定的系统误差特别危险的原因。

(2) 设测定值中含有变化的系统误差和随机误差。根据测量误差的定义可得:

$$m_i = l_i + \theta_i \quad (i=1,2,\cdots,n) \quad (2\text{-}52)$$

将上式相加并除以 n,即得:

$$M = L + \frac{1}{n}\sum_{i=1}^{n} \theta_i$$

或

$$L = M - \frac{1}{n}\sum_{i=1}^{n} \theta_i = M + c \quad (2\text{-}53)$$

式中:$c = -1/n \sum_{i=1}^{n} \theta_i$——消除系统误差 θ_i 而引入的更正值。

$\frac{1}{n}\sum_{i=1}^{n}\theta_i$ 表示系统误差 θ_i 的算术平均值。由此可见，为了求得更正后的测定值的算术平均值 L，可以根据变化的系统误差的平均值，对未更正的测定值的算术平均值 M 引入更正值。

将更正后的测定值的残差 $v_i = l_i - L$，以式(2-52)、式(2-53)代入，则得：

$$v_i = m_i - M + \left(\frac{1}{n}\sum_{i=1}^{n}\theta_i - \theta_i\right) = v_i' + \left(\frac{1}{n}\sum_{i=1}^{n}\theta_i - \theta_i\right) \tag{2-54}$$

可见，更正后的测定值的残差 v_i 与未更正的测定值的残差 v_i' 并不相等。即变化的系统误差的存在，将影响测量的精密度参数。注意，在上述讨论中，θ 可以是一种因素引起的系统误差，也可以是多种同类因素系统误差的合成。

三、系统误差的发现

通过测量取得测定值以后，首先需要检查测定值中是否包含有系统误差，这是一项极为重要的工作。这里，我们将简要地介绍几种常用的方法，其他方法可参阅有关书籍。

1. 残差分析法

根据式(2-54)，未更正的各测定值的残差 v_i' 可以写作：

$$v_i' = m_i - M = v_i + \left(\theta_i - \frac{1}{n}\sum_{i=1}^{n}\theta_i\right) \tag{2-55}$$

其中，$\frac{1}{n}\sum_{i=1}^{n}\theta_i$ 表示变化的系统误差的平均值，对于一个已经实现的测量列而言，这是一个确定的数值，而 θ_i 则是一个变量。在随机误差小于系统误差的情况下，根据 v_i' 的符号可以发现变化的系统误差的存在。具体的检验法则如下。

法则 1 将未更正的测定值按测量先后顺序排列，如残差 v_i' 的代数值有规则地向一个方向变化，即符号为（-、-、-、-、+、+、+、+、+、+）或（+、+、+、+、+、-、-、-、-、-），则该测量列包含有累进的系统误差。

法则 2 将未更正的测定值按测量的先后顺序排列，如残差 v_i' 的符号有规律地交替变化，则该测量列包含有周期性的系统误差。

如果在测量列的一部分测定值中包含有固定的系统误差，而其余测定值不包含这种误差，那么，就整个测量列而言，这是一种变化的系统误差，可以用残差分析法发现它的存在，如法则 3 所述。

法则 3 在一个测量列中，当存在某些测量条件，测定值的残差 v_i' 基本上保持相同的符号，而不存在这些条件（或条件改变）时，残差 v_i' 均变号，则该测量列包含有随测量条件的改变而出现（或消失）的固定系统误差。

显然，系统误差的数值不超过随机误差时，用上述三项法则，将不能发现系统误差的存在。这时，如重复测量的次数 n 足够多，可以采用法则 4 和法则 5。

法则 4 将未更正的测定值按测量的先后顺序排列，如前一半测定值的残差和与后一半测定值的残差和之差显著地不等于零，则该测量列包含有累进的系统误差。

法则 5 在一个测量列中，如条件改变前测定值的残差和与条件改变后测定值的残差和之差显著地不等于零，则该测量列包含有随测量条件的改变而出现（或消失）的固定系统误差。

2. 分布检验法

因为随机误差服从正态分布,所以只包含随机误差的测定值也服从正态分布。如果发现测定值不服从正态分布,就有理由怀疑测定值中包含有变化的系统误差,这就是分布检验法的基本思想。显然,只有在重复测量次数 n 足够多时,分布检验法才有意义。

为了检验一个测量列是否服从正态分布,可以应用正态概率纸。这是一种特殊的坐标纸,横坐标按等距分度与普通坐标纸一样,而纵坐标则按正态分布的规律分度。具体地说,设纵坐标的标度为 y,那么该标度至横坐标轴的距离 $y' = \Phi^{-1}(y)$,即:

$$\Phi(y') = \int_{-\infty}^{y'} \frac{1}{\sqrt{2\pi}} e^{-\frac{t^2}{2}} dt = y \tag{2-56}$$

当 $y = 0.50$ 时,$y' = \Phi^{-1}(0.50) = 0$,于是标度为 50% 的横线就是横坐标轴。如果随机变量 $\xi \sim N(\mu, \sigma)$,则:

$$F(x) = P(\xi < x) = \Phi\left(\frac{x-\mu}{\sigma}\right) \tag{2-57}$$

以 x 为横坐标,以概率分布函数 $y = F(x)$ 为纵坐标,则点 (x, y) 的几何位置将是 $(x, \Phi^{-1}[F(X)]) = \left(x, \frac{x-\mu}{\sigma}\right)$。所以对一切 x 而言,(x, y) 在正态概率纸上表现为一条直线 $y' = \frac{x-\mu}{\sigma}$。

因此,将测定值的波动范围分成若干组,然后计算各组内测定值出现的频数、相对频数和累计相对频数。当重复测定次数 n 足够多时,累计相对频率可以看作概率分布函数 $F(x)$ 的一个试验结果。根据累计相对频数的数值,在正态概率纸上画点,如果测定值服从正态分布,则这些点应在一条直线上。由于样本的随机波动,多少有些偏差是允许的,一般来说,中间的点离直线的偏差不能过大,两端的点允许有稍大的偏差。如果偏差过大,则应怀疑总体不服从正态分布。

例如:对某参数重复测量了 100 次,将测定值为 10 组,各组内测定值出现的频数见表 2-1 第 3 列。根据测定值在各组内出现的频数,计算相对频率和累计相对频数,并将计算结果列入表 2-1 中第 4 列和第 5 列。以各组右端点的数值为横坐标,以该组的累计相对频数为纵坐标,在正态概率纸上画点,如图 2-3 所示。

测定值的分布 表 2-1

分组序号	各组右端点数值	频数	相对频数(%)	累计相对频数(%)
1	1.295	1	1	1
2	1.325	4	4	5
3	1.355	7	7	12
4	1.385	22	22	34
5	1.415	24	24	58
6	1.445	24	24	82
7	1.475	10	10	92
8	1.505	6	6	98
9	1.535	1	1	99
10	1.565	1	1	100

由图 2-3 可见,这些点基本上在一条直线上,因而可以判定该测量列服从正态分布。这说明测定值中不包含变化的系统误差。

因为固定的系统误差的存在不会影响测定值的分布情况,所以用这种方法无法判定是否有固定的系统误差存在。

四、系统误差的消除

产生系统误差的原因是多方面的,它与测量系统的情况有密切的关系。因此,消除系统误差也没有统一的方法,必须根据具体情况,采取适当的措施。

作为一般的原则,消除系统误差可以从以下两方面着手:

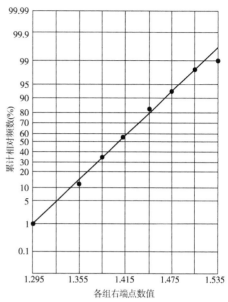

图 2-3　用正态概率纸检验测量列的分布

(1) 防止系统误差的产生。采用完善的测量方法,正确地安装和使用测量仪器、设备,保持稳定的测量条件,防止外界的干扰等,可以避免系统误差的产生。例如,在应变片电测技术中,采用稳压电源、温度补偿、抗干扰的屏蔽线连接等。

(2) 掌握系统误差的规律,对测定值引入更正值。在测量工作之前,对测量仪器和设备进行校正,取得仪器示值与准确值之间的关系,确定各种更正公式或更正值曲线,以便对测定值引入更正值,消除系统误差的影响。

上述两个原则,在工程技术测量中均得到广泛的应用。

第五节　过失误差

一、过失误差与异常数据

由于测量工作中的错误、疏忽大意等原因引起的误差,称为过失误差。一般说来,过失误差远大于随机误差和系统误差。过失误差使测定值明显地被歪曲,因而,包含有过失误差的测定值是不可信赖的,应予舍弃。

为了发现过失误差,可以对测定值做必要的检查和校核。例如,采用其他方法和仪器对未知参数进行校核性测量。

在一个测量列中,可能出现个别的过大或过小的测定值,这种包含有巨大误差的测定值,通常称为异常数据。异常数据往往是由过失误差引起的,也可能是由巨大的随机误差所引起的。

异常数据的取舍必须十分慎重。如果有充分的根据可以判定异常数据是由过失误差引起的,则应予以舍弃。对于原因不明的异常数据,只能用统计学的准则决定取舍。仅根据某个测定值与其他测定值有较大的差别而予以舍弃,这种主观的判定是没有道理的。

二、异常数据的取舍原则

用统计学的方法决定异常数据的取舍,其基本思想是:数值超过某一界限的测定值(即残差超过某个极限值),出现的概率很小,是个小概率事件。如果在一个容量不大的测量列中,居然出现了这种测定值,我们有理由认为,这是由过失误差引起的异常数据,因而予以舍弃。

由此可见,异常数据取舍的具体准则,表现为测定值的残差是否超过某个极限值。而这个问题又取决于概率小到什么程度才被认为是小概率,不同的标准可以得出不同的残差极限值。这里,我们将介绍三种常用的取舍准则。

1. 来伊达(Layard)准则

在一个有限的等精密度测量列中,随机误差服从正态分布,即 $\Delta \sim N(0,\sigma)$,其中 σ 为测量列的标准误差,可用列差 v 予以估计,即 $\hat{\sigma} = \sqrt{\dfrac{1}{n-1}\sum\limits_{i=1}^{n}v_i^2}$。如测量次数 n 足够多,残差亦服从正态分布,即 $\Delta \sim N(0, \sigma')$,其中 $\sigma' = \sqrt{\dfrac{1}{n}\sum\limits_{i=1}^{n}v_i^2}$。显然 σ' 近似于 $\hat{\sigma}$,因而可用 $\hat{\sigma}$ 代替 σ'。

由概率积分表可知,绝对值大于 $3\sigma'$(近似于 $3\hat{\sigma}$)的残差,出现的概率仅为 0.0027,这是一个小概率事件。因此,残差的绝对值大于 $3\hat{\sigma}$(即残差极限值 $v = 3\hat{\sigma}$)的测定值,可以看作是由过失误差引起的异常数据,应予舍弃。这就是来伊达准则。

2. 肖维纳(Chauvenet)准则

对未知参数做 n 次重复测量。如残差超过某个极限值的测定值,出现的概率等于或小于 $1/2n$,可以认为是小概率事件。也就是说,在 n 次测量中,这种测定值出现的次数等于或小于 $1/2$,因而不应该发生。如果出现了这种测定值,可以认为是过失误差引起的异常数据而予以舍弃。这就是肖维纳准则。

设残差服从正态分布,且分布参数 σ' 可用测量列的标准误差 σ 近似代替。于是,肖维纳准则可用下式表示:

$$1 - \frac{2}{\sqrt{2\pi}}\int_0^{K_n} e^{-\frac{t^2}{2}} dt = 1 - \Phi(K_n) = \frac{1}{2n} \tag{2-58}$$

式中:$K_n = \dfrac{v_{\text{ch}}}{\sigma}$;

v_{ch}——肖维纳准则的残差极限值;

σ——测量列的标准误差。

由式(2-58)可知,$\Phi(K_n) = \dfrac{2n-1}{2n}$。因此根据测量次数 n,可以求得 $\Phi(K_n)$,然后查概率积分表即可求出 K_n 值。于是,$v_{\text{ch}} = K_n\hat{\sigma}$。

在实际工作中,可根据测量次数 n,直接由表 2-2 查得 K_n 值。

3. 格拉布斯(Grubbs)准则

设测定值服从正态分布,即 $l \sim N(X, \sigma)$。根据贝塞尔方法,分布参数 σ' 可用测定值的误差予以估计,即:

$$\hat{\sigma} = \sqrt{\dfrac{1}{n-1}\sum_{i=1}^{n}v_i^2} \tag{2-59}$$

K_n 值查询表 表2-2

n	K_n	n	K_n	n	K_n	n	K_n
3	1.38	10	1.96	17	2.17	24	2.31
4	1.53	11	2.00	18	2.20	25	2.33
5	1.65	12	2.03	19	2.22	30	2.39
6	1.73	13	2.07	20	2.24	40	2.49
7	1.80	14	2.10	21	2.26	50	2.58
8	1.86	15	2.13	22	2.28	75	2.71
9	1.92	16	2.15	23	2.30	100	2.81

一个有限的测量列,可以看作从测定值总体中抽取的随机样本。如果 $G = \dfrac{v_i}{\sigma}$,则 G 是一个随机变量。格拉布斯推导了随机变量 G 的概率密度函数,因而选定信度(显著性水平)α,就可得到临界值 G_0[3],使得:

$$P(G \geq G_0) = \alpha \quad (2\text{-}60)$$

其中,α 是一个很小的数值,一般取为 0.05、0.025 或 0.01。

临界值 G_0 是测量次数 n 和信度 α 的函数,其数值见表2-3。

临界值 G_0 表2-3

| n | α | | | n | α | | | n | α | | |
	0.05	0.025	0.01		0.05	0.025	0.01		0.05	0.025	0.01
3	1.15	1.15	1.15	13	2.33	2.46	2.61	23	2.62	2.78	2.96
4	1.46	1.48	1.49	14	2.37	2.51	2.66	24	2.64	2.80	2.99
5	1.67	1.71	1.75	15	2.41	2.55	2.71	25	2.66	2.82	3.01
6	1.82	1.89	1.94	16	2.44	2.59	2.75	30	2.75	2.91	3.10
7	1.94	2.02	2.10	17	2.47	2.62	2.79	35	2.82	2.98	3.18
8	2.03	2.13	2.22	18	2.50	2.65	2.82	40	2.87	3.04	3.24
9	2.11	2.21	2.32	19	2.53	2.68	2.85	45	2.92	3.09	
10	2.18	2.29	2.41	20	2.56	2.71	2.88	50	2.96	3.13	
11	2.23	2.36	2.48	21	2.58	2.73	2.91	60	3.03	3.20	
12	2.29	2.41	2.55	22	2.60	2.76	2.94	70	3.09	3.26	

在一个测量列中,最大的或最小的测定值的残差,如超过残差极限值 v_G,即:

$$|v_i| \geq v_G = G_0 \hat{\sigma} \quad (2\text{-}61)$$

则认为该测定值是一个包含过失误差的异常数据,应予舍弃。这样做犯错误(即把不是过失误差引起的异常数据弃去)的概率为 α。

第六节　测量结果的数据处理

一、测量结果的表达

前已述及，通过有限次重复测量，我们不可能获得被测参数的真值 X，但是可以用测定值的算术平均值 L 或加权平均值 L_0 来近似地代替它。这时，测定结果可以表达为：

$$X \approx L \quad \text{或} \quad X \approx L_0 \tag{2-62}$$

这种表达方式常用于一般的测量中。

若需要确切获得被测参数的测定值的置信水平，就可以运用数理统计学中区间估计的方法，求得被测参数的真值在某个置信概率下的置信区间。

设 $l_1, l_2, \cdots, l_n$ 组成一个有限的等精密度测量列，由测量条件决定的标准误差为 σ。按照贝塞尔公式，标准误差的估计值为 $\hat{\sigma} = \sqrt{\dfrac{1}{n-1}\sum_{i=1}^{n}(l_i - L)^2}$。测定值的算术平均值 L 服从正态分布，即 $L \sim N\left(X, \dfrac{\sigma}{\sqrt{n}}\right)$，所以 $\dfrac{L-X}{\sigma/\sqrt{n}}$ 是一个标准化正态分布的随机变量，而 $(n-1)\dfrac{\hat{\sigma}^2}{\sigma^2} = \dfrac{1}{\sigma^2}\sum_{i=1}^{n}(l_i-L)^2$ 则是一个自由度为 $f=n-1$ 的 χ^2 分布随机变量，这两个随机变量互相独立，所以有：

$$t = \dfrac{(L-X)\big/\dfrac{\sigma}{\sqrt{n}}}{\hat{\sigma}/\sigma} = \dfrac{L-X}{\dfrac{\hat{\sigma}}{\sqrt{n}}} \tag{2-63}$$

该变量是一个自由度为 $f=n-1$ 的 t 分布随机变量。如预先选定置信概率 p，即可由 t 分布表查得 $t_p(f)$，使得 $P\{|t| \leq t_p(f)\} = p$，由此可得：

$$|L - X| \leq \dfrac{\hat{\sigma}}{\sqrt{n}} t_p(f) = \hat{\sigma}_L t_p(f) \tag{2-64}$$

于是，测量结果可以表达为：

$$X = L \pm \dfrac{\hat{\sigma}}{\sqrt{n}} t_p(f) = L \pm \hat{\sigma}_L t_p(f) \tag{2-65}$$

它的含义是：被测参数的真值 X 在置信区间 $[L - \hat{\sigma}_L t_p(f), L + \hat{\sigma}_L t_p(f)]$ 内的置信概率为 p。或者说，我们以置信概率 p 确信，以算术平均 L 代替真值 X 时，误差不超过 $\hat{\sigma}_L t_p(f)$。在实际工作中，如预先选定真值 X 的置信区间，则可由 t 分布表确定对应的置信概率 p。

为便于应用，将处理直接测量参数测定值的公式列于表 2-4 中。

处理直接测量参数测定值的公式　　表 2-4

	计算公式	注　解
（1）测量列算术平均值	$L = \dfrac{1}{n}\sum_{i=1}^{n} l_i$	l_i ——各测定值； n ——测量次数； L ——测定值的算术平均值； i ——$1, 2, \cdots, n$
（2）测量列残差	$v_i = l_i - L$ 或 $v_i = l_i - L_0$	v_i ——各测定值的残差

续上表

计算公式		注　解
（3）测量列的精密度参数——贝塞尔法	$\hat{\sigma} = \sqrt{\dfrac{\sum\limits_{i=1}^{n} v_i^2}{n-1}}$	$\hat{\sigma}$——测量列标准误差的估计量
	$\hat{\Delta}_{\lim} = 3\hat{\sigma}$	$\hat{\Delta}_{\lim}$——测量列极限误差的估计量
（4）测量结果精密度参数	$\hat{\sigma}_L = \dfrac{\hat{\sigma}}{\sqrt{n}}$	$\hat{\sigma}_L$——算术平均值标准误差的估计量； n——算术平均值平均算术误差的估计量
	$\hat{\lambda}_{\lim} = 3\hat{\sigma}_L$	$\hat{\lambda}_{\lim}$——算术平均值极限差的估计量
（5）测量结果表达式	$X \approx L$ $X = L \pm \hat{\sigma}_L t_p(f)(p)$	X——被测参数的真值； p——置信概率； $t_p(f)$——由置信概率 p 及自由度 $f = n-1$ 决定的 t 分布数值。 注：对等精密度测量，用算术平均值 L 表示测量结果

显然，置信区间的宽度取决于给定的置信概率（或者说，置信概率取决于给定的置信区间），因此，用式(2-65)表达测量结果时，必须注明相应的置信概率。

二、直接测量参数测定值处理实例

【例 2-1】 在拖拉机发动机稳定工作情况下，对输出转矩进行了 10 次测量，得到如下测定值（N·m）：143，143，145，143，138，140，144，145，143，140。试表达测量结果，并进行分析。

【解】 发动机稳定工作时，可以认为输出转矩的真值保持不变，假定测量是等精密度的，则按表 2-4 的公式，计算如下：

（1）算术平均值 $L = \dfrac{1}{n}\sum\limits_{i=1}^{n} l_i = \dfrac{1424}{10} = 142.42$ （N·m）。

（2）测定值的残差 $v_i = l_i - L$，计算结果见表 2-5。

残　差　计　算　结　果　　　　表 2-5

测量顺序	测定值 l_i	残差 v_i	v_i^2
1	143	+0.6	0.36
2	143	+0.6	0.36
3	145	+2.6	6.76
4	143	+0.6	0.36
5	138	−4.4	19.36
6	140	−2.4	5.76
7	144	+1.5	2.56
8	145	+2.6	6.76
9	143	+0.6	0.36
10	140	−2.4	5.76
$\sum\limits_{i=1}^{n}$	1424	0	48.40

因为 $\sum_{i=1}^{n} v_i = 0$，可以验证算术平均值 L 计算无误。

(3) 测量列标准误差 $\hat{\sigma} = \sqrt{\dfrac{1}{n-1}\sum_{i=1}^{n} v_i^2} = \sqrt{\dfrac{48.40}{9}} = 2.32 (\text{N} \cdot \text{m})$。

(4) 测量列极限误差 $\hat{\Delta}_{\lim} = 3\hat{\sigma} = 6.96 (\text{N} \cdot \text{m})$。

检查各测定值的残差，其绝对值均未超过 $\hat{\Delta}_{\lim}$，可知测量工作正常，各测定值没有包含过失误差。

(5) 算术平均值的标准误差 $\hat{\sigma}_L = \dfrac{\hat{\sigma}}{\sqrt{n}} = \dfrac{2.32}{\sqrt{10}} = 0.73 (\text{N} \cdot \text{m})$，概然误差 $\hat{\gamma}_L = 0.6745\hat{\sigma}_L = 0.49 (\text{N} \cdot \text{m})$。

(6) 选定两个置信概率 $p = 0.9973$ 和 $p = 0.50$，按自由度 $f = n - 1 = 9$ 查 t 分布表，得 $t_{0.9973}(9) = 4.09$，$t_{0.5}(9) = 0.703$。

(7) 测量结果的表达（置信区间的估计）：

$X = L \pm t_p(n-1) \cdot \hat{\sigma}_L = 142.4 \pm 4.09 \times 0.73 = 142.4 \pm 3.0 (\text{N} \cdot \text{m})(p = 0.9973)$

$X = L \pm t_p(n-1) \cdot \hat{\sigma}_L = 142.4 \pm 0.703 \times 0.73 = 142.4 \pm 0.5 (\text{N} \cdot \text{m})(p = 0.50)$

这就是说，发动机输出转矩的真值虽然无法求得，但可用 142.4 N·m 近似地代表它，并且以 0.9973 的概率确信，真值在 139.4~145.4 N·m 范围内（以 0.50 的概率确信，真值在 141.9~142.9 N·m 范围内）。

(8) 为方便比较起见，按正态分布做近似计算：

$X = L \pm \hat{\lambda}_{\lim} = L \pm 3\hat{\sigma}_L = 142.4 \pm 2.2 (\text{N} \cdot \text{m})(p = 0.9973)$

$X = L \pm \hat{\gamma}_L = 142.4 \pm 0.5 (\text{N} \cdot \text{m})(p = 0.50)$

由此可见，按正态分布计算的置信区间，小于按 t 分布计算的置信区间。这就是说，按正态分布作近似计算时，将造成一种错觉——测量的精密度较高。只有在重复测量次数较多（$n \geq 10$，置信概率取为 0.50）时，两种计算方法所得的结果大体相同。因此，按正态分布做近似计算时，习惯上采用下列表达方式：$X = L \pm \hat{\gamma}_L (p = 0.50)$。

第七节　MATLAB 在数据误差分析中的应用

在科学研究和工程计算领域经常会遇到一些非常复杂的计算问题，利用计算器或手工计算是无法实现的，只能借助计算机编程来实现，MATLAB 正是解决这样复杂计算问题的强大的科学计算软件。

MATLAB 将高性能的数值计算和可视化集成在一起，提供大量的内置函数，被广泛地应用于科学计算、控制系统以及信息处理等领域的分析、仿真的设计工作。

一、基本数据分析函数

表 2-6 给出了 MATLAB 的数据分析命令函数，下面，我们通过几个实例来介绍这些函数的用法。

【例 2-2】已知测量列 d（单位：cm）为 0.5642、0.5648、0.5640、0.5653、0.5639、0.5646，求该测量列的最大值、平均值、中间值、方差和标准差。

数据分析函数 表2-6

函 数 名	功 能	函 数 名	功 能
max	求测量列的最大值	mean	求测量列的平均值
min	求测量列的最小值	var	求测量列的方差
median	求测量列的中间值	std	求测量列的标准差
sum	求测量列的和	cumsum	累积求和

【解】设 dmax 和 dmean 分别表示 d 的最大值和均值,dvar 和 sigma 分别表示 d 的方差和标准差。那么可在 MATLAB 命令窗中的提示符"〉"后键入:

d = [0.5642,0.5648,0.5640,0.5653,0.5639,0.5646];
dmax = max(d),
dmean = mean(d),
dvar = var(d),
sigma = std(d),

然后,按下回车键,命令窗返回:
dmax = 0.5653,
dmean = 0.5645,
sigma = 5.3541e - 004,
dvar = 2.8667e - 007。

二、间接测量值的误差传递与相对不确定度的计算

测量公式中各测量值的误差传递是通过求偏微分得到的。在 MATLAB 中,求导数的命令函数式 diff(F,x),其中,F 是函数表达式,x 是自变量。下面就通过一个例子来介绍有关命令函数。

【例2-3】用流体静力称衡法测固体密度的公式为 $\rho = m\rho_0/(m - m_1)$,单次测量测得 $m = (27.06 \pm 0.01)$ g,$m_1 = (17.03 \pm 0.01)$ g,$\rho_0 = (0.9997 \pm 0.0003)$ g/cm³,求密度 ρ 的不确定度。

【解】在命令窗中键入:
Syms m m1 rho0 um um1 urho0;   % 定义符号变量,命令是 syms
lr = ln(m) - ln(m - m1) + ln(rho0);   % 输入公式,lr 代表 lnρ,ln(rho0)代表 lnρ_0
E = ((diff(lr,m) * um).^2 + (diff(lr,m1) * um1).^2 + (diff(lr,rho0) * urho0).^2).^(1/2)
% 求相对不确定度 ε_u。其中,已经用 m、m_1 和 ρ_0 的不确定度 um,um1 和 urho0 代替了微分
um = (0.01.^2 + 0.03.^2)^(1/2); um1 = um;   % 输入质量 m,m_1 的不确定度值 um,um1
m1 = 17.03; m = 27.06; urho0 = 0.0003; rho0 = 0.9997; % 输入 m,m_1,ρ_0 和 um 的值
Eu = vpa(subs(E),5),   % 代入数据,求相对不确定度 ε_u 的值。其中,subs 是替换命令函数;vpa 是指定数字位数的命令函数
Rhom = (m/(m - m1)) * rho0,   % 求 ρ 的平均值,用 rhom 表示
Ur = vpa(rhom * Eu,5)   % 求 ρ 的不确定度 u_ρ 的值,取 5 位

将上述程序键入命令窗后回车,得:

E = ((1/m-1/(m-m1))^2*um^2+1/(m-m1)^2*um1^2+1/rho0^2*urho0^2)^(1/2)
Eu = .37373e-2
Rhom = 2.6971
Ur = .10080e-1
可将结果写为:

$$\begin{cases} \rho = (2.70 \pm 0.01) \text{g/cm}^3 \\ \varepsilon_u = 0.4\% \end{cases}$$

本章思考题

1. 深入思考测量的不确定度、测量误差、测量精密度水平之间的关系。
2. 如何消除三种性质不同的测量误差对试验测试精密度水平的影响?

第三章 试验设计

所谓试验设计,就是根据试验的目的和要求,按照试验所具备的条件,合理地设计试验方案,力求以较少的试验次数,迅速而圆满地得到令人满意的结果。这里讨论的试验设计,不考虑具体试验过程中的试验条件、试验方法的设计等内容。

试验设计的方法,现在已被广泛应用到各个领域。例如:在工厂,为提高产品的产量,改善产品的质量而进行的改变原料配比和工程条件的对比试验;在农场,为掌握作物取得最高产量所需要的栽培条件而进行的品种对比试验、施肥方法对比试验和农药效果对比试验等;在医药研究单位,为研究药物与毒剂的效果所做的动物试验和临床试验。

试验设计的方法很多,本章主要讨论因子设计和正交设计等一些常用的方法。

第一节 基本概念

一、试验指标

试验中用来衡量试验效果的量称为试验指标,简称指标,通常用 η 表示。它可以理解为试验过程中的因变量。

试验指标分定量指标和定性指标两种。定量指标是指用数量表示的指标,如产量、质量、速度、温度、压力等;定性指标是指不能直接用数量表示的指标,如产品质量(好、坏)、颜色(深、浅)等。定性指标一般可以用量化处理的方法转化为定量指标。

在一项试验中,用来衡量试验效果的指标可以有 1 个,也可以有 2 个或多个。当只有一个试验指标时,我们称为单指标试验。而对于多指标试验的问题,常用处理方法有两种:综合平衡法和综合评分法。综合平衡法是先按单指标试验的分析方法,分别对各项指标进行独立的分析,然后进行综合平衡的一种方法。综合评分法是按照某种规则对各项指标综合评分,得到一个新的指标,然后用单指标分析方法进行试验结果分析的一种方法。这两种方法各有利弊,因此,在进行试验结果分析时必须根据实践经验和专业知识,对具体问题作具体分析。

二、因子与水平

试验中影响指标 η 的量称为因子,因子可以理解为试验过程中的自变量,通常用大写字母 A、B、C……来表示。

每个因子在试验中所处的状态或取值,称为因子的水平,简称为水平。一般试验方案是由若干个试验组成的,因子在试验方案中变化了几种状态就称为几种水平。例如,在试验中,温度这个因子允许在一定范围内变化,如果选取 80℃、85℃、90℃ 三种状态,则 80℃、85℃、90℃ 称为温度的三个水平,而在这个试验方案中,温度是三水平因子。

因子在试验中的相互影响,称为因子间的交互作用,用 AB、ABC 等来表示;如果交互作用很小,可以忽略不计,则认为这些因子相互没有影响。在实际问题中,因子间的交互作用也当作一个因子来处理。

在试验中,有时因子所处的状态是不可控的,如试验过程中影响试验结果的平均气温,显然是要考虑的一个因子,但人们不能控制日平均温度,这样的因子称为不可控因子。车辆制动性能试验中的车速是可以控制的,这样的因子称为可控因子。在试验设计中,一般只对可控因子的水平变化在试验前作出设计。

第二节　2^2 因子设计

在实践中,研究者常常需要对一组可控因子进行试验,以确定它们对指标的效应,或者探讨每个因子的各个不同水平对指标的效应等,这些都可通过因子设计来完成。因子设计的目的是确定各因子对指标影响的主次顺序。

假设因子 A 取 l_1 个水平,因子 B 取 l_2 个水平,依此类推,并对其所有组合进行试验,则需要完成 $l_1 \times l_2 \times \cdots \times l_n$ 个试验。显然,在多因子多水平的情况下,需要进行大量试验,消耗可观的试验费用。

然而,很多情况下每个因子只需用 2 个水平,便可揭示出各因子对指标影响的最重要的特征。所得到的 2 水平因子设计需要 $n = 2^k$ 次试验,其中 k 是因子的数目。当 $k = 2$ 时,就称其为 2^2 因子设计;当 $k = 3$ 时,称为 2^3 因子设计;……依此类推,k 个因子的试验,称为 2^k 因子设计。

2 水平因子设计是一种研究因子效应的极为有用的方法。它的优点是构造十分简单,每个因子只要取 2 个水平,就可确定因子的许多效应。

我们先考察最简单的 2^2 因子设计。

一、设计矩阵

假设因子 A 和因子 B 都取 2 个水平,并且因子 A、B 的上水平和下水平分别用 $+1$ 和 -1 表示,那么,由因子 A、B 不同水平的组合可得到试验设计的 4 个点:

$$(-1, -1), (+1, -1), (-1, +1), (+1, +1)$$

则可以从几何上把这 4 个试验点看成处在 A 和 B 组成的因子空间内,如图 3-1 所示。图中 4 个点的坐标构成一个矩阵,称为设计矩阵,见表 3-1。于是,便可以根据设计矩阵安排试验。

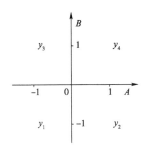

图 3-1　2^2 因子设计的几何空间

2^2 因子设计的设计矩阵　表 3-1

设计矩阵		观　测　值
A	B	y
-1	-1	y_1
$+1$	-1	y_2
-1	$+1$	y_3
$+1$	$+1$	y_4

二、效应估计

根据表3-1就可估计因子 A、B 对指标的效应。

首先研究统计量 $y_2 - y_1$。这个差值不是由因子 B 造成的,而是当 B 取 -1 水平时,改变 A 的水平而造成的,它代表 A 从下水平到上水平变化时对指标的影响,反映了 A 对指标的一种效应。

其次再来考察统计量 $y_4 - y_3$,它是 B 处在 $+1$ 水平时改变 A 的水平而得到的值,它表示在消除了因子 B 的作用后因子 A 效应的另一种估计。

以上两个统计量的算术平均值 $\frac{1}{2}[(y_2 - y_1) + (y_4 - y_3)]$ 提供了因子 A 效应的较好估计,令其为 α_A,并整理得:

$$\begin{aligned} \alpha_A &= \frac{1}{2}[(y_2 + y_4) - (y_1 + y_3)] \\ &= \frac{1}{2}(T_+ - T_-) \\ &= \bar{y}_+ - \bar{y}_- \end{aligned} \quad (3\text{-}1)$$

式中:T_+、T_-——因子 A 在上($+1$)、下(-1)水平时的观测值之和;

$\bar{y}_+$、$\bar{y}_-$——因子 A 在上($+1$)、下(-1)水平时测值的算术平均值。

同理,B 效应的估计为:

$$\begin{aligned} \alpha_B &= \frac{1}{2}[(y_4 - y_2) + (y_3 - y_1)] \\ &= \frac{1}{2}[(y_4 + y_3) - (y_2 + y_1)] \\ &= \bar{y}_+ - \bar{y}_- \end{aligned} \quad (3\text{-}2)$$

式中各符号的意义与式(3-1)类似。

注意:因子 A 的效应 α_A 和因子 B 的效应 α_B 虽然都用相同的形式 $\bar{y}_+ - \bar{y}_-$ 来表达,并且都使用了同样的4个观测值,但其内容是不一样的。这两个效应估计之间是无关的。即 α_A 的大小和符号并不受 α_B 的大小和符号的影响。

对于因子之间的交互作用效应 α_{AB},则通过在 B 的上水平下估计 A 效应的 $y_4 - y_3$ 与在 B 的下水平下估计 A 效应的 $y_2 - y_1$ 两者之差 $(y_4 - y_3) - (y_2 - y_1)$ 来衡量这一现象的。即:

$$\alpha_{AB} = (y_4 - y_3) - (y_2 - y_1) \quad (3\text{-}3)$$

当 $\alpha_{AB} = 0$ 时,即交互作用效应为零时,我们称两个因子 A、B 之间不存在交互作用。

如果用在 A 的上水平下估计 B 效应的 $(y_4 - y_2)$ 与在 A 的下水平下估计 B 效应的 $(y_3 - y_1)$ 两者之差 $(y_4 - y_2) - (y_3 - y_1)$ 来衡量 A 和 B 之间的交互作用,很明显有:

$$(y_4 - y_2) - (y_3 - y_1) = (y_4 - y_3) - (y_2 - y_1)$$

即不论从哪一因子来考虑,交互作用的评价表达式是不变的。

通常,我们使用统计量 $\frac{1}{2}[(y_4 - y_3) - (y_2 - y_1)]$ 来估计交互作用效应,即:

$$\begin{aligned} \alpha_{AB} &= \frac{1}{2}[(y_4 - y_3) - (y_2 - y_1)] \\ &= \frac{1}{2}[(y_4 + y_1) - (y_3 + y_2)] \\ &= \bar{y}_+ - \bar{y}_- \end{aligned} \quad (3\text{-}4)$$

因此，可以把设计矩阵转换成效应矩阵来表达各因子的效应及其交互作用效应。为了分析方便，在设计矩阵中，我们直接用"＋""－"分别表示因子的上水平和下水平，见表3-2。

2^2 因子设计的效应矩阵　　　　表3-2

设 计 矩 阵		观测值	效 应 矩 阵		
A	B	y	A	B	AB
-	-	y_1	-	-	+
+	-	y_2	+	-	-
-	+	y_3	-	+	-
+	+	y_4	+	+	+

在效应矩阵中，A、B效应列中的正负号与设计矩阵中的正负号是一样的。A、B交互作用列的正、负号可以方便地通过A和B符号的乘积得到。于是有：

$$\left.\begin{array}{l}\alpha_A = \dfrac{1}{2}(-y_1 + y_2 - y_3 + y_4) \\ \alpha_B = \dfrac{1}{2}(-y_1 - y_2 + y_3 + y_4) \\ \alpha_{AB} = \dfrac{1}{2}(-y_1 - y_2 - y_3 + y_4)\end{array}\right\} \quad (3-5)$$

每一效应都是由统计量 $\bar{y}_+ - \bar{y}_-$ 的形式估计的，各效应的大小和符号彼此无关。

以上求得的各效应的估计值只是一种点估计形式，通常人们在试验和计算时，并不以此为满足，还须估计误差，即要求更确切地知道估计值的精确程度（即在一定概率下确定所求估计值所在的数值范围），这样的范围一般以区间的形式给出，所给出的区间称为置信区间，求效应置信区间的计算公式为：

$$\text{效应的置信区间} = \text{效应估计值} \pm t_\alpha(f) \sqrt{\text{效应方差的估计值}} \quad (3-6)$$

式中：$t_\alpha(f)$——当显著性水平取 α 时 t 分布的临界值；

f——t 变量的自由度。

现在来讨论效应方差的估计值。

我们知道，观测值 y 的算术平均值 $\bar{y}$ 为：

$$\bar{y} = \frac{1}{n}(y_1 + y_2 + \cdots + y_n) = \sum_{i=1}^{n} a_i y_i \quad (3-7)$$

它是一个线性统计量，其中 $a_i = a_1 = a_2 = \cdots = a_n = \dfrac{1}{n}$。它的方差估计值为：

$$V\left(\sum_{i=1}^{n} a_i y_i\right) = \sum_{i=1}^{n} a_i^2 V(y) = \sum_{i=1}^{n} a_i^2 \hat{\sigma}^2 \quad (3-8)$$

式中：$\sum_{i=1}^{n} a_i^2 = \dfrac{1}{n^2} + \cdots + \dfrac{1}{n^2} = \dfrac{n}{n^2} = \dfrac{1}{n}$。

故上式为：

$$V\left(\sum_{i=1}^{n} a_i y_i\right) = \frac{\hat{\sigma}^2}{n} \quad (3-9)$$

式中：$\hat{\sigma}^2$——$y_1, y_2, \cdots, y_n$ 的方差估计值。

因此，$\bar{y}_+$、$\bar{y}_-$ 的方差估计值分别为：

$$V(\bar{y}_+) = \frac{1}{n_+}\hat{\sigma}^2$$
$$V(\bar{y}_-) = \frac{1}{n_-}\hat{\sigma}^2$$
(3-10)

式中：n_+、n_-——上水平、下水平对应的观测数据个数。

故效应$(\bar{y}_+ - \bar{y}_-)$的方差估计值为：

$$V(\bar{y}_+ - \bar{y}_-) = V(\bar{y}_+) + V(-\bar{y}_-)$$
$$= \frac{1}{n_+}\hat{\sigma}^2 + \frac{1}{n_-}\hat{\sigma}^2$$
$$= \left(\frac{1}{n_+} + \frac{1}{n_-}\right)\hat{\sigma}^2 \quad (3-11)$$

因 $n_+ = n_- = \frac{n}{2}$，所以有：

$$\bar{y}_+ - \bar{y}_- = \left(\frac{2}{n} + \frac{2}{n}\right)\hat{\sigma}^2 = \frac{4}{n}\hat{\sigma}^2 \quad (3-12)$$

于是，式(3-6)可变为：

$$效应的置信区间 = 效应估计值 \pm t_{0.05}(f)\sqrt{\left(\frac{1}{n_+} + \frac{1}{n_-}\right)\hat{\sigma}^2} \quad (3-13)$$

一般都以95％的置信概率做出此区间，我们把它称作置信概率为95％的置信区间，于是有：

$$效应的95\%置信区间 = 效应估计值 \pm t_{0.05}(f)\sqrt{\left(\frac{1}{n_+} + \frac{1}{n_-}\right)\hat{\sigma}^2} \quad (3-14)$$

式中：$t_{0.05}(f)$——$\alpha = 0.05$ 时 t 分布的临界值，$\pm t_\alpha(f)\sqrt{\left(\frac{1}{n_+} + \frac{1}{n_-}\right)\hat{\sigma}^2}$ 为置信限。

$\hat{\sigma}^2$ 通常用试验误差的方差来估计：

$$\hat{\sigma}^2 = \frac{\sum_{i=1}^{n}\sum_{j=1}^{r}(y_{ij} - y_{ti})^2}{n(r-1)} \quad (3-15)$$

式中：$y_{ti} = \frac{1}{r}\sum_{j=1}^{r}y_{ij}$；

i——试验序号，$i = 1, 2, \cdots, n$；

j——重复试验次数，$j = 1, 2, \cdots, r$。

【例3-1】对表3-3所示的试验结果，估计因子 A 与 B 的效应及它们的交互作用效应。

【例3-1】的设计矩阵和试验结果　　　　　　　表3-3

设计矩阵		观　测　值	
A	B	y_i	
−	−	6	4
+	−	6	10
−	+	7	7
+	+	10	8

【解】 首先,根据式(3-5)计算各因子的效应及其交互作效应:

$$\alpha_A = \frac{1}{2}\left[-\left(\frac{6+4}{2}\right)+\left(\frac{6+10}{2}\right)-\left(\frac{7+7}{2}\right)+\left(\frac{10+8}{2}\right)\right] = 2.50$$

$$\alpha_B = \frac{1}{2}\left[-\left(\frac{6+4}{2}\right)-\left(\frac{6+10}{2}\right)+\left(\frac{7+7}{2}\right)+\left(\frac{10+8}{2}\right)\right] = 1.50$$

$$\alpha_{AB} = \frac{1}{2}\left[\left(\frac{6+4}{2}\right)-\left(\frac{6+10}{2}\right)-\left(\frac{7+7}{2}\right)+\left(\frac{10+8}{2}\right)\right] = -0.50$$

然后,根据式(3-15)计算方差的估计值 $\hat{\sigma}^2$:

$$\hat{\sigma}^2 = \frac{1^2+1^2+2^2+2^2+0^2+0^2+1^2+1^2}{4} = 3$$

最后,根据式(3-14)确定各效应的95%置信限:

$$\pm t_{0.05}(4) \times \sqrt{\left(\frac{1}{n_+}+\frac{1}{n_-}\right)\hat{\sigma}^2} = \pm 2.776 \times \sqrt{\left(\frac{1}{4}+\frac{1}{4}\right)\times 3} = \pm 3.40$$

因此,每一效应95%置信概率的置信区间为:

$\alpha_A = 2.50 \pm 3.40 : (5.90, -0.90)$

$\alpha_B = 1.50 \pm 3.40 : (4.90, -1.90)$

$\alpha_{AB} = 0.50 \pm 3.40 : (3.90, -2.90)$

从以上计算可以看出,每一效应的置信区间都包含零值,即置信上下限分别位于0的两侧,我们称这样的效应为过零效应。通常在这种情况下,都认为因子对指标的影响很小。为了检验各因子对指标影响的差异,还需进行方差分析。

三、方差分析

方差分析的目的是对因子效应作显著性检验。方差分析的基本思想是根据所设的数据结构模型将总偏差平方和 S_T 分解为各个不同效应的偏差平方和及随机误差所引起的误差平方和,然后构造 F 统计量进行显著性检验。

1. 数据结构模型

为分析与计算方便,我们将各因子水平的不同组合分别看成不同的处理,即每一次试验作为一个处理,则处理效应包括三项:A、B 的效应和它们的交互作用效应。对于 2^2 因子设计,因子的水平组合共有4种,即处理数为4。设每个处理重复试验 r 次,试验数据总数为 $N=rn$,以 y_{ij} 表示第 i 个处理第 j 次重复试验的观测值,则其数据结构模型为:

$$y_{ij} = \mu + \alpha_i + \varepsilon_{ij} \tag{3-16}$$

式中:μ——总均值;

α_i——第 i 个处理的效应;

ε_{ij}——第 i 个处理第 j 次重复试验的随机误差,$\varepsilon_{ij} \sim N(0,\sigma^2)$,$i=1,2,\cdots,n;j=1,2,\cdots,r$。

2. 方差分析

令 $\bar{y}_{ti} = \frac{1}{r}\sum_{j=1}^{r}y_{ij}$ 为第 i 个处理的观测值的算术平均值,简称处理平均;$\bar{y} = \frac{1}{N}\sum_{i=1}^{n}\sum_{j=1}^{r}y_{ij}$ 为全部观测值的算术平均值,其中 $N=nr$ 为试验数据总数。那么总偏差平方和 S_T 可表述为:

$$S_T = \sum_{i=1}^{n}\sum_{j=1}^{r}(y_{ij}-\bar{y})^2$$
$$= \sum_{i=1}^{n}\sum_{j=1}^{r}[(\bar{y}_{ti}-\bar{y})+(y_{ij}-\bar{y}_{ti})]^2$$
$$= \sum_{i=1}^{n}\sum_{j=1}^{r}(\bar{y}_{ti}-\bar{y})^2 + \sum_{i=1}^{n}\sum_{j=1}^{r}(y_{ij}-\bar{y}_{ti})^2 + 2\sum_{i=1}^{n}\sum_{j=1}^{r}(\bar{y}_{ti}-\bar{y})(\bar{y}_{ij}-\bar{y})_{ti}$$
$$= r\sum_{i=1}^{n}(\bar{y}_{ti}-\bar{y})^2 + \sum_{i=1}^{n}\sum_{j=1}^{r}(y_{ij}-\bar{y}_{ti})^2 \tag{3-17}$$

令

$$S_t = r\sum_{i=1}^{n}(\bar{y}_{ti}-\bar{y})^2$$
$$S_e = \sum_{i=1}^{n}\sum_{j=1}^{r}(y_{ij}-\bar{y}_{ti})^2$$

式中：S_t——处理平方和；

S_e——误差平方和。

则

$$S_T = S_t + S_e \tag{3-18}$$

直接用平方和的定义式计算平方和 S_T、S_t、S_e 是很繁杂的，因此，通常使用其定义式的变形公式。事实上：

$$S_T = \sum_{i=1}^{n}\sum_{j=1}^{r}(y_{ij}-\bar{y})^2$$
$$= \sum_{i=1}^{n}\sum_{j=1}^{r}y_{ij}^2 - \sum_{i=1}^{n}\sum_{j=1}^{r}(2y_{ij}\bar{y}) + \sum_{i=1}^{n}\sum_{j=1}^{r}\overline{y^2}$$
$$= \sum_{i=1}^{n}\sum_{j=1}^{r}y_{ij}^2 - 2\bar{y}\sum_{i=1}^{n}\sum_{j=1}^{r}y_{ij} + nr\overline{y^2}$$
$$= \sum_{i=1}^{n}\sum_{j=1}^{r}y_{ij}^2 - 2\bar{y}\cdot nr\bar{y} + nr\overline{y^2}$$
$$= \sum_{i=1}^{n}\sum_{j=1}^{r}y_{ij}^2 - N\overline{y^2}$$
$$= \sum_{i=1}^{n}\sum_{j=1}^{r}y_{ij}^2 - \frac{T^2}{N}$$
$$= \sum_{i=1}^{n}\sum_{j=1}^{r}y_{ij}^2 - \text{CF} \tag{3-19}$$

式中：$\sum_{i=1}^{n}\sum_{j=1}^{r}y_{ij}^2$——自然平方和；

$\sum_{i=1}^{n}\sum_{j=1}^{r}y_{ij}$——观测数据总和；

CF——矫正因子，计算公式如下：

$$\text{CF} = N\overline{y^2} = \frac{T^2}{N} = \frac{1}{N}\left(\sum_{i=1}^{n}\sum_{j=1}^{r}y_{ij}\right)^2 \tag{3-20}$$

同理：

$$S_t = \frac{1}{r}\sum_{i=1}^{n}T_{ti}^2 - \text{CF} = r\sum_{i=1}^{n}\overline{y_{ti}^2} - \text{CF} \tag{3-21}$$

式中：$T_{ti}=\sum_{j=1}^{r}y_{ij}$——第 i 个处理的观测值之和，简称处理和。

由上述可知，S_t 由以下 3 部分组成：
$$S_t = S_A + S_B + S_{AB} \tag{3-22}$$
式中：S_A、S_B——A、B 效应平方和；
　　　S_{AB}——AB 交互作用效应平方和。

此三者可用列效应平方和 S_j 统一来表示，其中 $j = 1,2,3$ 为列号。仿照上面的平方和的推导方法，有：

$$S_j = \frac{(第\ j\ 列上水平对应的观测数据之和)^2}{第\ j\ 列上水平对应的观测数据个数} +$$

$$\frac{(第\ j\ 列下水平对应的观测数据之和)^2}{第\ j\ 列下水平对应的观测数据个数} - CF$$

令 $T_{j(+)}$、$T_{j(-)}$ 分别为第 j 列上、下水平对应的观测数据之和；$\bar{y}_{j(+)}$、$\bar{y}_{j(-)}$ 分别为第 j 列上、下水平对应的观测值的算术平均值，则：

$$\begin{aligned}
S_j &= \frac{T_{j(+)}^2}{rn_+} + \frac{T_{j(-)}^2}{rn_-} - \frac{T^2}{nr} \\
&= \frac{T_{j(+)}^2}{rn_+} + \frac{T_{j(-)}^2}{rn_-} - \frac{[T_{j(+)} + T_{j(-)}]^2}{nr} \\
&= \frac{2T_{j(+)}^2}{rn} + \frac{2T_{j(-)}^2}{rn} - \frac{[T_{j(+)}^2 + 2T_{j(+)}T_{j(-)} + T_{j(-)}^2]}{nr} \\
&= \frac{T_{j(+)}^2 - 2T_{j(+)}T_{j(-)} + T_{j(-)}^2}{nr} \\
&= \frac{[T_{j(+)} - T_{j(-)}]^2}{nr} \\
&= \frac{(rn/2)^2 [\bar{y}_{j(+)} - \bar{y}_{j(-)}]^2}{nr} \\
&= \frac{rn}{4} [\bar{y}_{j(+)} - \bar{y}_{j(-)}]^2 \\
&= \frac{rn}{4} \alpha_j^2 = \frac{N}{4} \alpha_j^2 \tag{3-23}
\end{aligned}$$

式中：α_j——列效应，当 $j = 1$ 时，$\alpha_1 = \alpha_A$，$S_1 = S_A$；当 $j = 2$ 时，$\alpha_2 = \alpha_B$，$S_2 = S_B$；当 $j = 3$ 时，$\alpha_3 = \alpha_{AB}$，$S_3 = S_{AB}$。

S_e 可直接由式(3-12)求得，即：
$$S_e = S_T - S_t \tag{3-24}$$

各平方和的自由度反映了独立数据的个数，计算公式如下：
$$\begin{cases} f_T = nr - 1 \\ f_t = f_A + f_B + f_{AB} = n - 1 \\ f_e = f_T - f_t = n(r-1) \end{cases} \tag{3-25}$$

式中：f_T——总偏差平方和的自由度；
　　　f_t——处理平方和的自由度；
　　　f_e——试验误差平方和的自由度。

对 2^2 因子设计，$n = 4$，$f_t = 4 - 1 = 3$，$f_A = 1$，$f_B = 1$，$f_{AB} = 1$。

根据以上求得的平方和与自由度,便可求出各效应方差和试验误差方差的估计值,由此我们便可构造统计量 F,见表3-4。

2^2 因子设计方差分析表　　　　　　　表3-4

项 目	平方和	自由度	方差	F 值	显著性
A 效应平方和	S_A	$f_A = 1$	S_A/f_A	$\dfrac{S_A/f_A}{S_e/f_e}$	
B 效应平方和	S_B	$f_B = 1$	S_B/f_B	$\dfrac{S_B/f_B}{S_e/f_e}$	
AB 交互作用效应平方和	S_{AB}	$f_{AB} = 1$	S_{AB}/f_{AB}	$\dfrac{S_{AB}/f_{AB}}{S_e/f_e}$	
误差平方和	S_e	$f_e = n(r-1)$	S_e/f_e	—	
总偏差平方和	S_T	$f_T = nr - 1$			

选取适当的显著性水平 α,查 F 分布表,得到 $F_\alpha(f_t, f_e)$,若 $F \geq F_\alpha(f_t, f_e)$,则认为因子效应的作用在 α 水平上显著。通常,当 $\alpha = 0.01$ 时,因子效应的作用是高度显著的;当 $\alpha = 1.05$ 时,因子效应的作用是显著的。

3. 计算实例

【例3-2】对【例3-1】给出的2因子2水平试验进行方差分析,以确定各因子对指标影响的显著性。

【解】根据前面的计算公式,有:

自然平方和:

$$\sum_{i=1}^{n}\sum_{j=1}^{r} y_{ij}^2 = 450$$

矫正因子:

$$CF = T^2/N = \frac{58^2}{8} = 420.5$$

总偏差平方和:

$$S_T = \sum_{i=1}^{n}\sum_{j=1}^{r} y_{ij}^2 - CF = 29.5$$

处理平方和:

$$S_t = \frac{1}{2}(10^2 + 16^2 + 14^2 + 18^2) - CF = 17.5$$

S_t 由3部分组成,即 $S_t = S_A + S_B + S_{AB}$。其中:

$S_A = N \cdot \alpha_A^2/4 = 8 \times 2.5^2/4 = 12.5$

$S_B = N \cdot \alpha_B^2/4 = 8 \times 1.5^2/4 = 4.5$

$S_{AB} = N \cdot \alpha_{AB}^2/4 = 8 \times 0.5^2/4 = 0.5$

误差平方和:

$S_e = S_T - S_t = 12$

由此可列出方差分析表,见表3-5。

例 3-2 的方差分析表 表 3-5

项 目	平方和	自由度	方差	F 值	显著性
A 效应平方和	12.5	1	12.5	4.17	
B 效应平方和	4.5	1	4.5	1.50	
AB 交互效应平方和	0.5	1	0.5	0.17	
误差平方和	12.0	4	3.0	—	
总偏差平方和	29.5	7		$F_{0.05}(1,4)=7.71$	

由于 F_A、F_B、F_{AB} 均小于 $F_{0.05}(1,4)=7.71$，说明 A、B 效应及其交互作用 AB 效应的影响是不显著的。

本节仅以 2^2 因子设计为主讨论了因子设计的基本思路和方法。可以类推，当因子的数量超过 2 时，其设计矩阵和效应估计的方法与前面所讨论的 2^2 因子设计方法类似。值得注意的是，当因子的数量较多时，按照这一思路进行的设计将使试验的次数大幅增加，从而难以在实际工作中应用。针对这一情况，可以考虑采用 2^k 因子区组设计或部分因子设计的方法，以减少试验次数。

第三节 正 交 设 计

前面介绍的因子设计主要是针对 2 水平因子而言。在因子和水平较多的情况下，通常都是采用正交设计的方法进行试验。正交设计是用正交表来安排试验并进行数据分析的一种方法。利用正交设计，能够用较少的试验次数，较快地找出使指标达到最佳的各因子水平的组合。

一、正交表

正交表是具有正交性的试验安排表。正交表的种类很多，常用的正交表有 $L_4(2^3)$、$L_8(2^7)$、$L_9(3^4)$、$L_{16}(4^5)$、$L_{27}(3^{13})$ 等。我们以正交集 $L_8(2^7)$（表 3-6）为例来说明这些符号数字的意义：L 表示正交表，下标 8 表示正交表的行数，即试验次数，括号中的指数 7 为正交表的列数，底数 2 为因子的水平数。

$L_8(2^7)$ 正 交 表 表 3-6

试验号	列 号						
	1	2	3	4	5	6	7
1	1	1	1	1	1	1	1
2	1	1	1	2	2	2	2
3	1	2	2	1	1	2	2
4	1	2	2	2	2	1	1
5	2	1	2	1	2	1	2
6	2	1	2	2	1	2	1
7	2	2	1	1	2	2	1
8	2	2	1	2	1	1	2

从表 3-6 中可以看出,正交表具有如下性质:

(1)在正交表的每一列中,表示因子水平的数字出现的次数相等,如每列 1 和 2 都出现 4 次。

(2)在正交表的任意两列中,同一行的两个数组成一个有次序的两位数,每种两位数出现的次数相等。如有序对共 4 种(1,1)、(1,2)、(2,1)、(2,2),均出现 2 次。

下面来说明正交表的用途。如某试验需要考查 A、B、C、D、E 5 个因子,每个因子取 2 个水平,各因子不同水平的组合共有 $2^5 = 32$ 种,即全面试验要完成 32 次。为了确定各因子对指标影响的主次顺序,一般来说进行全面试验是不必要的,特别是在因子和水平都较多的情况下,要想这样做也办不到。不做全面试验,就必须选择部分试验条件部分试验条件进行试验。为了使挑选出来的这些试验条件具有一定的代表性,即能反映全面情况,我们可以利用正交表 $L_8(2^7)$ 来安排试验,具体做法是:将因子 A、B、C、D、E 分别填在 $L_8(2^7)$ 表头的第 1、2、4、5、6 列。这样获得的试验方案,只需进行 8 次试验,比全面试验的试验次数减少了 3/4,并且试验点的分布也很均匀。

在正交表中,因子间的交互作用也要占据正交表的一列。事实上,每一张正交表都附有两列间的交互作用列表。例如,$L_8(2^7)$ 正交表对应的交互作用列表见表 3-7。表中所有的数字都是 $L_8(2^7)$ 表的列号。从正交表的交互作用列表中可以查出任意两列间的交互作用列。例如,正交表 $L_8(2^7)$ 的第 3 列与第 5 列的交互作用列就是表 3-7 中第 3 行与第 5 列交叉处查出的第 6 列,它的第 2 列与第 7 列的交互作用列就是表 3-7 中第 2 行与第 7 列交叉处查出的第 5 列等。

$L_8(2^7)$ 正交表两列间的交互作用列　　表 3-7

列　号	1	2	3	4	5	6	7
1		3	2	5	4	7	6
2			1	6	7	4	5
3				7	6	5	4
4					1	2	3
5						3	2
6							1
7							

通常,2 水平正交表任意两列的交互作用列只有一列,3 水平正交表任意两列之间的交互作用有两列。一般说来,水平数相同的两因子,其交互作用所占列的列数为水平数减 1。

交互作用列表有什么作用呢?如果多因子对比试验中某些因子间的交互作用不能忽略而必须考虑时,就必须利用交互作用列表来确定试验方案,它是进行表头设计的依据。有关这一点,我们将在下一节中讨论。

二、正交设计的基本方法

1. 试验方案的确定

首先是确定试验的因子及其水平。

试验成功与否取决于试验所选取的处理条件是否恰当。因此,试验处理条件的选取是正交设计中头等重要的课题。这里,一定的实践经验与专业知识是十分重要的。

在选取因子时,开始可以提出很多因子,在重复试验中将次要的淘汰,把主要的集中起来。选取因子水平的幅度过宽、过窄都不好。开始时可以宽一些,即选取较少的水平数,利用较少的试验次数对试验趋势有了初步认识后,再合理安排进一步的试验。

在因子变化范围确定后,对重要因子的水平可多取几个,次要的因子可少取几个;对于敏感的因子,水平的间距可取得少些;对初步探索性试验,水平的间距可取得大一些;对于过去生产中已经采用的水平,通常以原水平为依据其前后各安排一个水平,或者在其前或其后只安排一个水平。

此外,还要探讨所提出的因子间有无交互作用。当两个因子 A 与 B 的交互作用大时,分别决定 A、B 的水平组合,可能会不合适,最好把 A 与 B 的交互作用作为一个因子来考虑。

其次选择合适的正交表,即根据试验所考虑的因子个数、每个因子所取的水平数和应当考虑的因子间交互作用所占的交互作用列数来选择相应的正交表。选用的正交表大小要适当,以能容下全部因子及要考虑的交互作用为准。

再次是进行表头设计。

表头设计就是将实验中所要考察的因子及交互作用列分别安排到正交表的各列上去。所以完成表头设计,也就基本上完成了试验方案的设计。

在进行表头设计时,应先安排涉及交互作用较多的因子,并把交互作用列排上,然后将涉及交互作用较少的和不考虑交互作用的因子排在余下的列上。有时为了避免混杂,必须选用较大的正交表。

下面以 4 因子、2 水平正交设计为例来说明几种不同的表头设计。

(1) 如果因子间的交互作用不予考虑,则 A、B、C、D 各因子可以任意安排到正交表的各列中去。选用正交表 $L_8(2^7)$,其表头有 3 个空列,见表3-8。

表头设计方案一　　　　　　　　　　　　　　　　表3-8

列号	1	2	3	4	5	6	7
因子	A	B		C		D	

(2) 只考虑 A 因子对其他 3 个因子 B、C、D 的交互作用。仍选用正交表 $L_8(2^7)$ 设计试验,查 $L_8(2^7)$ 的交互作用列表。表头设计见表3-9。

表头设计方案二　　　　　　　　　　　　　　　　表3-9

列号	1	2	3	4	5	6	7
因子	A	B	AB	C	AC	D	AD

这样设计的表头没有空列。若要求留出空列,则应选用大一点的正交表。

(3) 若考虑全部交互作用,则要选用 $L_{18}(2^{15})$ 正交集,根据其交互作用列表,得到表头设计,见表3-10。

表头设计方案三　　　　　　　　　　　　　　　　表3-10

列号	1	2	3	4	5	6	7	8	9	10	11	12	13	14	15
因子	A	B	AB	C	AC	BC		D	AD	BD		CD			

表头设计完成之后,将列中的数字,换成对应因子的各个水平,得到试验方案表。由于交互作用不是一个具体的因子,所以安排交互作用的各列对试验条件不发生影响,它们只是用来分析因子之间的搭配情况对指标的影响。

试验方案确定后,就可以按试验号逐个进行试验。

【例3-3】用正交设计法对某汽车排气消声器的结构进行优化设计。消声器因子水平见表3-11,A、B分别为消声器的穿孔孔径(mm)或穿孔率(%),C、D、E、F、G、H为消声器结构尺寸。从经验知A与B之间、B与C之间存在交互作用,其他因子之间无交互作用。试验指标为消声性能。

消声器因子水平表　　　　　　　表3-11

水平	因子							
	A(mm)	B(%)	C(mm)	D(mm)	E(mm)	F(mm)	G(mm)	H(mm)
1水平	5	10	105	215	240	160	185	110
2水平	3.5	20	100	200	250	150	200	95
3水平	2	30	95	180	260	140	215	80

【解】由于要考虑交互作用AB、BC,因此可考虑用$L_{27}(3^{13})$正交表,表头设计如下。

根据表3-12安排试验,将试验结果列入表3-13中。

消声器正交表的表头设计　　　　　　　表3-12

列号	1	2	3	4	5	6	7	8	9	10	11	12	13
因子或交互作用	A	B	AB	AB	C	L_5	D	E	BC	F	G	BC	H

消声器试验方案与结果　　　　　　　表3-13

试验号	1	2	3	4	5	6	7	8	9	10	11	12	13	Y_i
	A	B	AB	AB	C	D	E	BC	F	G	BC	H		dB(A)
1	1	1	1	1	1	1	1	1	1	1	1	1	1	96.0
2	1	1	1	1	2	2	2	2	2	2	2	2	2	98.0
3	1	1	1	1	3	3	3	3	3	3	3	3	3	101.0
4	1	2	2	2	1	1	1	2	2	2	3	3	3	108.0
5	1	2	2	2	2	2	2	3	3	3	1	1	1	96.5
6	1	2	2	2	3	3	3	1	1	1	2	2	2	101.5
7	1	3	3	3	1	1	1	3	3	3	2	2	2	107.3
8	1	3	3	3	2	2	2	1	1	1	3	3	3	109.7
9	1	3	3	3	3	3	3	2	2	2	1	1	1	100.6
10	2	1	2	3	1	2	3	1	2	3	1	2	3	98.8
11	2	1	2	3	2	3	1	2	3	1	2	3	1	103.0
12	2	1	2	3	3	1	2	3	1	2	3	1	2	93.5
13	2	2	3	1	1	2	3	2	3	1	3	1	2	99.0
14	2	2	3	1	2	3	1	3	1	2	1	2	3	106.7
15	2	2	3	1	3	1	2	1	2	3	2	3	1	108.8
16	2	3	1	2	1	2	3	3	1	2	2	3	1	110.2
17	2	3	1	2	2	3	1	1	2	3	3	1	2	102.0

续上表

试验号	1 A	2 B	3 AB	4 AB	5 C	6 D	7 E	8 BC	9 F	10 G	11 BC	12 H	13	Y_i dB(A)
18	2	3	1	2	3	1	2	2	3	1	1	2	3	108.0
19	3	1	3	2	1	3	2	3	1	3	2	1	2	106.8
20	3	1	3	2	2	1	3	2	1	3	2	1	3	96.0
21	3	1	3	2	3	2	1	3	2	1	3	2	1	100.9
22	3	2	1	3	1	2	3	2	1	3	3	2	1	108.6
23	3	2	1	3	2	3	1	3	2	1	1	3	2	110.0
24	3	2	1	3	3	1	2	1	3	2	2	1	3	99.5
25	3	3	2	1	1	3	2	1	3	2	2	1	3	106.8
26	3	3	2	1	2	1	3	1	3	2	3	2	1	108.7
27	3	3	2	1	3	2	1	2	1	3	1	3	2	109.7
$\bar{y}_{j1}$	102.067	99.333	103.700	103.856	104.611	104.033	103.678	103.533	103.544	103.878	103.678	98.878	103.700	T = 2795.6
$\bar{y}_{j2}$	103.333	104.289	102.944	103.322	103.400	102.478	104.078	103.433	103.767	103.556	103.456	104.278	103.089	$\bar{y}$ = 103.5
$\bar{y}_{j3}$	105.222	107.00	103.978	103.444	102.611	104.111	102.867	103.656	103.311	103.189	103.489	107.467	103.833	
R_j	3.155	7.667	1.034	0.534	2.00	1.633	1.211	0.223	0.456	0.689	0.222	8.589	0.744	

2. 试验结果的极差分析

极差分析是对试验结果进行比较的一种十分简单,也很直观的分析方法。具体做法是先计算每列各水平所对应的试验指标之和 T_{jk} 及其算术平均值 $\bar{y}_{jk}$,其中 j 表示正交表的列号,k 表示水平数,这里把交互作列当作一个因子看待。

然后计算极差 R_j,R_j 为 $\bar{y}_{jk}$ 中数值最大者与最小者之差:

$$R_j = \max\{\bar{y}_{jk}\} - \min\{\bar{y}_{jk}\} \tag{3-26}$$

对于【例3-3】的情况,以因子 A 为例,按上述方法得到的极差 R_j 见表3-13。

$$\bar{y}_{11} = \frac{1}{9}(y_1 + \cdots + y_9) = 102.067$$

$$\bar{y}_{12} = \frac{1}{9}(y_{10} + \cdots + y_{18}) = 103.333$$

$$\bar{y}_{13} = \frac{1}{9}(y_{19} + \cdots + y_{27}) = 105.222$$

$$R_1 = 105.222 - 102.067 = 3.155$$

于是便可根据极差的大小,排列因子和交互作用的主次顺序。注意若某个交互作用在正交表上有好几列,则以极差最大的列为准。

从表3-13可知,影响消声器消声性能的因子主次顺序为:

$$H \quad B \quad A \quad C \quad D \quad E \quad G \quad F$$

考虑到通过消声器之后排气噪声越小越好,可得声学性能的最优组合为:

$$H_1 \quad B_1 \quad A_1 \quad C_3 \quad D_2 \quad E_3 \quad G_3 \quad F_3$$

本例所考虑的交互作用 AB、BC 都很小,因此,在选取最优水平时,便直接选取各因子的最优水平。如果交互作用很大,则应根据它们的最佳搭配条件,确定各因子的最优水平。

需要补充说明的是,空列的极差应该为零,但实际上却往往不等于零。例如本例中的第13列,极差并不为零,这个问题可以这样来解释:

(1) 如果空列的极差很小,可以认为是由试验误差引起的;

(2) 如果空列的极差较大,实际上反映了某个交互作用的影响,因为正交表的任何一列,一定是某两列的交互作用列。第 3、5 列的交互作用列同时也是第 4、6 列,第 2、7 列,第 4、8 列,第 6、8 列,第 3、9 列……的交互作用列。

3. 试验结果的方差分析

极差分析法尽管工作量小,直观方便,但不能区分试验过程中由于试验条件改变所引起的试验数据的波动和试验误差引起的数据波动。为了解决这个问题,可用方差分析法处理试验数据。

1) 数据结构模型

正交设计的方法是按正交表来安排试验的,因此,其数据结构模型也应与正交表相对应。设 y_i 为试验结果的观测值,则数据结构模型可表示为:

$$y_i = \mu + \alpha_{jk} + \varepsilon_i \tag{3-27}$$

式中:$i = 1, 2, \cdots, n$——试验序号;

μ——总均值;

α_{jk}——第 j 列第 k 水平的效应,$j = 1, 2, 3 \cdots$;$k = 1, 2, 3 \cdots$;

ε_i——试验误差,$\varepsilon_i \sim N(0, \sigma^2)$。

2) 效应估计

因子的第 k 水平效应 α_{jk} 为该因子所对应的第 j 列第 k 水平的算术平均值 $\bar{y}_{jk}$ 与全部观测值的算术平均值 $\bar{y}$ 的差,即:

$$\alpha_{jk} = \bar{y}_{jk} - \bar{y} \tag{3-28}$$

因此,【例 3-3】中 A 因子的 3 个水平的效应分别为:

$\alpha_{11} = 102.1 - 103.5 = -1.4$

$\alpha_{12} = 103.3 - 103.5 = -0.2$

$\alpha_{13} = 105.2 - 103.5 = 1.7$

其他各因子及交互作用的水平效应见表 3-14。

各因子水平效应计算表 表 3-14

水平效应	1	2	3	4	5	6	7	8	9	10	11	12	13
	A	B	AB	AB	C	D	E	BC	F	G	BC	H	
α_{j1}	-1.4	-4.2	2.0	0.4	1.1	-0.6	0.1	0.0	0.0	0.4	0.2	-4.6	0.2
α_{j2}	-0.2	0.8	-0.6	-0.2	-0.1	-1.0	0.6	-0.1	-0.3	0.1	0.0	0.8	-0.4
α_{j3}	1.7	3.5	0.5	-0.1	-0.9	0.6	-0.6	0.2	0.2	-0.3	0.0	4.0	0.3

3) 方差分析

总偏差平方和 S_T 可以分解为各列对应的各因子或其交互作用的偏差平方和 S_j 与误差

平方和 S_e。即：

$$S_T = S_j + S_e \tag{3-29}$$

其中：

$$S_T = \sum_{i=1}^{n} y_i^2 - CF$$

$$S_j = \sum_k \frac{(T_{jk})^2}{n_{jk}} - CF$$

$$= \sum_k \frac{(n_{jk} \times \bar{y}_{jk})^2}{n_{jk}} - CF$$

$$= \sum_k (n_{jk} \bar{y}_{jk}^2) - CF \tag{3-30}$$

式中：$CF = \frac{T^2}{n} = n\bar{y}^2$——矫正因子；

n——正交表的行数，或称为试验次数；

T——全部观测数据总和；

T_{jk}——第 j 列第 k 水平对应的观测值之和；

n_{jk}——第 j 列第 k 水平对应的试验数据个数，$j=1,2,3\cdots$；$k=1,2,3\cdots$。

误差平方和 S_e 等于总偏差平方和 S_T 与各因子或其交互作用的偏差平方和 S_j 之差，也就是各空列偏差平方和。如果某因子所在列的偏差平方和很小，与空列的偏差平方和相接近，就说明该因子对指标的影响很小，因而可以将该列的偏差平方和作为误差平方和的一部分。

自由度计算公式为：

$$\left.\begin{array}{l} f_T = n - 1 \\ f_j = k - 1 \end{array}\right\} \tag{3-31}$$

式中：f_T——总偏差平方和的自由度；

f_j——各列对应的各因子或交互作用偏差平方和的自由度；

k——水平数。

对于【例 3-3】，有：

$$S_T = \sum_{i=1}^{n} y_i^2 - \frac{2795.6^2}{27} = 290168.58 - 289458.495 = 712.176$$

$$S_A = S_1 = \frac{1}{9}(102.067^2 + 103.333^2 + 105.222^2) - \frac{2795.6^2}{27} = 44.961$$

同理有：

$S_B = S_2 = 271.667$；$S_C = S_5 = 17.853$

$S_D = S_6 = 14.858$；$S_E = S_7 = 8.302$

$S_F = S_9 = 0.522$；$S_G = S_{10} = 3.589$

$S_H = S_{12} = 340.752$；$S_{13} = 2.419$

$S_{AB} = S_3 + S_4 = 5.735$；$S_{BC} = S_8 + S_{11} = 1.518$

由于 S_{BC}、S_F 的值很小，故可以将其作为误差平方和的一部分。则误差平方和为：

$$S_e = S_{13} + S_8 + S_9 + S_{11} = 4.459$$

从而可列出方差分析表,见表3-15。

方差分析表　　　　　　　　　　　　　　　表3-15

项　目	平　方　和	自　由　数	均　方　差	F 值	显　著　性
A 效应平方和	44.961	2	22.481	40.361	$\alpha=0.01$
B 效应平方和	271.667	2	135.834	243.867	$\alpha=0.01$
AB 交互效应平方和	5.735	4	1.434	2.575	
C 效应平方和	17.853	2	8.926	16.025	$\alpha=0.01$
D 效应平方和	14.858	2	7.429	13.338	$\alpha=0.01$
E 效应平方和	8.302	2	4.151	7.452	$\alpha=0.05$
G 效应平方和	3.589	2	1.794	3.221	
H 效应平方和	340.752	2	170.376	305.882	$\alpha=0.01$
误差平方和	4.459	8	0.557	—	—
总偏差平方和	712.176	26	$F_{0.01}(2,8)=8.65, F_{0.05}=(2,8)=4.46$		

从表3-15中可以看出,方差分析的结果与极差分析法得到的结果是一致的。

用正交表安排试验时,如果各列均已被占满,要想估计试验误差,必须做重复试验。所谓重复试验,是真正把每号试验重复做几次。在重复试验的情况下,如果设重复次数为 r,则总偏差平方和与各因子及交互作用所在列的偏差平方和分别为:

$$S_{\mathrm{T}}=\sum_{i=1}^{n}\sum_{l=1}^{r}y_{il}^{2}-\frac{T^{2}}{r\times n} \tag{3-32}$$

$$S_{j}=\sum_{k}\frac{(T_{jk})^{2}}{r\times n_{jk}}-\frac{T^{2}}{r\times n} \tag{3-33}$$

式中:T_{jk}——第 j 列第 k 水平对应的观测值之和。

本章思考题

1. 因子设计与正交设计在解决试验设计问题时的本质区别是什么?
2. 可以用试验设计的方法设计带有非量化因素和水平的试验吗?如何设计?

第四章 模型试验基础

在工程实践中,人们需要用实验研究的方法求解理论研究无法解决的问题,探求复杂现象的客观规律。但实验研究的方法也有很大的局限性。比如,由于实验所得出的结论往往只能适用于与实验条件完全相同的现象,对于那些尚处于研究开发阶段的产品或结构,或者是由于条件限制无法直接进行实验的对象(建筑、大型设备等),一般是无法通过直接实验进行研究的。对此,早在100多年前,人们已经在探索研究使用模型试验的方法。

模型试验是建立在相似理论基础上的实验方法。它是用方程分析法或因次分析法导出所研究现象的相似准则,并在依据相似理论建立起来的模型中研究对象的工作过程和规律,通过实验求出相似准则之间的关系,再推广到实际的工程原型(产品或结构)中,从而得到工程原型的工作规律的一种研究方法,即是利用相似于原型的模型来探求原型客观规律的方法。在汽车设计开发阶段对其空气动力性能的评价一般就是采用这种方法。

第一节 相似现象及概念

一、物理现象的数学描述

一般来说,每一类物理现象均可根据自然规律(例如物理定律),并依靠数学工具,把表征现象的各个参量的依赖关系用一个或一组方程式(简称现象的关系方程式)表示出来,这即是用数学形式对物理现象的一种描述。

例如,对黏性不可压缩流体❶的稳定等温运动现象,可由式(4-1)~式(4-4)四个方程式所组成的方程式组来描述。

根据质量守恒定律可导出连续性方程式:

$$\frac{\partial v_x}{\partial x} + \frac{\partial v_y}{\partial y} + \frac{\partial v_z}{\partial z} = 0 \tag{4-1}$$

式中:v_x、v_y、v_z——在直角坐标系的 x、y、z 轴上的速度分量。

根据牛顿第二定律可导出运动方程式:

对 x 轴:

$$v_x \frac{\partial v_x}{\partial x} + v_y \frac{\partial v_x}{\partial y} + v_z \frac{\partial v_x}{\partial z} = g_x - \frac{1}{\rho} \frac{\partial p}{\partial x} + \frac{\eta}{\rho} \left(\frac{\partial^2 v_x}{\partial x^2} + \frac{\partial^2 v_x}{\partial y^2} + \frac{\partial^2 v_x}{\partial z^2} \right) \tag{4-2}$$

对 y 轴:

$$v_x \frac{\partial v_y}{\partial x} + v_y \frac{\partial v_y}{\partial y} + v_z \frac{\partial v_y}{\partial z} = g_y - \frac{1}{\rho} \frac{\partial p}{\partial y} + \frac{\eta}{\rho} \left(\frac{\partial^2 v_y}{\partial x^2} + \frac{\partial^2 v_y}{\partial y^2} + \frac{\partial^2 v_y}{\partial z^2} \right) \tag{4-3}$$

---

❶ 在黏性流体中,不仅存在垂直压力,也存在切向力。空气、烟气、水等真实流体均属于黏性流体。在气流速度不超过0.3~0.4倍声速的情况下,气流的密度相对变化很小,均可视为不可压缩的流体。

对 z 轴：
$$v_x \frac{\partial v_z}{\partial x} + v_y \frac{\partial v_z}{\partial y} + v_z \frac{\partial v_z}{\partial z} = g_z - \frac{1}{\rho}\frac{\partial p}{\partial z} + \frac{\eta}{\rho}\left(\frac{\partial^2 v_z}{\partial x^2} + \frac{\partial^2 v_z}{\partial y^2} + \frac{\partial^2 v_z}{\partial z^2}\right) \tag{4-4}$$

式中：ρ——流体的密度；

g_x、g_y、g_z——在 x、y、z 轴上重力加速度的分量；

p——压力；

η——流体的动力黏度。

在上述运动方程式中，等号左边表示单位质量流体的惯性力；等号右边第一项表示单位质量流体的重力，第二项表示单位质量流体所受到压力，第三项表示单位质量流体表面所受到的摩擦力（又称黏滞力）。

在上述四个方程式中，x、y、z 是自变量，v_x、v_y、v_z 及 p 是因变量（未知量），而 ρ、η、g_x、g_y、g_z 是常量。这是一组完整方程式。

上述关系方程式表达了黏性不可压缩流体稳定等温运动的普遍规律。它既可描述江河中水的流动，又可描述汽车模型风洞中空气的流动等。求解上述关系方程式所得的结果是对同一类流动现象均将适用的通解。而为求得描述某一特定的具体现象（如在某一具体形状的通道内水的某一种状态的流动等）的特解，则必须给出称为"单值条件"的附加条件。完整的关系方程式和一些单值条件才能描述具体的特定现象。

单值条件的作用是从同一关系方程式所描述的无数现象（又称现象群）中把某一具体的特定现象单一地区分出来。它包括下列各项内容：

(1) 空间（几何）条件，即所有具体现象都发生在一定的几何空间内。因此，参与现象的物体的几何现象和一些单值条件才能描述具体的特定现象。例如，为描述流体在管内的流动，就应给出管径及管长的具体数值。

(2) 物理条件，即所有的具体现象都是在具有一定的物理性质的介质参与下进行的。因此，参与现象的介质的物理性质也是单值条件的内容。例如，为描述特定的黏性不可压缩流体的稳定-等温运动，就应给出流体的密度 ρ、黏度 η 的具体数值。

(3) 边界条件，即所有具体现象都必然受到与其直接相邻的周围情况的影响。因此，边界处的情况也是单值条件的内容。例如，管道中流体的流动直接受进口、出口处流速的影响。因此，应给出进口、出口处流速的平均值及其分布规律。

(4) 初始条件，即现象的演变往往与初始状态有关。如初始时刻的流速、温度、物理性质等将直接影响现象的演变过程。因此，初始条件也是单值条件的内容。

当上述单值条件给定后，流体的速度场（流体中各点的速度值）、流动状态（层流或紊流等）、压力分布规律（流体中任意两点间的压力差值）也就被确定下来，这样就相应地描述了一个具体的特定的流动现象。

二、相似的概念

"相似"这个词在人们生活中是经常用到的，它一般指的是两个事物并不完全一样，但又相差无几，几乎一样的意思。而我们在相似现象问题中所讲的相似要比一般生活中所讲的严格得多，必须有一个确切的定义，它主要包括空间（几何）相似、时间相似、运动相似和力相似等方面的内容。

(1) 空间(几何)相似:表现为两个几何体的所有对应线段的比值相等,所有对应角相等。

(2) 时间相似(谐时性):在所研究问题的过程中,各个时间间隔之比值或周期之比值均保持为一固定常数,如图 4-1 所示。

$$\frac{\tau_1''}{\tau_1'} = \frac{\tau_2''}{\tau_2'} = \cdots = \frac{\tau''}{\tau'} = C_1 \quad (常数) \quad (4-5)$$

(3) 运动相似:指速度场(及加速度场)的几何相似。其表现为:在对应瞬时各对应点速度(及加速度场)的方向一致,且大小的比值相等,如图 4-2 所示。

$$\frac{v_1''}{v_1'} = \frac{v_2''}{v_2'} = \cdots \frac{v_i''}{v_i'} = \cdots = C_v \quad (常数) \quad (4-6)$$

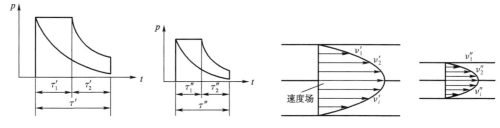

图 4-1　时间相似　　　　　　图 4-2　速度场相似

(4) 力相似:指力场的几何相似。其表现为:各对应点上的作用力的方向一致且大小的比值相等,如图 4-3 所示。

$$\frac{l_1''}{l_1'} = \frac{l_2''}{l_2'} = \frac{l_3''}{l_3'} = \frac{l''}{l'} = C_1 \quad (常数) \quad (4-7)$$

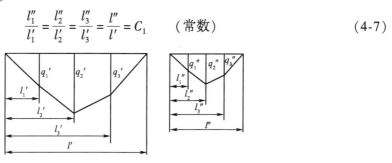

图 4-3　力相似

其他还有温度相似、浓度相似等。

工程中的各种现象,如流体的流动,车辆行走机构与土壤的相互作用等,一般均伴随有许多物理量的变化。对于这种包含有许多物理量变化的现象(通称现象系统),相似则是指:在对应瞬时,各对应点上表征该现象的所有参量有确定不变的比值(若是向量则其方向必须一致)。

第二节　相似理论基础

一、相似第一定律

相似第一定律早在 1686 年已被牛顿提出,在 1848 年被法国科学院别尔特兰所证明,

1925 年又为阿法那赛也夫-爱林费斯特推广到最普遍的情况。

相似现象都属于同类现象,它们有相同的物理本质。因此,它们都将用文字上完全相同的方程式或方程组(包括描述现象的方程式组和描述单值条件的方程式组)所描述。由于现象相似时,表征现象的诸参量各有确定不变的比值,而由这些参量所组成的关系方程式又是相同的,故各参量的相似倍数不能是任意的,而是互相约束的。相似第一定理就是阐明这种约束关系的。

相似第一定理的内容为:彼此相似的现象,其相似指标等于1。

下面以两个质点系统作动力相似运动的情况为例来阐明这一定理。根据力学知识,质点系统的运动规律可用牛顿第二定律来描述。表征第一个运动现象的参量为:

$$F' = m'\frac{\mathrm{d}\nu'}{\mathrm{d}t'} \tag{4-8}$$

式中: F'——质量;

ν'——速度;

t'——时间。

若将表征第二个运动现象的诸多参量用上标"″"表示,因为相似,则有:

$$\left.\begin{array}{l} F'' = C_F F' \\ m'' = C_m m' \\ \nu'' = C_\nu \nu' \\ t'' = C_t t' \end{array}\right\} \tag{4-9}$$

描述第二个运动现象的关系方程式相应地应为:

$$F'' = m''\frac{\mathrm{d}\nu''}{\mathrm{d}t''} \tag{4-10}$$

将式(4-9)的关系式代入(4-10),可得:

$$C_F F' = \frac{C_m C_\nu}{C_t} m'\frac{\mathrm{d}\nu'}{\mathrm{d}t'} \quad \text{或} \quad \frac{C_F C_t}{C_m C_\nu} F' = m'\frac{\mathrm{d}\nu'}{\mathrm{d}t'} \tag{4-11}$$

比较式(4-8)和式(4-11)可知,各参量的相似倍数受下式约束:

$$\frac{C_F C_t}{C_m C_\nu} = 1 \tag{4-12}$$

这种约束关系式还可以写作:

$$C = \frac{C_F C_t}{C_m C_\nu} = 1 \tag{4-13}$$

而 C 称为"相似指标"。式(4-13)就是相似第一定理针对质点运动过程的数学表达式。

将式(4-9)代入式(4-13),可得:

$$\frac{F't'}{m'\nu'} = \frac{F''t''}{m''\nu''} \quad \text{或} \quad \frac{Ft}{m\nu} = \Pi = \text{不变量} \tag{4-14}$$

式(4-14)表明:对于所述的相似现象,存在一个数值相同的无因次的综合量$\frac{Ft}{m\nu}$。这种综合量统称为"相似准则",通常用符号 $\Pi(\pi)$ 表示。

如此,相似第一定理也可表述为:彼此相似的现象必定具有数值相同的相似准则。

一些有典型意义的相似准则通常用首先提出者的名字命名。例如,上述相似准则称为牛顿准则,并用 Ne 表示,即 $Ne = \dfrac{Ft}{mv}$。

对于复杂的现象,包含有几个相似指标,则对应有几个相似准则。如前述黏性不可压缩流体的稳定等温运动现象共有三个相似准则:

$$\Pi_1 = Re = \frac{\rho v l}{\eta} \quad (雷诺准则) \qquad (4-15)$$

$$\Pi_2 = Fr = \frac{gl}{v^2} \quad (傅汝德准则) \qquad (4-16)$$

$$\Pi_3 = Eu = \frac{p}{\rho v^2} \quad (欧拉准则) \qquad (4-17)$$

在相似现象中的对应点或对应截面上,上述三个相似准则数值将对应相等。

相似准则中各参量应取同一点或同一截面上的值。如 $Re = \dfrac{\rho v l}{\eta}$ 中,l 取某一截面的水力直径,v、ρ、η 取该截面上的平均值。

值得指出,同一现象中不同点或不同截面的相似准则具有不同的数值;但是,在对应瞬时整个相似现象群的同一对应点或对应截面的相似准则却具有相同的数值;另外,相似准则一定是由现象的关系方程式所包含的某几个或全部参量按照一定函数关系组成的无因次量。

相似第一定理表述了彼此相似现象具有的基本性质。

二、相似第二定理(相似充要条件)

相似第二定理的内容为:凡同一类现象(即被同一个关系方程式或完整的关系方程式组所描述的现象),当单值条件相似,而且由单值条件所包含的物理量所组成的相似准则相等,则这些现象就必定相似。

这个定理阐明了现象相似的必要且充分条件。

因为单值条件是确定具体的特定现象的,所以通常称单值条件所包含的物理量为定性量,并把全由单值条件所包含的物理量所组成的相似准则称为定性准则。

以前述黏性不可压缩流体的稳定等温运动现象为例,当满足下列条件时,现象就彼此相似。

(1)单值条件相似,其中包括:

①几何条件相似。如流体是在管内流动,则管径 d 和管长 l 的相似倍数应相等,即:

$$\frac{d''}{d'} = \frac{l''}{l'} = C_l \qquad (4-18)$$

②物理条件相似,即:

$$\frac{\rho''}{\rho'} = C_\rho, \frac{\eta''}{\eta'} = C_\eta, \frac{g''}{g'} = C_g \qquad (4-19)$$

③边界条件相似,即在入口及出口处有:

$$\frac{v_x''}{v_x'} = \frac{v_y''}{v_y'} = \frac{v_z''}{v_z'} = C_v \qquad (4-20)$$

由于壁面处的速度皆为零,故壁面处速度相似自然得到保证。

④初始条件相似。由于是稳定流动,故可不计此条件。

(2)由单值条件所包含的物理量所组成的相似准则相等,即:

$$\text{Fr} = \frac{g''l''}{\nu''^2} = \frac{g'l'}{\nu'^2} = 不变量 \quad (4-21)$$

$$\text{Re} = \frac{\rho''\nu''l''}{\eta''} = \frac{\rho'\nu'l'}{\eta'} = 不变量 \quad (4-22)$$

相似第二定理还可以简明地表述为:当两个同类现象的诸对应的定性准则的数值相等时,这两个现象相似。

为证明这一定理,可以设想有一个第一现象,其性质为已知,另有一个第二现象满足第二定理的要求,现证明它与第一现象一定相似。我们知道,与第一现象相似的现象有无穷多个,所有这些现象必定具有与第一现象相同内容的单值条件,它们之间的区别只是诸参量的相似倍数不同。而对于相似倍数,可以进行不同的选择,只要满足由相似倍数组成的相似指标等于1就满足相似第一定理的要求。所以在上述无穷多个相似现象群中,必能选出一个现象,它相对于第一现象来说,其定性量的相似倍数与第二现象相同,称为第三现象。基于上述三个现象是同类,它们的关系方程式是同一个,所以表征第二现象和第三现象的诸参量的数值必对应相同,因此,它们是同一个现象。而第三现象相似于第一现象,则第二现象也必定相似于第一现象。

三、相似第三定理

相似第三定理的内容为:描述现象的关系方程式可以转变成相似准则之间的关系式(简称准则关系式)。准则关系式可表述为:

$$F(\Pi_1, \Pi_2, \Pi_3, \cdots, \Pi_n) = 0 \quad (4-23)$$

式中:$1,2,3,\cdots,n$——正整数。

相似第三定理通常简称为"π"定理。

如式(4-8)所示的关系方程式,相似第三定理所述的转变是很显然的。只要在等式两边同除以 $m'\dfrac{\mathrm{d}\nu'}{\mathrm{d}t'}$,再应用积分类比法则,就可导出如下准则关系式:

$$\frac{Ft}{m\nu} - 1 = 0 \quad (4-24)$$

在相似准则 $\Pi_1, \Pi_2, \Pi_3, \cdots, \Pi_n$ 中的定性准则用 $\Pi_{定1}, \Pi_{定2}, \Pi_{定3}, \cdots, \Pi_{定n}$ 表示;其余的是包含有非单值条件的物理量(称为被决定量)的相似准则,通常称为非定性准则,用 $\Pi_{非(m+1)}, \Pi_{非(m+2)}, \Pi_{非(m+3)}, \cdots, \Pi_{非n}$ 表示。既然定性准则是由单值条件包含的物理量所组成的,根据前述单值条件的性质,则定性准则是决定现象的准则,它们一经确定,现象即被确定,非定性准则也随之被确定。根据上述因果关系,就可把相似准则关系式表示成任一非定准则与定性准则之间的单值函数关系,即:

$$\Pi_{非i} = f_i(\Pi_{定1}, \Pi_{定2}, \Pi_{定3}, \cdots, \Pi_{定m}) \quad (4-25)$$

式中,$i = (m+1),(m+2),\cdots,n$。

以前述黏性不可压缩流体的稳定等温运动现象为例,非定性准则只有一个 Eu,因为压力 p 为被决定量。定性准则有 Re 和 Fr,因为 Re 和 Fr 中所包含的物理量皆为定性量,则准则关系式可表述为:

$$Eu = f(Re, Fr) \tag{4-26}$$

我们可以通过模型试验来求得式(4-26)的具体形式。

在 Re 和 Fr 准则中包含有几何尺寸 l,它可取物体的任一线性尺寸。如对流体在管道内流动的现象,通常取某截面的水力直径 d 为 l,此时,称 d 为 Re 和 Fr 准则的"定性尺寸"。显然,定性尺寸不同时,准则的数值也跟着改变。因此,当给出准则关系式时,应注明是取哪一个线性尺寸为定性尺寸的。

基于上述讨论,相似准则关系式是由描述现象的关系方程式转变而来的,而相似现象群是由同一个关系方程式来描述的,且其对应点的相似准则的数值相同。这样,相似现象的准则关系式必定是相同的。相似第三定理对模型试验具有重要的指导意义,它告诉人们应把模型试验的结果整理成准则关系式,这种准则关系式将同样适用于与模型相似的原型。

上述三个定理是相似理论的主要内容,它是模型试验研究方法的理论基础。相似第一定理阐明了模型试验时应测量哪些量:诸相似准则所包含的一切量。相似第二定理阐明了模型试验应遵守的条件:必须保证模型和原型的单值条件相似,且诸定性准则对应相等。相似第三定理阐明了如何整理试验结果:必须把试验结果整理成相似准则之间的关系式。这样,我们就可用模型的试验研究来揭示原型的内在规律性。

第三节 相似准则的求解

一、方程分析法

根据关系方程式导出相似准则的方法称为方程分析法。在描述现象的关系方程式可以事先求得的情况下,方程分析法是导出相似准则有效且准确的方法。常用的方程分析法有相似转换法和积分类比法。

1. 相似转换法

相似转换法导出相似准则的步骤为:

(1)写出关系方程式和全部单值条件;

(2)写出相似倍数的表示式;

(3)将相似倍数表示式代入关系方程式中进行相似转换,进而得出相似指标式,如式(4-13);

(4)将相似倍数表示式代入相似指标式,求得相似准则;

(5)用与步骤(3)、步骤(4)同样的方法,从单值条件方程式中求得相似准则。

下面以前述黏性不可压缩流体的稳定等温运动现象为例,对上述步骤加以具体介绍。

(1)写出关系方程式,见式(4-1)~式(4-4)。

(2)写出相似倍数表示式:

$$\left.\begin{array}{l} \dfrac{v_x''}{v_x'} = \dfrac{v_y''}{v_y'} = \dfrac{v_z''}{v_z'} = C_v, \dfrac{\rho''}{\rho'} = C_\rho, \dfrac{\rho''}{\rho'} = C_\rho \\[2mm] \dfrac{\eta''}{\eta'} = C_\eta, \dfrac{g_x''}{g_x'} = \dfrac{g_y''}{g_y'} = \dfrac{g_z''}{g_z'} = C_g \\[2mm] \dfrac{x''}{x'} = \dfrac{y''}{y'} = \dfrac{z''}{z'} = C_l \end{array}\right\} \tag{4-27}$$

(3) 进行相似转化。设有两个彼此相似的现象系统,描述第一系统的运动方程式可写成(只写出一个坐标的方程式即可):

$$\nu'_x\frac{\partial \nu'_x}{\partial x'} + \nu'_y\frac{\partial \nu'_y}{\partial y'} + \nu'_z\frac{\partial \nu'_z}{\partial z'} = g'_x - \frac{1}{\rho'}\frac{\partial p'}{\partial x'} + \frac{\eta'}{\rho'}\left(\frac{\partial^2 \nu'_x}{\partial x'^2} + \frac{\partial^2 \nu'_y}{\partial y'^2} + \frac{\partial^2 \nu'_z}{\partial z'^2}\right) \quad (4\text{-}28)$$

第一系统的连续性方程式可写成:

$$\nu'_x\frac{\partial \nu'_x}{\partial x'} + \nu'_y\frac{\partial \nu'_y}{\partial y'} + \nu'_z\frac{\partial \nu'_z}{\partial z'} = 0 \quad (4\text{-}29)$$

而第二系统的方程式可以写成:

$$\nu''_x\frac{\partial \nu''_x}{\partial x''} + \nu''_y\frac{\partial \nu''_y}{\partial y''} + \nu''_z\frac{\partial \nu''_z}{\partial z''} = g''_x - \frac{1}{\rho''}\frac{\partial p''}{\partial x''} + \frac{\eta''}{\rho''}\left(\frac{\partial^2 \nu''_x}{\partial x''^2} + \frac{\partial^2 \nu''_y}{\partial y''^2} + \frac{\partial^2 \nu''_z}{\partial z''^2}\right) \quad (4\text{-}30)$$

第二系统的连续性方程式可以写成:

$$\frac{\partial \nu''_x}{\partial x''} + \nu''_y\frac{\partial \nu''_y}{\partial y''} + \nu''_z\frac{\partial \nu''_z}{\partial z''} = 0 \quad (4\text{-}31)$$

根据式(4-27)的关系,有:

$$\left.\begin{array}{l} \nu''_x = C_\nu \nu'_x, \cdots, p'' = C_p p', \rho'' = C_\rho \rho', \eta'' = C_\eta \eta' \\ g''_x = C_g g'_x, \cdots, x'' = C_l x', \cdots \end{array}\right\} \quad (4\text{-}32)$$

把式(4-32)代入式(4-30)和式(4-31),即进行相似转换得:

$$\frac{C_\nu^2}{C_l}\left(\nu'_x\frac{\partial \nu'_x}{\partial x'} + \nu'_y\frac{\partial \nu'_y}{\partial y'} + \nu'_z\frac{\partial \nu'_z}{\partial z'}\right)$$

$$= C_g g'_x - \frac{C_p}{C_\rho C_l}\frac{1}{\rho'}\frac{\partial p'}{\partial x'} + \frac{C_\eta C_\nu}{C_\rho C_l^2}\frac{\eta'}{\rho'}\left(\frac{\partial^2 \nu'_x}{\partial x'^2} + \frac{\partial^2 \nu'_y}{\partial y'^2} + \frac{\partial^2 \nu'_z}{\partial z'^2}\right) \quad (4\text{-}33)$$

$$\frac{C_\nu}{C_l}\left(\frac{\partial \nu'_x}{\partial x'} + \nu'_y\frac{\partial \nu'_y}{\partial y'} + \nu'_z\frac{\partial \nu'_z}{\partial z'}\right) = 0 \quad (4\text{-}34)$$

比较式(4-28)与式(4-33)及式(4-29)与式(4-34)可知,各参量的相似倍数之间的关系必须满足下列关系式:

$$\frac{C_\nu^2}{C_l} = C_g = \frac{C_p}{C_\rho C_l} = \frac{C_\eta C_\nu}{C_\rho C_l^2} \quad (4\text{-}35)$$

$$\frac{C_\nu}{C_l} = 常数 \quad (4\text{-}36)$$

从而可得出如下三组等式:

$$\frac{C_\nu^2}{C_l} = C_g \quad (4\text{-}37)$$

$$\frac{C_\nu^2}{C_l} = \frac{C_p}{C_\rho C_l} \quad (4\text{-}38)$$

$$\frac{C_\nu^2}{C_l} = \frac{C_\eta C_\nu}{C_\rho C_l^2} \quad (4\text{-}39)$$

经整理可以得到以下三个相似指标式:

$$\frac{C_g C_l}{C_\nu^2} = 1 \quad (4\text{-}40)$$

$$\frac{C_p}{C_\rho C_\nu^2} = 1 \tag{4-41}$$

$$\frac{C_\rho C_\nu C_l}{C_\eta} = 1 \tag{4-42}$$

由式(4-36)得不出相似倍数之间的任何约束,故据此得不出相似指标式。

(4)求出相似准则。将式(4-27)代入式(4-40)~式(4-42),经整理可得到如下三个相似准则:

$$\frac{g'l'}{\nu'^2} = \frac{g''l''}{\nu''^2} \quad \text{或} \quad \frac{gl}{\nu^2} = \mathrm{Fr} = \text{不变量} \tag{4-43}$$

$$\frac{\rho'}{\rho'\nu'^2} = \frac{\rho''}{\rho''\nu''^2} \quad \text{或} \quad \frac{p}{\rho\nu^2} = \mathrm{Eu} = \text{不变量} \tag{4-44}$$

$$\frac{\rho'\nu'l'}{\eta'} = \frac{\rho''\nu''l''}{\eta''} \quad \text{或} \quad \frac{\rho\nu l}{\eta} = \mathrm{Re} = \text{不变量} \tag{4-45}$$

2. 积分类比法

积分类比法较相似转换法简单,故应用较多。这种方法的原理是:由于相似现象的关系方程式是完全相同的,因此,关系方程中任意相对应的两项的比值也应该相等。以式(4-28)和式(4-30)为例,则:

$$\frac{g'_x}{\nu'_x \dfrac{\partial \nu'_x}{\partial x'}} = \frac{g''_x}{\nu''_x \dfrac{\partial \nu''_x}{\partial x''}} \tag{4-46}$$

根据前述的积分类比法则,式(4-46)可写成:

$$\frac{g'_x}{\dfrac{\nu'_x}{x'}\nu'_x} = \frac{g''_x}{\dfrac{\nu''_x}{x''}\nu''_x} \quad \text{或} \quad \frac{g'_x x'}{\nu'^2_x} = \frac{g''_x x''}{\nu''^2_x} \tag{4-47}$$

由于 $\dfrac{x''}{x'} = \dfrac{l''}{l'} = C_l$, $\dfrac{\nu''_x}{\nu'_x} = \dfrac{\nu''}{\nu'} = C_\nu$, $\dfrac{g''_x}{g'_x} = \dfrac{g''}{g'} = C_g$,则式(4-47)可以写成:

$$\frac{g'l'}{\nu'^2} = \frac{g''l''}{\nu''^2} \quad \text{或} \quad \frac{gl}{\nu^2} = \mathrm{Fr} = \text{不变量} \tag{4-48}$$

这样,就得到了一个相似准则。

根据以上所述,可将积分类比法的步骤归纳为:

(1)写出关系方程式和全部单值条件。

(2)用关系方程式中的任一项除其他各项(对于类型相同的项,如 $\nu_x \dfrac{\partial \nu_x}{\partial x}$, $\nu_y \dfrac{\partial \nu_x}{\partial y}$, $\nu_z \dfrac{\partial \nu_x}{\partial z}$,取其中一项即可)。

(3)所有导数用对应量的比值代替,另外,沿各坐标轴的分量用量本身代替。坐标用定性尺寸代替。例如:$\dfrac{\partial \nu_x}{\partial x}$、$\dfrac{\partial^2 \nu_x}{\partial y^2}$…等用 $\dfrac{\nu}{l}$、$\dfrac{\nu}{l^2}$…等代替,即可求得相似准则。

下面仍以前述黏性不可压缩流体的稳定等温运动现象为例,具体介绍上述步骤。

(1)写出关系方程式,见式(4-1)~式(4-4)。

(2)两项相除。

由运动方程式(4-2)可得:

$$\frac{\text{右边第一项}}{\text{左边项}} = \frac{g_x}{v_x \frac{\partial v_x}{\partial x}} \tag{4-49}$$

$$\frac{\text{右边第二项}}{\text{左边项}} = \frac{\frac{1}{\rho}\frac{\partial p}{\partial x}}{v_x \frac{\partial v_x}{\partial x}} \tag{4-50}$$

$$\frac{\text{右边第三项}}{\text{左边项}} = \frac{\frac{\eta}{\rho}\frac{\partial^2 v_x}{\partial x^2}}{v_x \frac{\partial v_x}{\partial x}} \tag{4-51}$$

连续性方程式由于只有一项,故写不出上述比例式。

(3)运用积分类比法则,就可得到下列相似准则:

由式(4-32)得:

$$\frac{gl}{v^2} = \text{Fr} = \text{不变量} \tag{4-52}$$

由式(4-33)得:

$$\frac{p}{\rho v^2} = \text{Eu} = \text{不变量} \tag{4-53}$$

由式(4-34)得:

$$\frac{\eta}{\rho v l} = \frac{1}{\text{Re}} = \text{不变量} \tag{4-54}$$

二、因次分析法(量纲分析法)

当事先无法求得描述现象的关系方程式时,可采用因次分析法来推求相似准则。相似准则是一个无因次量,这一特点是应用因次分析法求相似准则的依据。

1. 因次的概念和因次分析法举例

物理量(测量)单位的种类称"因次"(或"量纲")。如米、厘米、毫米,它们是不同的(测量)单位,但这些单位属于同一种类,皆为长度类单位,如统一地用符号[L]表示,则称[L]是长度类各单位的因次。

在国际单位制(SI)中,当研究力学和机械运动现象时,取长度、质量和时间作为"基本量",它们的因次相应地用符号[L][M][T]表示,称为"基本因次",而其他一些物理量则是由上述基本量根据该物理量的定义或相应的物理定律导出的,称这些量为"导出量"。例如速度定义为距离/时间,距离(以长度l表示)和时间(t)为基本量,它们的因次分别为[L]和[T],则速度的因次公式为:

$$[v] = \frac{[\text{L}]}{[\text{T}]} \quad \text{或} \quad [\text{LT}^{-1}]$$

又如,力的计算公式为 $F = ma = m\dfrac{\mathrm{d}^2 l}{\mathrm{d}t^2}$。则力的因次公式为:

$$[F] = [M]\frac{[L]}{[T]^2} \quad 或 \quad [LMT^{-2}]$$

同理,积分 $\int y dx$ 的因次为 $[ydx]$ 或 $[y][x]$。任何参量 Z 的因次记为 $[Z]$,若 z 为无因次,记为 $[1]$。上述以长度、质量、时间作为基本量的因次系统通常称为质量系统。在工程中还常用以长度、力、时间作为基本量,它们的因次相应地用符号 $[L]$ $[F]$ 和 $[T]$ 表示。同样可导出一系列导出量的因次。这种因次系统通常称为力系统。

作为例子,表 4-1 列出了常用导出量的因次。

常用导出量的因次 表 4-1

导 出 量	质量系统中因次	力系统中因次
面积	$[A] = [L^2]$	$[L^2]$
体积	$[V] = [L^3]$	$[L^3]$
速度	$[v] = [LT^{-1}]$	$[LT^{-1}]$
加速度	$[\alpha] = [LT^{-2}]$	$[LT^{-2}]$
力	$[F] = [LMT^{-2}]$	$[F]$
质量	$[M]$	$[FL^{-1}T^{-2}]$
重量	$[G] = [LMT^{-2}]$	$[F]$
压力	$[p] = [L^{-1}MT^{-2}]$	$[FL^{-2}]$
力矩	$[M] = [L^2MT^{-2}]$	$[FL]$
功	$[W] = [L^2MT^{-2}]$	$[FL]$
功率	$[P] = [L^2MT^{-3}]$	$[FLT^{-1}]$
应变	$[\varepsilon] = [1]$	$[1]$
弹性模量	$[E] = [L^{-1}MT^{-2}]$	$[FL^{-2}]$
动力黏度	$[\eta] = [L^{-1}MT^{-1}]$	$[FL^{-2}T]$
密度	$[\rho] = [L^{-3}M]$	$[FL^{-2}]$

由上述内容可见,在质量系统中,任一个导出量的因次可统一地用下列方程式来表示:

$$[A] = [L]^\alpha [M]^\beta [T]^\gamma \tag{4-55}$$

式中:α、β、γ——对某一个导出量来说是一个确定的常数。

既然任何导出量的因次均可由式(4-55)表示,则在力学研究中,基本量长度、质量和时间的(测量)单位一经取定后,其他一些物理量的(测量)单位就可根据该量的因次公式导出。前者通常称为"基本单位",后者称为"导出单位"。

在国际单位制(SI)中,取长度、质量和时间的单位分别为 m(米)、kg(千克)、s(秒)。则由速度的因次公式 $[v] = [LT^{-1}]$ 可导出速度的单位为 m/s(米/秒),由力的因次公式 $[F] = [LMT^{-2}]$ 可导出力的单位为 kg·m/s²(千克·米/秒²) = N(牛顿)。这种在确定几个基本量的单位后,其他量的单位按一定规律导出的单位制称为"绝对单位制"。

在取用绝对单位制的情况下,当力学基本单位一经取定,原则上说,任何力学物理可统一的由下式表达:

$$A = l^\alpha m^\beta t^\gamma = B(L)^\alpha (M)^\beta (T)^\gamma \tag{4-56}$$

式中： l、m、t——基本量长度、质量和时间的大小；

　　　　α、β、γ——确定的常数，也可以等于零，如 $\alpha=1$，$\beta=\gamma=0$，则此时 A 就是基本量长度（l）；

　　　　B——物理量 A 的大小；

(L)、(M)、(T)——基本量所取得大小。

由积分类比法推导相似准则的方法可见：在描述现象的完善且正确的关系方程式中，每一项的因次必定相同（这种关系方程式称为因次齐次式），因为同类量才能相加减，只有因次相同才同类。因此，相似准则一定是表征现象的参量的幂函数。

下面用实例来介绍因次分析法。

【**例 4-1**】求质点系统作动力相似运动现象的相似准则。

【**解**】表征质点系统作动力现象的参量有力（F）、质量（m）、速度（v）和时间（t）。这些量将被一定的自然规律所联系（这个自然规律就是牛顿第二定律）。形似准则是由表征现象的参量所组成的，且是这些参量的幂函数，故可表示为：

$$\Pi = F^{x_1} m^{x_2} v^{x_3} t^{x_4}$$

式中：x_1、x_2、x_3、x_4——待定的常数。

Π 因次公式为：

$$[\Pi] = [\mathrm{LMT}^{-2}]^{x_1} [\mathrm{M}]^{x_2} [\mathrm{LT}^{-1}]^{x_3} [\mathrm{T}]^{x_4}$$

由于相似准则是一个无因次的量，所以：

对于 [L] 有　　　　　　　$x_1 + x_3 = 0$

对于 [M] 有　　　　　　　$x_1 + x_2 = 0$

对于 [T] 有　　　　　　$-2x_1 - x_3 + x_4 = 0$

由上述三个方程式求解四个未知数，可令其中一个未知数为某值后再求解。如令 $x_1 = 1$，可求得 $x_2 = -1$，$x_3 = -1$，$x_4 = -1$，从而得：

$$\Pi = F m^{-1} v^{-1} t = \frac{Ft}{mv} = \mathrm{Ne}$$

这就是牛顿准则。

【**例 4-2**】求前述黏性不可压缩流体的稳定等温相似运动的相似准则。

【**解**】表征上述运动现象的参量有压力（p）、介质的动力黏度（η）、重力加速度（g）、流速（v）、管道性尺寸（l）和介质密度（ρ）。则相似准则就可表示为：

$$\Pi = p^{x_1} \eta^{x_2} g^{x_3} v^{x_4} l^{x_5} \rho^{x_6}$$

式中：x_1、x_2、x_3、x_4、x_5、x_6——待定的常数。

Π 的因次公式为：

$$[\Pi] = [\mathrm{L}^{-1}\mathrm{MT}^{-2}]^{x_1} [\mathrm{L}^{-1}\mathrm{MT}^{-1}]^{x_2} [\mathrm{LT}^{-2}]^{x_3} [\mathrm{LT}^{-1}]^{x_4} [\mathrm{L}]^{x_5} [\mathrm{L}^{-3}\mathrm{M}]^{x_6}$$

由于相似准则是一个无因次的量，所以：

对于 [L] 有　　　　$-x_1 - x_2 + x_3 + x_4 + x_5 - 3x_6 = 0$

对于 [M] 有　　　　$x_1 + x_2 + x_6 = 0$

对于 [T] 有　　　　$-2x_1 - x_2 - 2x_3 - x_4 = 0$

由上述三个方程式求解六个未知数，可令其中三个未知数为某值后再求其独立解。如令 $x_1 = x_2 = 0$，$x_3 = 1$，则可求得 $x_4 = 2$，$x_5 = 1$，$x_6 = 0$，就可得到：

$$\varPi_1 = \frac{v^2}{gl} = \text{Fr}$$

如令 $x_1 = 1$，$x_2 = x_3 = 0$，则可求得 $x_4 = -2$，$x_5 = 0$，$x_6 = -1$，就可得到：

$$\varPi_2 = \frac{p}{\rho v^2} = \text{Eu}$$

如令 $x_1 = x_3 = 0$，$x_2 = -1$，则可求得 $x_4 = x_5 = 0$，$x_6 = 1$，就可得到：

$$\varPi_3 = \frac{\rho v l}{\eta} = \text{Re}$$

2. 现象的独立的相似准则数目的确定

无论在判定现象彼此是否相似，还是在设计模型试验时，事先确定现象的独立的相似准则的数目是很重要的。因为它可用来检查求得的相似准则是否有遗漏或是否多余。所谓相似准则是互相独立的，指的是：这些相似准则中的任一个均不是其余准则的幂函数的乘积。

下面推导计算现象的独立的相准则数目的公式。

设某一现象由 n 个参量 $A_1, A_2, A_3, \cdots, A_n$ 来表征。由式(4-56)，这 n 个参量可用下式表示：

$$A_i = l^{\alpha_i} \cdot m^{\beta_i} \cdot t^{\gamma_i} \tag{4-57}$$

式中：$i = 1, 2, 3, \cdots, n$——正整数；

α_i、β_i、γ_i——n 个参量中，若某个量的 α_i、β_i、γ_i 中有两个等于零，则该量就是基本量。例如 $\alpha_1 = 1$，$\beta_{i1} = \gamma_i = 0$，则 A_1 就是基本量——长度(l)。

所述现象的任一个相似准则可以表示为：

$$\varPi_j = A_1^{x_1} A_2^{x_2} A_3^{x_3} \cdots A_n^{x_n} = (l^{\alpha_1} m^{\beta_1} t^{\gamma_1})^{x_1} (l^{\alpha_2} m^{\beta_2} t^{\gamma_2})^{x_2} (l^{\alpha_3} m^{\beta_3} t^{\gamma_3})^{x_3} \cdots$$
$$(l^{\alpha_i} m^{\beta_i} t^{\gamma_i})^{x_i} \cdots (l^{\alpha_n} m^{\beta_n} t^{\gamma_n})^{x_n} \tag{4-58}$$

如能求得 $x_1, x_2, x_3, \cdots, x_n$，即可得到相应的相似准则。

因此，相似准则是无因次量，所以：

$$\left.\begin{array}{ll} \text{对于}[L]\text{有} & \alpha_1 x_1 + \alpha_2 x_2 + \cdots + \alpha_i x_i + \cdots + \alpha_n x_n = 0 \\ \text{对于}[M]\text{有} & \beta_1 x_1 + \beta_2 x_2 + \cdots + \beta_i x_i + \cdots + \beta_n x_n = 0 \\ \text{对于}[T]\text{有} & \gamma_1 x_1 + \gamma_2 x_2 + \cdots + \gamma_i x_i + \cdots + \gamma_n x_n = 0 \end{array}\right\} \tag{4-59}$$

上述方程式组由 3 个线性齐次方程式组成，但有 n 个未知数。显然，方程式的数目等于参量所包含的基本因次的数目，而需要确定的未知数的数目等于参量的数目。

根据线性代数理论，式(4-59)有无穷多组解，但其基础解的数目等于变量数目减去式(4-59)的系数矩阵的"秩"数。

式(4-59)的系数矩阵(又称因次矩阵)为：

$$\begin{bmatrix} \alpha_1 & \alpha_2 & \alpha_3 & \cdots & \alpha_i & \cdots & \alpha_n \\ \beta_1 & \beta_2 & \beta_3 & \cdots & \beta_i & \cdots & \beta_n \\ \gamma_1 & \gamma_2 & \gamma_3 & \cdots & \gamma_i & \cdots & \gamma_n \end{bmatrix} \tag{4-60}$$

如上述矩阵的秩为 r，则式(4-59)的基础解数目 m 可由下式决定：

$$m = n - r \tag{4-61}$$

也就是说，所述现象只能有 $n - r$ 个相互独立的相似准则。或者表述为，这 $n - r$ 个相似准则是该现象的相似准则的完整集合。

例如，【例4-1】中方程组的系数矩阵为：

$$\begin{bmatrix} 1 & 0 & 1 & 0 \\ 1 & 1 & 0 & 0 \\ -2 & 0 & -1 & 1 \end{bmatrix}$$

这个矩阵的三阶子式有不等于零的,故其秩 $r=3$,而参量的数目为 4。则根据式(4-61)可知,只能有一个相似准则,即 Ne。在此情况下,若再令 x_1 为其他值,所求得的相似准则对于 Ne 来说将是非独立的。如令 $x_1 = 2$,即可求得 $x_2 = -2, x_3 = -2, x_4 = 2$。则对应可列出：

$$\Pi_2 = \left(\frac{Ft}{mv}\right)^2 = (\text{Ne})^2$$

显然,这不是什么新的准则,而是由牛顿准则派生的。

又例如,【例4-2】中方程组的系数矩阵为：

$$\begin{bmatrix} -1 & -1 & 1 & 1 & 1 & -3 \\ 1 & 1 & 0 & 0 & 0 & 1 \\ -2 & -1 & -2 & -1 & 0 & 0 \end{bmatrix} \quad (4\text{-}62)$$

这个矩阵的秩 $r=3$,而参量的数目为 6,则只能有 3 个相互独立的相似准则。在此情况下,若在令 $x_1 = 3, x_2 = -5, x_3 = -2$,可相应地求得 $x_4 = 3, x_5 = 3, x_6 = 2$,则对应可列出：

$$\Pi_2 = \frac{v^3 l^3 p^3 \rho^2}{\eta^5 g^2} = \left(\frac{vl\rho}{\eta}\right)^5 \left(\frac{p}{\rho v^2}\right)^3 \left(\frac{v^2}{gl}\right)^2 = \text{Re}^5 \text{Eu}^3 \text{Fr}^2$$

显然,Π_4 相对于 Re、Eu、Fr 来说不是独立的相似准则,而是 Re、Eu、Fr 准则的幂函数的乘积,可由这 3 个准则求得。因此,Re、Eu、Fr 构成了所述现象的相似准则的完整集合。

3. 求现象的相似准则完整集合的方法

求解现象的相似准则完整集合,一般可按下述步骤进行：

(1) 列出参量的指数关系式,如式(4-60)所示。

(2) 列出参量的指数关系式的因次矩阵,并计算其秩。

(3) 根据式(4-61)计算独立的相似准则的数目。

(4) 根据参量的指数关系式,求参量的指数值。为此先列出求解 x_{n-2}、x_{n-1}、x_n 的方程式(假定因次矩阵的秩 $r=3$),上述方程式可以表述为：

$$\left.\begin{array}{l} x_{n-2} = \alpha'_1 x_1 + \alpha'_2 x_2 + \cdots + \alpha'_{n-3} x_{n-3} \\ x_{n-1} = \beta'_1 x_1 + \beta'_2 x_2 + \cdots + \beta'_{n-3} x_{n-3} \\ x_n = \gamma'_1 x_1 + \gamma'_2 x_3 + \cdots + \gamma'_{n-3} x_{n-3} \end{array}\right\} \quad (4\text{-}63)$$

根据式(4-61)和式(4-60)应有 $n-3$ 个基础解。根据线性代数理论,这 $n-3$ 个基础解系可由式(4-63)用如下方法求得：

求第 1 个解：令 $x_1 = 1, x_2 = x_3 = \cdots = x_{n-3} = 0$,可求得 $x_{n-2} = \alpha'_1, x_{n-1} = \beta'_1, x_n = \gamma'_1$。

求第 2 个解：令 $x_2 = 1, x_1 = x_3 = \cdots = x_{n-3} = 0$,可求得 $x_{n-2} = \alpha'_2, x_{n-1} = \beta'_2, x_n = \gamma'_2$。

…… …… ……

求第 $n-3$ 个解：令 $x_{n-3} = 1, x_1 = x_2 = \cdots = x_{n-4} = 0$,可求得 $x_{n-2} = \alpha'_{n-3}, x_{n-1} = \beta'_{n-3}, x_n = \gamma'_{n-3}$。

以上 $n-3$ 个解可以简明用下列解矩阵的形式表示。值得指出,解矩阵的右边三列(即 $n-2$,$n-1$ 和 n 列)的元素与式(4-63)中的各个方程式的系数是相对应的,而其余 $n-3$ 列的元素,除去对角线上的都是 1 外,其余都是零,所以,根据式(4-63)就可以立即写出解矩阵,见表 4-2。

解 矩 阵　　　　　　　　　表 4-2

变量	A_1	A_2	A_3	…	A_{n-3}	A_{n-2}	A_{n-1}	A_n
变量的指数	x_1	x_2	x_3	…	x_{n-3}	x_{n-2}	x_{n-1}	x_n
Π_1	1	0	0	…	0	α'_1	β'_1	γ'_1
Π_2	0	1	0	…	0	α'_2	β'_2	γ'_2
M	⋮	⋮	⋮	⋮	⋮	⋮	⋮	⋮
M	⋮	⋮	⋮	⋮	⋮	⋮	⋮	⋮
Π_{n-3}	0	0	0	…	1	α'_{n-3}	β'_{n-3}	γ'_{n-3}

(5)根据解矩阵列出相似准则完整集合,显然,解矩阵的每一行就是组成相似准则的参量的一组指数。在上述情况下,根据解矩阵第一行,可列出:

$$\Pi_1 = A_1 \cdot A_{n-2}^{\alpha'_1} \cdot A_{n-1}^{\beta'_1} \cdot A_n^{\gamma'_1}$$

根据解矩阵的第二行,可列出:

$$\Pi_2 = A_2 \cdot A_{n-2}^{\alpha'_2} \cdot A_{n-1}^{\beta'_2} \cdot A_n^{\gamma'_2}$$

…… …… ……

根据解矩阵的第 $n-3$ 行,可列出:

$$\Pi_{n-3} = A_{n-3} \cdot A_{n-2}^{\alpha'_{n-3}} \cdot A_{n-1}^{\beta'_{n-3}} \cdot A_n^{\gamma'_{n-3}}$$

下面以求前述黏性不可压缩流体的稳定等温相似运动现象的相似准则为例,说明一下上述方法的具体应用。

①列出参数关系式。
②列出因次矩阵,见式(4-62),并计算它的秩 $r=3$。
③计算独立相似准则的数目。因为参量数目等于 6,故独立的相似准则数目等于 3。
④求参量的指数值。根据参数关系式可解出:

$$\left.\begin{array}{l} x_4 = -2x_1 - x_2 - 2x_3 \\ x_5 = -x_2 + x_3 \\ x_6 = -x_1 - x_2 \end{array}\right\} \quad (4\text{-}64)$$

根据式(4-64)就可列出如下解矩阵(表 4-3)。

解 矩 阵　　　　　　　　　表 4-3

变量	p	η	g	v	l	ρ
变量的指数	x_1	x_2	x_3	x_4	x_5	x_6
Π_1	1	0	0	-2	0	-1
Π_2	0	1	0	-1	-1	-1
Π_3	0	0	1	-2	1	0

⑤列出相似准则的完整集合。

根据解矩阵第一行,可列出:

$$\Pi_1 = p v^{-2} \rho^{-1} = \frac{p}{\rho v^2} = \text{Eu}$$

根据解矩阵第一行,可列出:

$$\Pi_2 = \eta v^{-1} l^{-1} \rho^{-1} = \frac{\eta}{\rho v l} = (\text{Re})^{-1}$$

根据解矩阵第一行,可列出:

$$\Pi_3 = g v^{-2} l = \frac{g l}{v^{-2}} = (\text{Fr})^{-1}$$

第四节　模型试验的数据处理

一、相似准则形式的转换

由上述相似准则导出方法可知,利用以上所列方法求得的相似准则完整集合中的诸相似准则的形式有一定的随意性。例如,由式(4-35)写出的三组式(4-37)~式(4-39)是随意的,也可写出另一组的三个等式,此时,所求得的相似准则也将是另一种形式;同样,为求解式(4-64),当 x_1、x_2、x_3 取其他值时,所求得相似准则也将具有另外的形式。

探求相似准则的目的是以此为根据设计和组织模型试验,最终导出描述原型现象的关系式。因此,相似准则形式的确定,必须有利于这一目的的实现。为此,由上述方法求得的相似准则的形式有时需要进行相应的转换(即改变形式),转换的出发点有:

(1)相似准则应具有明显的物理意义,并使其物理意义与所研究的现象密切相关。

(2)转换成常用的相似准则的形式,例如,雷诺准则 Re、傅汝德准则 Fr,因为它们均具有明显的物理意义。前者表示惯性力与黏滞力的比值,后者表示惯性力与重力的比值。

(3)使准则关系式的形式最简单。

(4)使相似准则的组成中不包含在进行模型试验时难以控制和测量的参量。

(5)使易于控制且是表征现象的主要参量只出现在相似准则完整集合中的某一个相似准则中。这样在模型试验时,就能实现最方便的控制。

相似准则形式转换的原则是:不破坏相似准则等于无因次的不变量这一属性。从这一原则出发,如果现象的相似准则完整集合中有 $\Pi_1, \Pi_2, \Pi_3, \cdots, \Pi_k$ 个相似准则,则可得出如下结论:

(1)相似准则的任何次方仍是相似准则,即 Π_i^n(n 为常数,$i = 1, 2, \cdots, k$)仍是相似准则。

(2)相似准则的指数积,即 $\Pi_1^{n_1} \Pi_2^{n_2} \cdots \Pi_k^{n_k}$($n_1, n_2, \cdots, n_k$ 均为常数)仍是相似准则。

(3)相似准则的和或差,即 $\Pi_1^{n_1} \pm \Pi_2^{n_2} \pm \cdots \pm \Pi_k^{n_k}$ 仍是相似准则。

(4)相似准则与任意常数的和差,即 $\Pi_i \pm a$(a 为常数)仍是相似准则。

显然,相似准则进行上述转换后,仍是一个无因次量,在相似现象群中它们仍是一个不变量。

二、模型试验数据的处理

为使模型试验的结果能推广到与模型相似的原型上去,根据相似第三定理,应将模型试

验结果整理成相似准则之间的关系式(简称准则关系式)。例如,描述黏性流体强迫流动现象的准则关系式可表述为:

$$Eu = C Re^n \tag{4-65}$$

在进行模型试验时,改变特征参量 v,测定对应的 Δp(由于 l、ρ、η 为定值,测定一次就行了),因此由 $Eu = \dfrac{\Delta p}{\rho v^2}$,$Re = \dfrac{\rho v l}{\eta}$ 就可算得一系列 Re 和 Eu 的对应值,进而根据试验数据的回归分析等有关方面的内容决定出式(4-65)中的常数 C 和 n 而求得描述所述现象的准则关系式。把式(4-65)展开,就可得到便于应用的、对所有与模型相似的现象群(包括原型)均适用的关系方程式:

$$\Delta p = C \frac{\rho^{n+1} v^{n+2} l^n}{\eta^n} \tag{4-66}$$

值得指出,通过模型试验求得的准则关系式仅适用于试验所确认的各参量的变化范围内,把这种关系式任意外推是不允许的。

三、准则关系式组成形式的转换

由上述方法求得的相似准则中的参量,代表着该现象的同因次参量的全体。例如,Re 准则中的 l(定性尺寸)代表着全部线性尺寸;Re 准则中的 v 代表着流体中任意点的速度。即对于相似现象来说,不论用代表长度的线性尺寸或代表宽度的线性尺寸代入,虽然 Re 准则的数值将改变,但它仍是一个无因次的不变量。同样,取不同对应点的速度值代入,Re 准则仍是一个无因次的不变量。如假定 $\Pi = \dfrac{A^\alpha B^\beta}{C^\gamma}$ 是某现象的一个相似准则,表征该现象的参量除 A、B、C 外,尚有 A 的同因次量 A_1,则 $\Pi = \dfrac{A_1^\alpha B^\beta}{C^\gamma}$ 也一定是相似准则。根据相似准则形式转换的知识可知 $S_1 = \dfrac{\Pi_1}{\Pi_2} = \left(\dfrac{A_1}{A}\right)^\alpha = $ 不变量仍是一个相似准则。S_1 是任意幂的两个同因次量的比值,称为"相似单纯量"。由此,在准则关系式中可用 Π 和 S_1 的组合来代替 Π 和 Π_1 的组合。依此类推,准则关系式可表述为:

$$F(\Pi_1, \Pi_2, \cdots, \Pi_m, S_1, S_2, \cdots, S_r) = 0 \tag{4-67}$$

其中,$1,2,\cdots,m$ 和 $1,2,\cdots,r$ 均为正整数。

这种包含有相似单纯量的准则关系式,实际应用更广,因为它能反映出各个参量对现象变化的影响。

四、相似理论应用举例——汽车模型风洞试验

汽车模型风洞试验是进行汽车空气动力学研究的重要方法之一。在能模拟空气流的风洞设施(一种直流式风洞的结构示意如图4-4所示)中利用汽车模型做试验,曾被有效地用于改善汽车的空气动力性。

汽车模型风洞试验是以相似理论为依据的。在试验时,以不动的汽车模型经受强迫流动的空气流的作用来模拟汽车在道路上行驶时所受到的空气流的作用。在这种情况下,根据相似第二定理,当模型和原型成几何相似、雷诺准则相等以及实现边界条件相似时,汽车

模型在风洞中所受到的空气流的作用将相似于汽车在道路上行驶时所受到的空气流的作用。这样,按相似准则整理的风洞试验数据也将适用于汽车的实际使用情况。

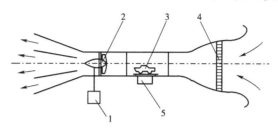

图 4-4　直流式风洞结构示意图
1-动力装置;2-轴流式风机;3-汽车模型;4-蜂窝器;5-测量装置

实现雷诺准则的数值相等是由风洞设施来保证的。如图 4-4 所示的风洞,由动力装置驱动的轴流式鼓风机用来产生沿箭头方向流动的空气流,空气流的流速靠改变鼓风机的转速来实现。风洞的前都做成逐渐收缩状构成一个收缩段,在此,气流被平稳地加速后流向试验段。蜂窝器的作用是减小气流的紊流,使流向试验段的气流均匀。在试验段中放置试验用的汽车模型,并设有相应的测量装置,此处空气流的流速应根据雷诺准则数值相等这一条件来选取。具体地说,为使汽车模型风洞试验的雷诺准则与汽车在道路上行驶时相同,即:

$\dfrac{\rho' v' l'}{\eta'} = \dfrac{\rho'' v'' l''}{\eta''}$(其中,标有上标"′"的表示汽车原型使用中的参量;标有上标"″"的表示汽车模型试验中的参量)。由于风洞中的气压也是标准的大气压,空气流的性质与大气中相同,所以 $\eta' = \eta''$,$p' = p''$。这样,当汽车模型较原型缩小某一倍数时,则风洞中的气流流速就应比汽车的行驶速度大同样的倍数。国外汽车模型多采用 1/4、1/5、1/10 等几种比例。汽车模型设计得大一些,同样风速下模拟的车速就高一些,模型试验的准确度也将高一些。

汽车在道路上行驶时,除车轮与路面接触外,其余部分均处在自由大气中;在汽车模型风洞中,上述边界条件只能做到近似相似。在风洞中,气流被风洞的四壁所包围,洞壁的存在将使空气绕流模型的状态产生畸变,在大多数情况下,由此会产生附加作用力,而使试验的准确度降低。为保证试验有足够的准确度,汽车模型的迎面面积不应大于风洞试验段截面积的 10%。另外,汽车在道路上行驶时,空气相对于路面是静止的,因此在路面上不存在附面层。而在风洞中,如把汽车模型放在支承台面上,因空气相对于支承面有运动,因而会产生附面层,车轮就会部分地沉没在附面层中。目前尚无一种切实可行的实现地面边界条件相似的方法。一种较简单并具有足够近似程度的方法是使汽车模型离开支承板适当的距离,这是目前较多采用的方法。

风洞的洞体由钢筋混凝土或钢板制成,小型风洞也有用木材制造的,其内表面要仔细地涂抹原子灰和上漆。汽车模型一般用质量好的木材制成。

现以测定汽车的空气阻力系数来说明上述试验原理。由空气动力学得知,汽车所受的空气阻力可用下式表示:

$$P_w = C \times \rho \times F \times v^2 \qquad (4\text{-}68)$$

式中:C——汽车流线型系数;
　　　ρ——空气的密度;
　　　F——汽车的迎风面积;

v——汽车与空气的相对速度。

因为地面上空气密度 ρ 变化极小,可视为常数,对某一具体的汽车来说,则 $C\times\rho$ 也可视为一个常数,用 K 表示,称为空气阻力系数。汽车的空气阻力系数可用汽车模型由风洞试验测得。在做风洞试验时,利用风洞设施中的测力装置测得模型在气流速度为 v'' 时的空气阻力 P_w'' 后,就可用上式算出流线型系数 C。由于 C 是一个无因次量,所以对模型和原型其数值相等。因为 $p'=p''$,所以,汽车模型在气流速度为 v 时的空气阻力系数 K'' 也就是汽车原型在行驶速度为 C_1v''(C_1 为汽车模型的相似倍数)时的空气阻力系数。为设计空气阻力小的车身,有人曾利用图 4-5 所示的积木式模型进行风洞试验。图中的字母表示各种形状的积木模型。如将模型的头部和尾部采用不同的组合后进行风洞试验,就可测得各种形状的车身在相应的行驶速度下的空气阻力系数,见表 4-4。

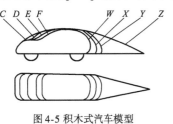

图 4-5 积木式汽车模型

各种形状组合空气阻力系数试验结果　　　　　　表 4-4

模型形状	空气阻力系数			
模型后部形状	模型前部形状			
	F	E	D	C
W	0.02160	0.01950	0.0185	0.01860
X	0.02145	0.01610	0.0141	0.01470
Y	0.02010	0.01560	0.0131	0.01225
Z	0.01500	0.01075	0.0075	0.00780

用汽车模型风洞试验技术可以缩短汽车改型和新设计车型的周期并能节省大量的费用。但值得指出的是:首先,制作与实物准确相似的模型是困难的,而且在模型上模拟车身内部和发动机内部空间的气流和压力分布也不可能完全做到的;其次,准确地实现空气流的动力相似也是不可能的。因此,模型试验结果总会有误差,这种误差有时甚至可达 40%。通常,模型风洞试验数据须由实测的经验数据进行修正后才能用于原型。要想取得较准确的试验数据,最好用原型进行风洞试验。因此,目前供汽车原型试验用的各种风洞(又称整车风洞)获得越来越多的采用。

 本章思考题

1. 深刻理解相似三定理在揭示模型与原型内在关系的作用。
2. 模型试验的误差主要来自哪几个方面?

第五章 测试系统基本单元模块(1)
——传感器与调理电路

无论是传统非电量电测系统,还是以计算机为核心的现代测试系统的通用硬件平台,都需要实现非电量信号的转换、信号的放大与传输和信号的记录与处理的过程。随着计算机技术的飞速发展,建立在半导体技术上的、传统的、非通用的电测系统平台逐渐淡出,而以大规模集成电路和计算机技术为代表的现代测试系统,借助于通用化、数字化、智能化、大容量和多路实时测试与控制的优势,日益成为各领域试验测试的主流设备。

现代测试系统依据其实现的功能可以大致分为前端部分和后端部分,其中,前端部分主要实现非电量信号的转换和放大,所需要的典型基本单元硬件模块是传感器和调理电路;而后端部分主要应用数据采集系统实现数据的采集、处理和存储。本章主要介绍前端部分常用的基本单元硬件模块及其有关的主要技术指标。

第一节 传感器概述

传感器位于研究对象与测试系统之首,是获取与检测信息的窗口。一切科学研究与自动化生产过程要获取的信息(非电量或电量),都要通过传感器获取并通过它转换为容易传输与处理的电信号。所以传感器的应用遍及军事、科研、工业、农业、商业、交通、环保、医疗、卫生、气象、航空、家用电器等各个领域。科学技术越发达,自动化程度越高,对传感器的依赖程度就越大。因此,自20世纪80年代以来各国都将传感器技术列为重点发展的高技术,并被认为是现代信息技术(传感器技术、通信技术和计算机技术)的基础和支柱。

传感器技术涉及的知识非常广泛,渗透到各个学科领域。但是它们的共性是利用物理定律和物质的物理、化学和生物特性,将规定的被测参量(非电量或电量)按一定规律转换成可用输出信号。所以如何采用新技术、新工艺、新材料以及探索新理论,以达到高质量的信号检测功能,是目前传感器技术研究的总目标。

目前微型计算机的迅速普及与发展以及强大的社会需求成为传感器技术发展的两股巨大的推动力,促使传感器技术向多样化、新型化、集成化、智能化方向飞速发展。

一、传感器的定义

我国国家标准中关于传感器的定义是:能感受规定的被测量并按一定的规律转换成可用信号的器件或装置。这个定义所表述的传感器的主要内涵和特征主要包括以下几个方面。

(1)从输入端来看,一个指定的传感器只能感受或响应规定的物理量,即传感器对规定的被测量具有最大的灵敏度和最好的选择性,如不希望一个单功能的电流传感器还受环境温度变化的影响。传感器能够感受或响应规定的物理量,既可以是非电量也可以是电量。

(2) 从输出端来看,传感器的输出信号为"可用信号"。这意味着传感器的输出信号中不但载运着待测的原始信息,而且是能够被远距离传送、后续测量环节便于接收和进一步处理的信号形式,如最常见的是电、光信号以及气动信号。

(3) 从输入与输出关系来看,这种关系应具有"一定规律"。其意指传感器的输入与输出应是相关的,而且这种规律是可复现的。

传感器处于测量系统的最前端,起着获取检测信息与转换信息的重要作用。

二、传感器的分类

传感器的种类繁多,不胜枚举,其分类方法很多。下面介绍常用的分类方法。

1. 按被测量分类

按被测量分类就是按传感器用途进行分类。下面列出这种分类方法的若干类型。

(1) 机械量:位移、力、速度、加速度、质量等。

(2) 热工量:温度、压力、流量、液位、物位、流速等。

(3) 化学量:浓度、黏度、湿度等。

(4) 光学量:光强、光通量、辐射能量等。

(5) 生物量:血糖、血压、酶等。

2. 按输出量的性质分类

这种分类方法的类别少,易于从原理上认识输入量和输出量之间的变换关系,本书采用此种分类方法。

(1) 电参数型传感器:传感器的输出量为电参量(电阻、电容、电感等),如电阻式、电感式和电容式等。

(2) 电量型传感器:传感器输出量为电量(电压、电流、电荷),如热电式、光电式、压电式、磁电式等。

3. 按能源分类

(1) 有源传感器:传感器将从被测对象获取的信息能量直接转换成输出信号能量,如磁电式、压电式、热电式等。

(2) 无源传感器:传感器将从被测对象获取的信息能量用于调制或控制外部激励源,使外部激励源的部分能量载运信息而形成输出信号。这类传感器必须由外部提供激励源,如电源、光源、声源等,才能输出电信号。如电阻、电容、电感电参数型传感器。

4. 按照结构性质分类

(1) 结构型传感器:结构型传感器是依靠传感器的结构参数变化而实现信号转换的。例如,变间隙的电容式传感器是依靠改变电容极板间距的结构参数来实现被测的位移量转换为传感器的电容量。

(2) 物性型传感器:物性型传感器依赖物理属性的改变直接将输入信号转换为输出信息。它没有中间转换机构,与结构型传感器对应而言,它只有变换器,如测温热电阻、热电偶,它们既是变换器,也是传感器。

第二节 电参数型传感器

电参数型传感器将感受的输入被测参量转换为电参数——电阻、电容、电感的变化。

一、电阻式传感器

电阻式传感器的基本原理是将被测的非电量转换成电阻值的变化,再经过转换电路变成电量输出。电阻式传感器可以测量力、压力、位移、应变、加速度、温度等非电量参数,一般来说,电阻式传感器的结构简单、性能稳定、灵敏度高,有的还适用于动态测量。

1. 应变式传感器

应变式传感器是利用金属的电阻应变效应,将测量物体变形转变成电阻变化的传感器,现已被广泛用于工程测量和科学试验中。

1) 工作原理

应变式电阻变换器也称应变片。当金属丝在外力的作用下发生机械变形时,其电阻值将发生变化,这种现象称为金属丝的电阻应变效应。以一个长度 l、横截面积 S、电阻率 ρ 的金属电阻丝为例,当有垂直于它的横截面的拉力 F 存在时,则金属电阻丝的尺寸发生变化。长度变为 $l + \Delta l$,横截面积变为 $S - \Delta S$,电阻率变为 $\rho + \Delta \rho$,使电阻 R 变化了 ΔR。

无 F 作用(当 $F = 0$ 时),电阻为:

$$R = \rho \frac{l}{S} \tag{5-1}$$

当 $F \neq 0$ 时,电阻的相对变化为:

$$\frac{\Delta R}{R} = \frac{\Delta \rho}{\rho} + \frac{\Delta l}{l} - \frac{\Delta S}{S} \tag{5-2}$$

又因为

$$S = \pi r^2$$

所以

$$\frac{\Delta S}{S} = 2 \frac{\Delta r}{r} \tag{5-3}$$

式中:l——电阻丝长度;

$\dfrac{\Delta l}{l}$——电阻丝轴向(纵向)的相对变化;

$\dfrac{\Delta r}{r}$——电阻丝的横向相对变化。

由材料力学可知,存在以下关系:

$$\frac{\Delta r}{r} = -\mu \frac{\Delta l}{l} = -\mu \varepsilon \tag{5-4}$$

式中:μ——泊松比;

ε——机械应变,其值为材料的长度相对变化量,即 $\varepsilon = \Delta l/l$,通常将 $\varepsilon = 10^{-6}$ 称为一个微应变。

则式(5-2)可写成:

$$\frac{\Delta R}{R} = (1 + 2\mu)\varepsilon + \frac{\Delta \rho}{\rho} \tag{5-5}$$

因为金属电阻率不变($\Delta \rho/\rho = 0$),电阻变化仅由体积变化产生,即金属电阻丝的 $\dfrac{\Delta R}{R}$-ε 关系为:

$$\frac{\Delta R}{R} = K\varepsilon \tag{5-6}$$

式中：K——灵敏度系数，$K = 1 + 2\mu$，在塑性变形范围内泊松比 $\mu = 0.5$，故 $K = 2$。

2）应变片的基本结构及测量

各种电阻应变片的结构大体相同，以图 5-1 所示的丝绕式应变片为例，它以直径 0.025mm 左右的合金电阻丝绕成形如栅栏的敏感栅，敏感栅粘贴在绝缘的基底上，电阻丝的两端焊接引出线，敏感栅上面粘贴有保护用的覆盖层。

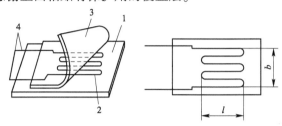

图 5-1 电阻应变片基本结构
1-基底；2-合金电阻丝；3-覆盖层；4-引出线

图 5-1 中的 l 称为应变片的基长，b 称为基宽，$l \times b$ 称为应变片的使用面积。应变片的规格以使用面积和电阻值表示，如 3mm×10mm、120Ω。

用应变片测量受力应变时，将应变片粘贴于被测对象表面上。在外力作用下，被测对象表面产生微小机械变形时，应变片敏感栅也随同变形，其电阻值发生相应的变化。通过转换电路转换为相应的电压或电流的变化，根据式(5-5)，可以得到被测对象的应变值 ε，而根据式(5-7)，可以测得应力值 σ。通过弹性敏感元件，将位移、力、力矩、加速度、压力等物理量转换为应变，因此可以用应变片测量上述各量，从而做成各种应变式传感器。

$$\sigma = E\varepsilon \tag{5-7}$$

式中：σ——应力；

E——弹性模量。

应变片之所以应用得比较广泛，是由于其有如下优点：

(1) 测量应变的灵敏度和精确度高，性能稳定、可靠，可测 1～2$\mu\varepsilon$，误差小于 1%；

(2) 应变片尺寸小、质量轻、结构简单、使用方便、响应速度快，测量时对被测件的工作状态和应力分布影响较小，既可用于静态测量，又可用于动态测量；

(3) 测量范围大，既可测量弹性变形，也可测塑性变形，变形范围为 1%～2%；

(4) 适应性强，可在高温、超低温、高压、水下、强磁场以及核辐射等恶劣环境下使用；

(5) 便于多点测量、远距离测量和遥测。

2. 滑变电阻式传感器

滑变电阻式传感器又称电位计式传感器，其工作原理是通过滑动触点改变电阻丝的长度来改变电阻值的大小，进而将电阻值的变化转变为电压或电流的变化。

滑变电阻式传感器主要用于位置、位移的测量，图 5-2a) 所示用于直线位移或者位置测量的滑变电阻式传感器称为线位移型滑变电阻式传感器；图 5-2b) 所示用于角位移测量的滑变电阻式传感器称为角位移型滑变电阻式传感器。图 5-2 中变阻器的活动触点 C 的滑动量分别为 x 和 a，固定触点 A 和活动触点 C 之间的电阻值分别为：

$$R_l = k_t x \tag{5-8}$$

$$R_a = k_w a \tag{5-9}$$

式中:R_1、R_a——线位移型和角位移型滑变电阻式传感器的输出电阻;
k_t、k_w——单位长度和单位弧度的电阻值;
x、a——线位移和角位移。

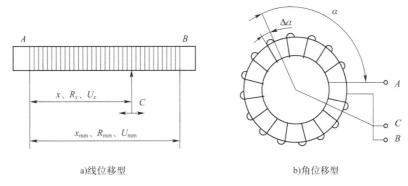

a)线位移型 b)角位移型

图 5-2 滑变电阻式传感器

滑变电阻式传感器的输出(电阻)与输入(位移)呈线性关系。传感器的灵敏度 E 就是直线的斜率,即:

$$E_1 = \frac{dR_1}{d(x = k_t)} \quad (5-10)$$

$$E_a = \frac{dR_a}{d(a = k_w)} \quad (5-11)$$

若滑变电阻式传感器与后继设备相连,由于两者之间有能量交换,因此,必然存在负荷效应(负荷效应对测量结果的影响由后继设备的阻抗性质决定),其结果是使得传感器的输出与输入之间的线性关系变为非线性。为了补偿这种非线性,在实际测试工作中常采用滑动触点的距离与电阻值呈非线性关系的变阻器。

分辨率是滑变电阻式传感器的一个重要指标,为了获得高分辨率,常采用绕线式结构如图 5-2 所示。但绕线式滑变电阻式传感器存在如下两大缺点:

(1)电阻的变化呈台阶状;
(2)呈现出电感式阻抗。

为了克服上述缺点,现在常用碳膜或导电塑料制作滑变电阻式传感器。

滑变电阻式传感器的优点是结构简单、性能稳定、使用方便,故在汽车领域得到了广泛的应用,如汽车发动机的节气门位置传感器、汽车侧滑试验台上的线位移传感器等都是滑变电阻式传感器。

二、电容式传感器

1. 工作原理

电容式传感器是将被测量的变化转化为电容量变化的传感器,两个金属平板间的电容(图 5-3)为:

$$C = \frac{\varepsilon S}{\delta} \quad (5-12)$$

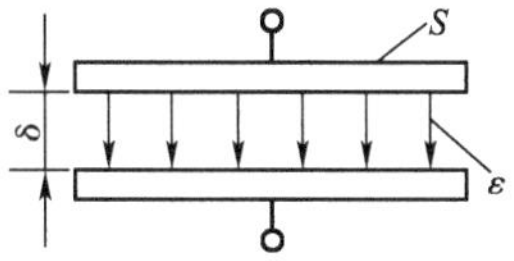

式中:ε——两极板间介质的介电常数;
S——两极板相对有效面积;

图 5-3 电容式传感器

δ——两极板间的间隙；

C——两金属极板间的电容。

2. 类型

可以看出,只要被测的物理量变化能使 ε、S、δ 中任一参数产生相应改变,就能引起电容的变化 ΔC。相应地,电容式变换器就分为变间隙式、变面积式和变介电常数式三种。其中,变间隙式、变面积式电容变换器能将线性位移、角位移转换为电容改变量,但必须与不同弹性元件相配合才可以实现对压力、加速度等参量的测量。

变间隙式电容式传感器一般用来测量微小的线位移(0.01~0.1mm);变面积式电容式传感器一般用来测角位移(1″到几十度)或较大的线位移;变介电常数式电容式传感器常不需要弹性元件用于固体或液体的物位测量,也可用于测定各种介质的温度、密度等状态参数。

电容式传感器有三种结构形式,它们又可按位移形式分为线位移式和角位移式两种,每一种又依据传感器极板形状分为平板、圆板形和圆柱(圆筒)形,虽然还有球面形和锯齿形等其他形状,但一般很少用。

1) 变间隙式电容传感器

由式(5-12)可知,当其中一个极板在被测量作用下发生位移,使间隙 δ_0 减小了 $\Delta\delta$,则电容 C_0 将增加 ΔC,因此有:

$$C_0 + \Delta C = \frac{\varepsilon S}{\delta_0 - \Delta\delta} = \frac{C_0}{1 - \frac{\Delta\delta}{\delta_0}} \tag{5-13}$$

则电容的变化量为:

$$\Delta C = \frac{\varepsilon S}{\delta_0 - \Delta\delta} - C_0 = C_0 \frac{\Delta\delta}{\delta_0} \frac{1}{1 - \frac{\Delta\delta}{\delta_0}} = C_0 \frac{\Delta\delta}{\delta_0 - \Delta\delta} \tag{5-14}$$

式中:δ_0——初始间隙;

C_0——初始电容值。

该类型电容式传感器存在着非线性原理,因此,实际中常常做成差动式来改善其非线性。

2) 变面积式电容传感器

当动极板在被测参量作用下发生位移,使两极板相对有效面积改变 ΔS,则电容 C_0 也将有相应改变 ΔC:

$$\Delta C = \frac{\varepsilon}{\delta_0} \Delta S \tag{5-15}$$

变面积式电容式传感器在理论上有理想的线性。

三、电感式传感器

电感式传感器中的电感变换器应用电磁感应原理,将输入被测量转换成电感的变化量作为输出量,配用不同的敏感元件可以测量位移、压力、振动等多种参量。

1. 自感式传感器

简单自感式传感器的工作原理如图5-4所示。其中衔铁 A 为动铁芯,用拉簧定位;铁芯

B 为固定铁芯,衔铁与铁芯之初始空气间隙长度为 δ_0。当衔铁在被测参量,如液位、压力、位移、加速度等作用下移动时,空气间隙有一定改变量 $\Delta\delta$。由于磁路中气隙的磁阻发生了变化,从而引起线圈的电感变化 ΔL。根据电感的定义,线圈的电感量可近似为:

$$L = \frac{KS}{\delta} \quad (5\text{-}16)$$

式中:K——常数,$K = \frac{N^2 \mu_0}{2}$;

N——线圈匝数;

μ_0——真空磁导率。

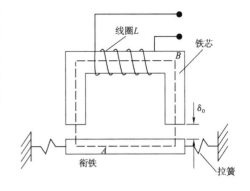

图 5-4 简单自感式传感器

由此可见,电感量与空气隙长度 δ 成反比,与气隙横截面面积 S 成正比,从而有变间隙式与变面积式两种结构形式的闭磁路自感式变换器。

1) 变间隙式自感传感器

当衔铁移动使空气隙减小了 $\Delta\delta$ 时,电感将有一增量 ΔL,根据式(5-16),有:

$$L_0 + \Delta L = \frac{KS}{\delta_0 - \Delta\delta} = \frac{L_0}{1 - \frac{\Delta\delta}{\delta_0}} \quad (5\text{-}17)$$

式中:δ_0——空气隙初始间隙;

L_0——线圈初始电感值。

由式(5-17)可知,L 与 δ 之间是非线性关系。为了减小非线性误差,实际测量中广泛采用差动变间隙式传感器。

变间隙式电感传感器的灵敏度高,但其灵敏度随气隙的增大而减小;非线性误差大,在使用中,为减小非线性误差,量程必须限制在较小的范围内,一般为气隙的 1/5 以下。同时,这种传感器制作难度比较大。

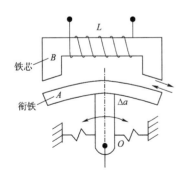

图 5-5 角位移变面积式自感式传感器

2) 变面积式自感传感器

图 5-5 所示为角位移变面积式自感式传感器示意图。角位移 $\Delta\alpha$ 为输入量,引起衔铁 A 与铁芯 B 之间气隙磁通截面积变化 ΔS:

$$\Delta L = \frac{K}{\delta_0} \Delta S \quad (5\text{-}18)$$

变面积式自感式传感器在忽略气隙磁通边缘效应的条件下有理想的线性关系,因此,可望得到较大的线性范围。但是与变气隙式自感式传感器相比,其灵敏度降低,但其为一常数,线性度好,量程较大,应用比较广泛。

3) 差动结构自感传感器

图 5-6a) 和图 5-6b) 均为差动结构自感式传感器示意图。当有被测量 Δx 作用时,其上下气隙 δ_1、δ_2 的长度分别由初始的 δ_0 变为 $\delta_1 = \delta_0 + \Delta\delta$,$\delta_1 = \delta_0 - \Delta\delta$,从而使线圈 1、线圈 2 的电感发生变化,即:

$$\left.\begin{aligned} L_1 &= L_0 - \Delta L = \frac{KS}{\delta_0 + \Delta\delta} \\ L_2 &= L_0 + \Delta L = \frac{KS}{\delta_0 - \Delta\delta} \end{aligned}\right\} \tag{5-19}$$

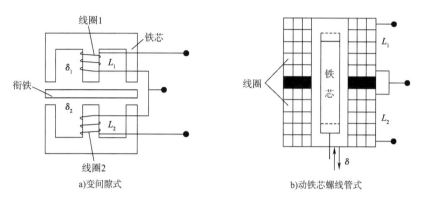

a) 变间隙式　　　　　　　　　b) 动铁芯螺线管式

图 5-6　差动结构自感式传感器

对上式进行运算,得:

$$\frac{\Delta L}{L_0} = \frac{L_2 - L_1}{L_2 + L_1} = \frac{\Delta\delta}{\delta_0} \tag{5-20}$$

则有间隙的改变量 $\Delta\delta/\delta_0$ 与 $\Delta L/L_0$ 有理想的线性关系。测量电路的任务是将此式转换为电压或电流。

2. 互感式传感器

互感式传感器又称为变压器式传感器,它与自感式传感器的不同之处在于互感式传感器是先把被测非电量的变化转化成线圈相互的互感量的变化,然后再经过变换,成为电压信号输出。

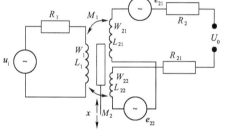

图 5-7　变压器式变换器等效电路

其等效电路如图 5-7 所示。图 5-7 中 W_1 为变压器初级线圈,有效电阻和线圈电感分别为 R_1、L_1; W_{21} 与 W_{22} 为结构参数相同的两个次级线圈,相应的有效电阻和线圈电感分别是 R_{21}、L_{21} 与 R_{22}、L_{22}。当初级线圈输入交流电压 u_i 激励时,根据变压器工作原理,在两个次级线圈中会产生感应电势,分别为 e_{21} 和 e_{22}。

$$\left.\begin{aligned} e_{21} &= -j\omega M_1 \dot{I}_1 \\ e_{22} &= -j\omega M_2 \dot{I}_1 \end{aligned}\right\} \tag{5-21}$$

式中:M_1、M_2——初级线圈 W_1 与次级线圈 W_{21}、W_{22} 的互感;

$\dot{I}_1$——初级线圈交流电流复数值;

ω——初级线圈激励电压角频率。

3. 电感式传感器的组成

自感式传感器(变间隙式、变面积式)与相应的弹性元件相配合可以构成相应的位移(线位移、角位移)、压力/压差传感器等。被测参量的变化 Δx 引起弹性元件输出中间变量

($\Delta\delta$、ΔS),由传感器将中间变量转换为自感的变化 ΔL,变压器式传感器输出互感变化 ΔM。它们的组成框图如图5-8所示。电感式位移传感器的分辨率可达 $0.1\mu m$;变压器精密微压差计分辨率可达 0.0196Pa。

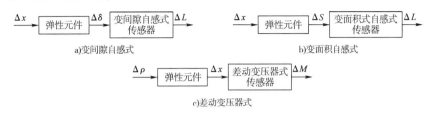

图 5-8 电感式传感器组成框图

电感式传感器结构简单可靠,输出功率大,输出阻抗小,但频率响应低,不宜用于快速测量。

四、电涡流传感器

1. 电涡流传感器的输出形式

电涡流传感器可将输入的被测参量,如厚度、位移、振动、温度等,转换为电量的变化。输出电量的方式可有4种形式:

(1)以等效电感变化作为输出量,这是最常见的一种输出形式。
(2)以等效电阻变化作为输出量。
(3)以等效 Q 值变化作为输出量。
(4)以等效阻抗变化作为输出量。

2. 工作原理

成块的金属在变化着的磁场中或者在磁场中运动时,金属体内会产生感应电动势,形成电流,这种电流在金属体内是自己闭合的,呈类似水涡形状,故称为电涡流。

图5-9a)所示为电涡流作用原理。如果向金属导体正上方的线圈通以角频率为 ω 的正弦交变电流 $\dot{I}_1$ 时,线圈周围空间将产生正弦交变磁场 H_1,置于此磁场中的金属导体中就会产生电涡流 $\dot{I}_2$,而此电涡流也将产生交变磁场 H_2。H_2 与 H_1 方向相反,从而使线圈的有效阻抗发生变化。要精确地列出线圈阻抗与各项参数的关系是比较困难的。

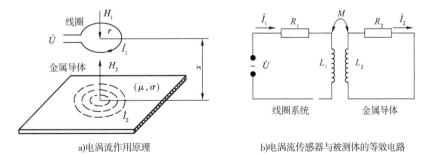

a)电涡流作用原理　　b)电涡流传感器与被测体的等效电路

图 5-9 电涡流原理及其等效电路

图中,电涡流传感器就是通交流电流 $\dot{I}_1$ 的线圈,该线圈也称传感线圈,其电阻为 R_1,电感为 L_1;金属导体的电涡流 $\dot{I}_2$ 等效为在一短路线圈中的短路电流。短路线圈的电阻与电感

分别是 R_2 和 L_2。传感器与短路线圈之间靠互感 M 耦合,互感系数 M 随相互距离 x 的减小而增大。

利用这种电涡流效应把距离 x 的变化变换为电量的变化,从而可做成用于测量位移、振幅、厚度等的传感器。

电阻 R_1、R_2 分别与传感线圈、金属导体的电导率有关,电导率 σ 是温度的函数,故也可以利用这种电涡流效应把电导率的变化转换为电量的变化,从而做成测量表面温度、电解质浓度、材料判别等的传感器。

传感线圈的电感 L_1 与金属导体的磁导率 μ 有关,可以利用这种电涡流效应把磁导率的变化变换为电量的变化,从而做成测量应力、硬度等的传感器。

利用 x、μ、σ 的综合影响,可以做成材料无损探伤用传感器。

五、电参数型传感器的应用

前已述及,电参数型传感器将感受的输入被测量转换为电参数电阻、电容、电感的变化,若再配上适当的敏感元件就可以实现多种非电量的测量。表 5-1 列出了电参数型传感器的分类,以及可实现测量的非电量参数。

电参数型传感器的分类及可测量的非电量参数　　　　表 5-1

传感器分类	传感原理	传感器名称	典型应用
电阻式	移动电位器触点改变电阻	电位器	位移、压力
	改变电阻丝或片的几何尺寸	电阻丝应变片	位移、力、力矩、应变
	改变半导体硅的电阻率(压阻效应)	半导体压阻元件	压力、加速度
	利用电阻的温度物理效应(电阻温度系数)	热丝计	气流流速、液体流速
		电阻温度计	温度、热辐射
		热敏电阻	温度
	利用电阻的光敏物理效应	光敏电阻	光强
	利用电阻的湿敏物理效应	电阻湿度计	湿度
电容式	改变电容几何尺寸	电容式压力计	位移、压力
		电容式微音器	声强
	改变电容介质的性质和含量	电容式液面计	液位、厚度
		含水量测量仪	含水量
电感式	改变磁路几何尺寸、导磁体位置来改变传感器电感	电感传感器	位移、压力
	利用压磁物理效应	压磁计	力、压力
	改变互感	差动变压器	位移、压力
	电涡流效应	涡流传感器	位移、厚度
频率式	利用改变电的或机械的固有参数来改变谐振频率	振弦式压力传感器	压力
		振筒式气压传感器	气压
		石英晶体谐振传感器	压力、温度

六、参数型传感器常用信号调理电路

在输入信号的作用下,参数型传感器的输出量是电阻、电容、电感的改变量,因此,能够实现对电阻、电容、电感电参数测量的电测方法与测量电路均可被利用来作为参数型传感器配接的信号调理电路。下面仅介绍恒流源供电测量电压降法、电桥法调制与解调。

1. 恒流源供电测量电压降法

单恒流源供电测量电压降法(单端接地、单极性输出)线路图如图 5-10 所示。当对电阻式传感器用恒流源 I_0 供电时,传感器中电阻传感器的电阻参量 R_T 将随输入的被测量 Δx 而变。只要测得传感器两端的电压降 U_{RT},则 R_T 可由下式求得:

$$R_T = \frac{U_{RT}}{I_0} \quad (5-22)$$

电压 U_{RT} 为一端接地的单极性电压,若直接后接数据采集卡,应选用单端接地,单极性输入模式或后接单端输入电压放大器。

图 5-10 恒流源供电测量电压降法(单端接地、单极性输出)

2. 电桥法

电桥是将电阻、电感、电容或阻抗参量的变化转换为电压或电流输出的一种测量电路,由于电路简单,并具有较高的精确度和灵敏度,因此被广泛使用。按照其激励电源的性质,可分为直流与交流电桥;按照输出方式,可分为平衡式电桥与不平衡式电桥。对于电阻式传感器,既可采用直流电桥,也可采用交流电桥。对于电感、电容式传感器或阻抗式传感器(如电涡流传感器),则应配用交流电桥。与传感器配接的电桥主要采用不平衡电桥。

1)电桥的基本工作原理

图 5-11 是电桥的基本形式。Z_1、Z_2、Z_3、Z_4(若是直流电桥则为电阻)为 4 个桥臂阻抗。A、C 两端接电源,图 5-11a)和图 5-11b)所示电路分别采用电压源 E 和恒流源 I 供电,则在 B、D 两端输出不平衡电压 U 分别为:

$$U = U_{AB} - U_{AD} = \frac{Z_1 Z_4 - Z_2 Z_3}{(Z_1 + Z_2)(Z_3 + Z_4)} E \quad （电压源供电） \quad (5-23)$$

$$U = U_{AB} - U_{AD} = \frac{Z_1 Z_4 - Z_2 Z_3}{Z_1 + Z_2 + Z_3 + Z_4} I \quad （恒流源供电） \quad (5-24)$$

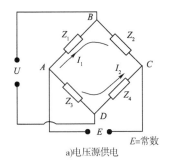
a)电压源供电

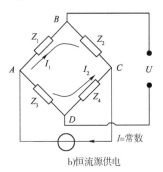
b)恒流源供电

图 5-11 电桥电路

2)直流电桥

直流电桥的桥臂是由电阻构成的,故可将电阻参量的变化转换为输出电压的变化,

图 5-12 为其示意图。在传感器内部桥路已经连好。它的输入电阻 R_i 即从供电端向里看在 AC 两端呈现的等效电阻,在输出端 B、D 开路的条件下就等于桥臂电阻 R;它的输出电阻 R_o,即从输出端向里看在 B、D 两端呈现的等效电阻,不论采用电压源供电(相当于 A、C 短路)还是恒流源供电(A、C 开路),也等于桥臂电阻 R。直流电桥应后配双端浮地差动放大器,如图 5-13 所示。其放大倍数 K 由电阻 R_G 调节。

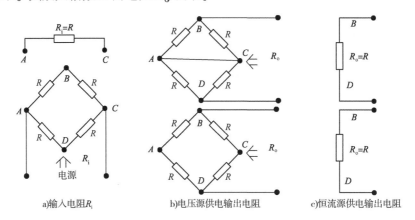

a)输入电阻R_i　　b)电压源供电输出电阻　　c)恒流源供电输出电阻

图 5-12　等臂电桥的等效输入电阻与输出电阻

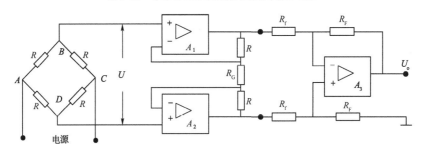

图 5-13　直流电桥、双端输入高输入阻抗两级差动放大器

第三节　电量型传感器

电量型传感器的输出量是电量(电压、电流、电荷),如电压式、热电式、磁电式、光电式传感器,它不需外加激励电源就能输出反映被测对象状态参量的电量信号,属于能量转换型传感器;另一些输出电量的电量型传感器,如霍尔式输出霍尔电势,属于能量控制型传感器。

一、磁电感应式传感器

磁电感应式传感器简称感应式传感器,也称电动式传感器,是典型的能量转换型传感器。

根据电磁感应定律,对于一匝数为 N 的线圈,当穿过该线圈的磁通 Φ 发生变化时,其感应电势为:

$$e = -N\frac{\mathrm{d}\Phi}{\mathrm{d}t} \tag{5-25}$$

可见,线圈中感应电势 e 的大小,取决于匝数 N 和穿过线圈的磁通变化率 $\dfrac{\mathrm{d}\Phi}{\mathrm{d}t}$。磁通变化率与磁场强度、磁路磁阻及线圈的运动速度有关,故若改变其中一个因素,将会改变线圈的感应电动势 e。因此,磁电式变换器配备不同的力学结构就可以组成测量不同物理量的磁电式传感器,其基本结构主要有两种形式:变磁通式与恒定磁通式。

1. 变磁通式

变磁通式也称磁阻式,在这种结构中线圈与磁铁之间没有相对运动,由运动着的被测物体(导磁材料)改变磁路的磁阻引起磁通量变化,从而在线圈中产生感生电势。如图 5-14 所示的永久磁铁及缠绕其上的线圈组成此种变换器,本身也是传感器。图 5-14a)所示为频数传感器,当齿轮旋转时,在线圈中感应出交流电势 e,其频率便等于齿轮的齿数和转速的乘积;图 5-14b)所示为转速传感器,转数与感应电势 e 的脉冲数相等,故对感应电势 e 的脉冲进行计数则可知转速;图 5-14c)所示为偏心度测量传感器;图 5-14d)所示振动速度测量传感器。

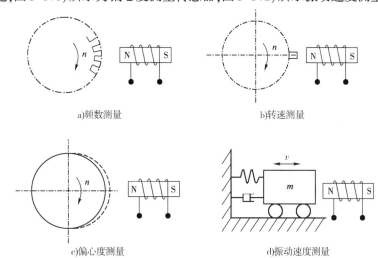

图 5-14 变磁通式结构的几种应用形式

2. 恒定磁通式

恒定磁通式有两种结构:图 5-15a)所示为动圈式,图 5-15b)所示为动铁式。在这种结构中,线圈与磁铁间存在相对运动,相对运动使线圈切割磁力线产生与相对速度 v 成比例的感应电势 e。

图 5-15a)中传感器的磁路系统由圆柱形永久磁铁和极掌、筒形磁轭及圆筒形空气隙组成。空气隙中的磁场在同一半径的圆柱面上是均匀分布的,线圈绕在圆筒形骨架上,粘贴在弹簧上,并置于空气隙中。当线圈以速度 v 相对磁场运动时,每匝线圈都以速度 v 垂直切割磁力线运动,从而在线圈中产生感应电势 e,并由下式计算:

$$e = Bl_a Nv = Kv \tag{5-26}$$

式中:K——线速度型灵敏度常数,$K = NBl_a$;

B——空气隙中线圈所在处磁场的磁感应强度;

l_a——单匝线圈的平均周长;

N——处于空气隙磁场中线圈的有效匝数;

v——沿轴向线圈与磁铁的相对速度。

式(5-26)说明,当 N、B、l_a 均为常数时,感应电势 e 与线圈运动的线速度 v 成正比,因此,可以构成线速度传感器。

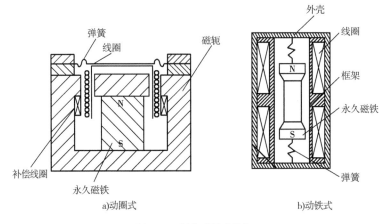

图 5-15　恒定磁通式结构

二、压电式传感器

压电式传感器是一种典型的无源传感器,它不需要外加电源,自身就能把机械能转变为电能。

1. 压电效应

压电效应是指某些电介质,沿一定方向受外力(压力或拉力)作用时,不仅发生形变,而且在其某两个相对表面上产生符号相反数值相等的电荷。当去掉外力后,电介质又重新回到不带电状态的一种物理效应,这种现象称正压电效应。所受的作用力 F 越大则机械形变 x 越大,所产生的电荷 Q 越大。比例系数 $D = F/Q$ 为压电常数,它与机械变形方向有关,对一定材料沿一定方向则为常量。受力产生电荷 Q 的极性取决于变形的形式。

压电效应是可逆的,它是正压电效应和逆压电效应的总称。习惯上把正压电效应称为压电效应。

具有压电效应的材料称压电材料,共分为三类:压电晶体,如石英等;压电陶瓷,如钛酸钡、锆钛酸铅等;高分子压电材料,如聚偏二氟乙烯(PVF_2)。

压电材料的主要特性参数如下。

(1)压电常数 D:表示产生电荷 Q 与作用力 F 之间的关系,即机电转换性能。

(2)弹性模量 k:表示压电元件的刚度。k 大即刚度大,可获得高的固有振动频率。

(3)电阻率 ρ:当 ρ 较大时,压电元件具有高内阻,净减小电荷泄露;ε_r 大,则传感器固有电容大,参数 ρ 与 ε_r 将影响传感器频率下限。

(4)居里点:在此温度时,压电材料的压电性能将破坏。居里点高,可得到宽的工作温度范围。

石英晶体是一种性能优良的压电晶体,它具有性能稳定、温度系数好、固有振动频率高、动态响应好、机械强度高、绝缘性能好、迟滞小、重复性好和线性范围宽等一系列优点。它的不足之处在于压电常数较小。因此,常选用石英晶体制作标准传感器、高精度传感器或使用温度较高的传感器(但不能超过500℃,居里点温度为573℃)。

与石英晶体正好相反,压电陶瓷的压电常数较大,是石英晶体的好几倍,但稳定性较差,在一般工业测量中得到广泛使用。高分子压电材料的压电常数极大,是压电陶瓷的10倍,在 10^{-5}Hz ~ 500MHz 频率范围内具有平坦的响应特性,机械强度高,易加工,价格便宜。

2. 压电变换器的等效电路

当压电晶体片受力变形时,在晶体片的两个表面上聚集等量的正、负电荷,晶体片两表面相当于一个电容的两个极板,两极板间的物质等效于一种介质,因此,压电晶体片相当于一只平行板电容器,其电容量 C_a 为:

$$C_a = \frac{\varepsilon S}{d} \tag{5-27}$$

式中:S——压电片面积;

d——压电片厚度;

ε——压电材料的介电常数。

尽管压电材料是电介质,致使其内阻 R_g 很高,但它不可能无穷大,故必须考虑。这样可以把压电变换器等效为一个电压源 $U_a = Q/C_a$ 和一个有泄漏电阻 R_g 的电容 C_a 串联的电路,如图 5-16a)所示;也可等效为一电荷源 Q 与一个有泄漏电阻 R_g 的电容 C_a 的并联电路,此时,该电容为一电荷发生器,如图 5-16b)所示。

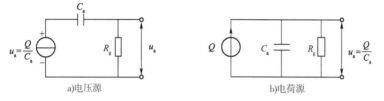

图 5-16 压电传感器的等效电路

3. 压电式传感器的应用举例

1) 压电式力传感器

如图 5-17 所示,被测力 F 通过钢球及钢板 A 和 B 传递给并联的两石英片 E_1 和 E_2,石英片受压后产生的电荷由导杆 C 与传感器壳体引出,接入电路(电荷或电压放大器)。

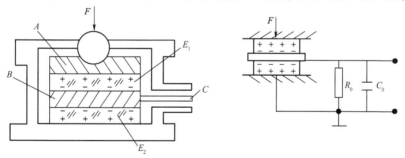

图 5-17 压电式力传感器

根据压电效应,在晶体片上积聚的电荷量 Q 与作用力 F 成正比,即:

$$Q = DF \tag{5-28}$$

式中:Q——电荷量(C);

D——压电常数(C/N),与压电材料及切片方向有关;

F——作用力(N)。

2) 压电式压力传感器

如图 5-18 所示,压电元件由两片压电晶体片并接。两根引出线中的一根接至两压电片中间的金属片,另一根直接与基座相连。压电片上面放质量块通过一个硬弹簧压紧在一个相当厚的金属壳体上。

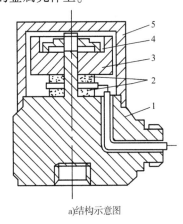 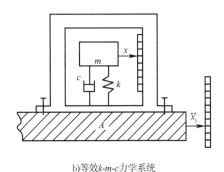

a) 结构示意图　　　　　　　　b) 等效 k-m-c 力学系统

图 5-18　压缩式压电加速度计结构图
1-基座；2-压电晶体片；3-质量块；4-弹簧；5-壳体

绝对振动加速度 $\ddot{x}_1$ 的测量功能是由两个组成环节实现的。

(1) 压电式变换器。压电式变换器实现质量块 m 相对基座位移 x 的检测。

(2) k-m-c 力学系统。将外壳相对地球的绝对振动加速度 $\ddot{x}_1$ 转换成质量块 m 相对基座的位移 x，力学系统是典型二阶系统。

(3) 实现测量绝对加速度 $\ddot{x}_1$ 的条件。应将传感器基座固定在被测物体上与被测物体一起作振动加速度 $\ddot{x}_1$ 的振动。当振动角频率 $\omega \ll \omega_0$ 时，幅值比为：

$$\left|\frac{x}{\ddot{x}_1}\right| = |H_a(j\omega)| \quad （常量） \tag{5-29}$$

这时，质量块 m 相对基座的位移 x 就正比于振动体的绝对加速度 $\ddot{x}_1 = \dfrac{d^2 x_1}{dt} \propto x$，即引起压电元件的压缩变形量，从而产生电荷 Q 正比于绝对加速度 $\ddot{x}_1$：

$$Q = DF = DGx \propto DG\ddot{x}_1 \tag{5-30}$$

式中：Q——电荷量；

　　　D——压电常数；

　　　G——压电元件刚度系数；

　　　x——压电元件压缩变形量。

故测量绝对加速度的条件是被测信号频率要远小于力学系统的固有谐振频率，即 $\omega \ll \omega_0$。为了使加速度传感器有宽的频带，应使 $\omega_0 = \sqrt{k/m}$ 尽量大，故需要采用刚度系数 k 极大的硬弹簧和相对轻的质量块 m。由于阻尼比 ζ 极小（0.01~0.04），故一般上限工作频率为 $\omega_0/5$。实际传感器幅频特性平直段不可能维持到 $\omega = 0$，因此不能测直流信号，这主要决定于压电元件两极上产生的电荷泄漏情况。减小泄漏的措施是：各零件安装前仔细清洗和干燥，以减小沿面漏电和采用高输入阻抗测量电路。

三、热电式传感器

热电式传感器利用热电效应将被测物理量（温度）直接转换为电势，它属于一种能量转换型传感器。最典型的热电式传感器是热电偶。热电偶是应用最为广泛的测温手段。

将两种不同的金属导体 A、B 串接成一个闭合回路,如图 5-19a)所示。当两个结点处于不同温度($T \neq T_0$)时,导体在回路中产生热电势和相应的热电流,这一现象称为热电效应或称温差电效应。当回路断开时,断开处的电压差就等于热电势,如图 5-19b)所示,热电势大小与构成热电偶的材料以及两节点的温差有关:

$$E_{AB}(T, T_0) = \alpha(T - T_0) + \beta(T - T_0)^2 + \cdots \tag{5-31}$$

式中:$E_{AB}(T, T_0)$——由 A、B 两种材料组成的热电偶,结点温度为 T、T_0 时的热电势。

α、β…——多项式系数,对于 A、B 材料一定时为一常量。

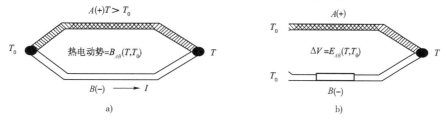

图 5-19 热电效应示意图

热电动势是由两种导体的接触电动势和单一导体的温差电动势所组成的。热电动势的大小与两种导体材料的性质及节点温度有关。

1. 接触电动势

由于不同的金属材料所具有的自由电子密度不同,当两种不同的金属导体接触时,在接触面上就会产生电子扩散。电子的扩散速率与两导体的电子密度有关并和接触去的温度成正比。设导体 A 和 B 的自由电子密度为 N_A 和 N_B,且有 $N_A > N_B$,电子扩散的结果使导体 A 失去电子带正电,导体 B 则因获得电子带负电,在接触面形成电场。这个电场阻碍了电子继续扩散,达到动态平衡时,在接触面形成一个稳定的电位差,即接触电动势,其大小可表示为:

$$e_{AB}(T) = \frac{kT}{e} \ln \frac{N_A}{N_B} \tag{5-32}$$

式中:$e_{AB}(T)$——导体 A、B 的节点在温度 T 时形成的接触电动势;

e——电子电荷,$e = 1.6 \times 10^{-19}$C;

k——波尔兹曼常数,$k = 1.38 \times 10^{-23}$J/K。

2. 单一导体的温差电动势

对于单一导体,如果两端温度不同,在两端间将会产生电动势,即单一导体的温差电动势,这是由于导体内自由电子在高温端具有较大的动能,因而向低温端扩散的结构。高温端因失去电子而带正电,低温端由于获得电子而带负电,在高、低温段两端之间形成一个电位差。温差电动势的大小与导体的性质和两端的温度有关,可表示为:

$$e_A(T, T_0) = \int_{T_0}^{T} \sigma_A dT \tag{5-33}$$

式中:$e_A(T, T_0)$——导体 A 两端温度为 T、T_0 时形成的温差电动势;

T、T_0——高、低温端的绝对温度;

σ_A——汤姆逊系数,表示导体 A 两端的温差为 1℃时所产生的温差电动势。

有关热电偶回路的几点结论如下:

(1)如果构成热电偶的两个热电极为材料相同的均质导体,即 $\sigma_A = \sigma_B$、$N_A = N_B$,则无论两节点温度如何,热电偶回路的总热电动势为零。因此,热电偶必须采用两种不同的材料作为热电极。

(2)如果热电偶两节点温度相等,即 $T = T_0$,即尽管导体 A、B 的材料不同,热电偶回路的总电动势亦为零。

(3)热电偶 A、B 的热电动势与 A、B 材料的中间温度无关,只与节点温度有关。

四、霍尔式传感器

霍尔式传感器是基于霍尔效应原理,将被测量,如电流、磁场、位移、压力、压差、转速等,转换成电动势输出的一种传感器,是一种能量控制型传感器。

1. 霍尔效应

将一块金属导体或半导体薄片放在磁场中(图5-20),沿垂直于磁场的方向上通以电流 I,在垂直于电流和磁场的方向上,所组成的两个侧面将产生电动势,这种物理现象称为霍尔效应。产生电动势的原因是,运动着的电子在磁场中将受到洛仑兹力的作用而发生偏转,在垂直 x 轴的两侧面间形成电压 U_H,该电压称为霍尔电压。具有上述霍尔效应的元件称为霍尔元件。

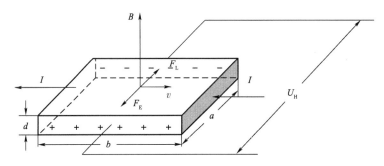

图 5-20 霍尔效应示意图

在图 5-20 中,构成电流 I 的电子均以速度 v 按照图示方向运动,那么在磁场 B 的作用下,所受的洛仑磁力 F_L 为:

$$F_L = evB \tag{5-34}$$

式中:e——电子电量,$e = 1.6 \times 10^{-19} \text{C}$;

B——磁场的磁感应强度;

v——电子运动速度。

因此,在垂直于 x 轴的两个侧面必然有电荷积累,从而形成电场 E,该电场对电荷 e 又附加一个与洛仑兹力 F_L 相反的电场力 F_E 阻止电子的偏转运动:

$$F_E = -Ee \tag{5-35}$$

直至 $F_L = F_E$ 达到动态平衡,垂直 x 轴两侧面的累积电荷形成稳定的电势 U_H:

$$U_H = Ea \tag{5-36}$$

于是有 $U_H = avB$。

设薄片长、宽、厚分别为 b、a、d,又电流密度 $j = -nev$,n 为电子浓度,因为 $I = jad = -nevad$,于是 $av = -I/ned$,并代入式(5-36),则有:

$$U_H = -\frac{IB}{ned} = \frac{R_H}{d}IB = k_H IB \tag{5-37}$$

式中：R_H——霍尔系数 $R_H = -1/ne$；

　　　k_H——比例常数，$k_H = R_H/d$。

由式(5-37)可见，霍尔元件应很薄，通常是厚度为 μm(微米)级的薄片，因为金属导体的电子浓度 n 很大，故霍尔系数 R_H 值很小，产生的霍尔电势 U_H 很小，故一般霍尔元件由半导体 N 型材料制作。

2．霍尔元件及其主要特性参数

基于霍尔效应制作的霍尔变换器一般称为霍尔元件或霍尔器件，如图 5-21 所示。它由霍尔片、4 根引线和壳体组成。霍尔片是一块矩形半导体单晶薄片，尺寸一般为 4mm×2mm×0.1mm，通常为红色的两个引线 A、B，称为控制电流(I)引线；薄片另两侧中间以点的形式对称焊有 C、D 两个绿色引线，为霍尔电势 U_H 输出线。

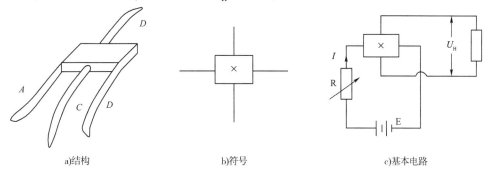

a)结构　　　　　　b)符号　　　　　　c)基本电路

图 5-21　霍尔元件

霍尔元件的主要特性参数如下。

(1)额定控制电流 I_H：使霍尔片温升 10℃ 所施加的控制电流值，受限于散热条件下的允许最高温升值。

(2)输入电阻 R_i：指控制电流极间的电阻值。

(3)输出电阻 R：指霍尔电势输出极之间的电阻值。

(4)不等位电势 U_{H0} 与不等位电阻 r_0：不等位电势又称零位电势，是当控制磁感应强度为零($B=0$)，控制电流为额定值 I_H 时，霍尔电极间空载($R_L = \infty$)输出的霍尔电势 U_{H0}。不等位电势产生的主要原因是制造工艺不可能保证 C、D 两电极完全绝对对称地焊接在等电位面上。一般要求 $U_{H0} < 1\text{mV}$。必要时应予以补偿。不等位电阻 r_0 是不等位电势 U_{H0} 与额定控制电流 I_H 之比：

$$r_0 = \frac{U_{H0}}{I_H} \tag{5-38}$$

式中：U_{H0}——零位电势；

　　　r_0——零位电阻。

零位电势及零位电阻都是在直流下测得的。

(5)寄生直流电势：当控制磁场为零，控制电流用额定交流电流时，霍尔电极间的空载电势为直流电势与交流电势之和。在此情况下，直流电势称为寄生直流电势，交流电势称为交流不等位电势。产生交流不等位电势原因与不等位电势相同，而寄生直流电势的产生原因是电极与基片间非欧姆接触，以及两个霍尔电极焊点大小不同而导致的直流温差电势。

(6)霍尔电势温度系数及电阻温度系数:在磁感应强度及控制电流恒定情况下,温度变化1℃相应霍尔电势、电阻值变化的百分率,通常在$(10^{-2} \sim 10^{-4})/℃$量级,必要时应进行温度补偿。

3. 霍尔线位移传感器

传感器结构原理示意图如图5-22所示。假设磁场只均匀集中在磁极气隙中,并且无边缘效应。霍尔元件在x方向上的长度为b时,则当在控制电流I作用下,产生的霍尔电势与霍尔元件的位移Δx有如下关系:

$$U_H = k_H I B \frac{x_0 + \Delta x}{b} \tag{5-39}$$

式中:x_0——霍尔元件在极下气隙中的初始长度,实际使用的传感器常做成差动式结构,如图5-22b)所示。

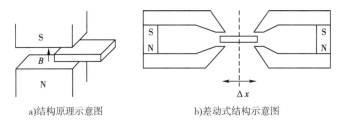

a)结构原理示意图　　b)差动式结构示意图

图5-22　霍尔线位移传感器

以霍尔片作为变换器,配以相应的力学机械结构,将压力、差压、加速度等参量转换为位移Δx,可以构成各种测量非电参量的霍尔式压力、压差、加速度等的传感器。

第四节　频率输出型数字传感器

一、计量光栅计数型数字传感器

光栅是基于利用莫尔条纹现象的一种计量光栅式频率计数型数字传感器。根据用途不同,可分为透射式和反射式,主要用于精密测量线性位移——长光栅,精密测量角位移——圆光栅。下面主要介绍透射式计量光栅位移传感器。

1. 透射式计量光栅的结构

透射式计量光栅的基本元件是光栅(运动光栅)和指示光栅(固定光栅),它们在一块长条形光学玻璃上被均匀刻上许多明暗相同、宽度相等的刻度。常用的光栅每毫米有10、25、50、100和250条刻度。通常刻线宽度a与间隙宽度b相等,称$W = a + b$为栅距,故有$a = b = W/2$。

若将主光栅与指示光栅叠合在一起,并使它们的刻线之间成一个很小的交角θ(图5-23),由于遮光效应,两块光栅的刻线相交处形成亮带,而在一块光栅的刻线与另一块光栅间隙相交处形成暗带。在与光栅刻线垂直的方向,则出现周期性的明暗相间的条纹,这些条纹就称为莫尔条纹。莫尔条纹的间距B与栅距W和夹角θ有如下关系:

$$B = \frac{W/2}{\sin(\theta/2)} \approx \frac{W/2}{\theta/2} = \frac{W}{\theta} \tag{5-40}$$

可见，两光栅刻线交角 θ 越小，则莫尔条纹间距 B 越大。

2. 透射式计量光栅的工作原理

莫尔条纹与两光栅刻线间的夹角 θ 的平分线 EF 近似垂直，当两块光栅保持交角 θ 不变而相对移动时，莫尔条纹将沿着刻线方向移动。光栅移动 $W/2$ 栅距时，莫尔条纹由亮条纹变为暗条纹或由暗条纹变为亮条纹，光栅再移动 $W/2$ 栅距时，莫尔条纹"亮""暗"又交替一次。故光栅移动一个栅距 W 时，莫尔条纹也移动一个间距 B。在图 5-23c)中，斜线 gh 右边与左边的莫尔条纹分别表示两光栅移动 $W/2$ 栅距前后的莫尔条纹。

如果指示光栅固定不动，主光栅相对指示光栅移动代表被测位移，那么每移动一个栅距 W，莫尔条纹移动一个间距，这意味着在指示光栅后的光电检测器接收到一个光脉冲的照射，并相应输出一个电脉冲。通过计数电脉冲的数目 n，就可知被测位移移动的距离 x：

$$x = nW \tag{5-41}$$

式中：n——电脉冲的数目，也即光脉冲数。

由式(5-41)可知，只要保持光栅刻线交角 θ 足够小，就能获得足够大的、放大了的莫尔条纹间距 $B \gg W$。因此，通过读出莫尔条纹的数目即光脉冲数目测量被测位移 x，比读光栅刻线要方便得多。这实质上相当于将一个微小的、光栅间距 W 数量级的微小位移，放大 $1/\theta$ 倍后再进行读数。

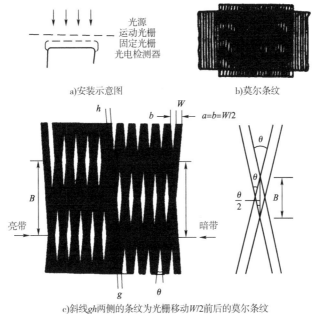

a)安装示意图　　b)莫尔条纹

c)斜线gh两侧的条纹为光栅移动W/2前后的莫尔条纹

图 5-23　透射式计量光栅

二、改变力学系统固有频率型数字传感器

刚度系数为 k，运动部分等效质量为 m 的一维振动力学系统，其固有频率 f_0 为：

$$f_0 = \frac{1}{2\pi}\sqrt{\frac{k}{m}} \tag{5-42}$$

振弦式、振膜式、振筒式频率传感器通常是通过振弦、振膜、振筒或振梁等的固有振荡频率的变化测量被测物理量。现以振弦式传感器为例介绍这种传感器。

1. 一个张紧的金属丝的固有频率

已知一根张紧的丝(图 5-24)的横向刚度系数 k 为：

$$k = \frac{\pi^2 F_0}{l} \tag{5-43}$$

式中：F_0——张紧的金属丝的预紧力；
　　　l——金属丝的有效长度。

质量 m 为：

$$m = l\rho_l \tag{5-44}$$

式中：ρ_l——单位长度金属丝的质量，又称线密度。

将式(5-42)、式(5-43)代入式(5-44)，则有：

$$f_0 = \frac{1}{2l}\sqrt{\frac{F_0}{\rho_l}} \tag{5-45}$$

当振弦确定后，l 与 ρ_l 为确定的常量，那么，振弦的固有振动频率 f_0 就由张力 F_0 决定。因此，根据振弦的固有振动频率，可以测量力、位移、压力等与张力有关的物理量。由此构成的传感器则是将输入的被测力、位移、压力等转换为振弦的固有频率。

2. 恒定磁场中通了电流的张紧金属丝的等效电路

如图 5-25 所示，在磁场 B 中，通以电流 i 的一根长为 l 的直导线可以等效为一个电感 L_e 与电容 C_e 的并联电路。

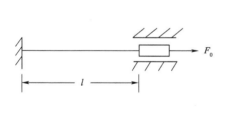

图 5-24　一根张紧的丝

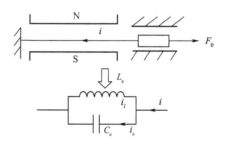

图 5-25　等效电路

3. 应用举例——EJA 型差压压力智能变送器

1) 硅谐振梁结构

硅谐振梁结构示意图如图 5-26 所示。

这种传感器采用半导体微机械加工技术制作感受压力的周边固支圆膜片(又称硅杯)及 H 形谐振梁输出频率的变换器(又称谐振子)。其中,硅谐振梁是单晶硅谐振传感器的核心部分,即在单晶硅芯片上,采用微机械加工技术,分别在其表面的中心和边缘做成两个大小、形状完全一致的 H 形谐振梁。硅杯即周边固支型弹性膜片感受两侧被测压力或压差 ΔP，当 $\Delta P = 0$ 时,弹性膜片上应力分布均匀,两个 H 形谐振子所受应力相同,故它们的固有振动频率相同;当 $\Delta P \neq 0$ 时,弹性膜片上应力分布产生变化,两个 H 形谐振子所在处的应力发生数值相等、符号相反的变化 $\pm\Delta\sigma$,所以二谐振子的固有振动频率也发生差动变化:一个增大 Δf,一个减小 Δf。

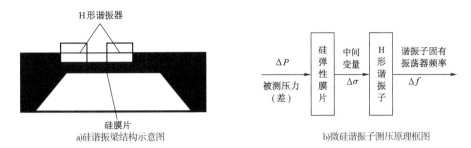

图 5-26　硅谐振梁结构示意图

2)硅谐振梁振动原理

硅谐振器的自激振荡电路如图 5-27 所示。H 形硅谐振梁处于由永久磁铁提供的磁场中,与耦合变压器、放大器等组成一正反馈振荡器,使谐振梁在回路中产生振动。谐振梁的机械振动频率与振荡器的电脉冲频率相等,它们与谐振子的固有频率保持一致。

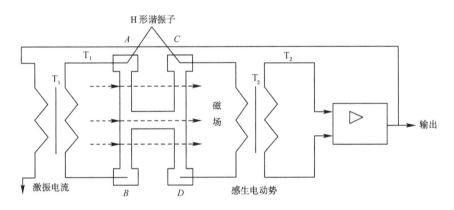

图 5-27　硅谐振器的自激振荡电路
T_1-激励电流输入耦合变压器;T_2-感生电势输出耦合变压器

当激振电流注入 H 形谐振梁时,处于磁场中谐振梁受磁场作用而运动(遵循楞次定律),于是 H 形谐振梁切割磁力线产生感生电动势,经放大器放大后输入微处理器。感生电动势的频率就是谐振梁振动频率。振荡器中放大器的输出脉冲频率,即振荡器的振荡频率等于谐振子的固有频率。因此,当被测压力或压差发生变化 ΔP 时,将引起硅膜片应力发生变化,从而引起 H 形谐振子的固有频率发生变化,于是输出的电脉冲频率也发生变化。由检测输出电脉冲频率的变化就可以检测被测压力或压差。

第五节　放　大　器

一、测量放大器

在测控系统中,用来放大传感器输出的微弱电压信号的放大器被称为测量放大器,也称仪用放大器。

测量放大器的基本要求是：测量放大器的输入阻抗应和传感器输出阻抗相匹配；具有稳定的放大倍数；低噪声、低漂移；具有足够的带宽和转换速率；高共模输入范围、高共模抑制比；可调的闭环增益；线性好、精度高；使用方便、成本低廉。

1. 测量放大器原理图

用3个运算放大器组成的测量放大器的电路原理图如图5-28所示。

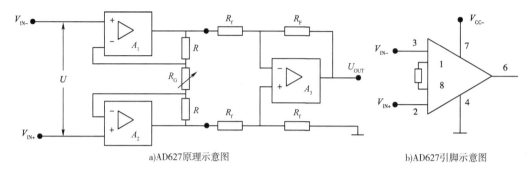

a) AD627原理示意图　　　　　　　　　　　　　　b) AD627引脚示意图

图5-28　由3个运算放大器组成的测量放大器

该电路的特点是：差动输入端 IN_- 和 IN_+ 分别是两个运放的同相输入端，因此有很高的输入阻抗。采用对称结构且被放大信号可为双端浮地，保证了共模抑制能力。其放大倍数由下式决定：

$$A = \frac{U_{OUT}}{U_{zn+} - U_{IN-}} = \frac{R_F}{R_f}\left(1 + \frac{2R}{R_G}\right) \tag{5-46}$$

R_G 通常是一个多圈电位器，可方便地调整放大倍数。该测量放大器可用于一般场合，如果在精度要求较高的场合，可选用AD公司生产的AD521、AD522、AD623、AD625、AD627集成测量放大器和国产ZF60S型单片集成测量放大器。

2. 测量放大器的应用

测量放大器主要用于对双端浮地信号的放大，如对电桥输出电压、热电偶输出的热电势等信号都可利用测量放大器进行放大。下面以AD522型单片集成测量放大器为例，介绍它的几种用法。

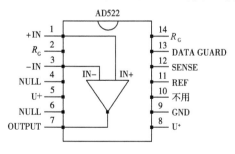

图5-29　AD522管脚功能

AD522的线性度为0.005%（当 $A = 100$ 时），共模抑制比 $K_{CMR} > 100dB$，其管脚引线图如图5-29所示。

AD522用于直流测量电桥的连接方法如图5-30所示，图中的信号地必须和电源地连接，以便为放大器的偏置电流构成回路，REF为参考端必须接地，一般DATA GUARD端接输入引线的屏蔽端，SENSE端直接与输出 U_{OUT} 端相连，其放大倍数 $A = \left(1 + \dfrac{200}{R_G}\right)$。

若被放大信号为交流信号，则可先用隔直电容将放大器的直流通路与信号源隔离。通过电阻 R 为偏置电流提供回路，其接法如图5-31所示。

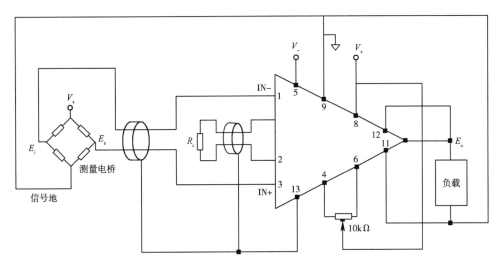

图 5-30　AD522 用于测量电桥的电路

二、程控放大器

1. 可编程增益放大器的原理

可编程增益放大器的增益可通过数字逻辑电路控制。其结构形式多种多样,按所采用的放大器可分为单运放放大器、多运放放大器、测量放大器和单片集成可编程增益放大器;按输入信号可分为模拟式和数字式可编程增益放大电路。

可编程增益放大器的原理如图 5-32 所示。

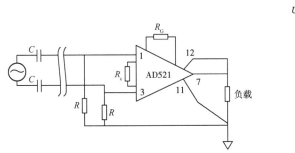
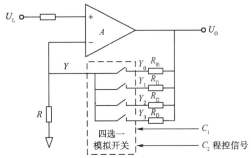

图 5-31　由电容器耦合　　　　　图 5-32　可编程增益放大器的原理图

该电路实际上是一个多挡程控放大器,它通过两位程控信号 C_1 和 C_2 控制模拟开关来切换反馈电阻 R_f,可实现 4 个挡的闭环增益值(R_{f0}/R、R_{f1}/R、R_{f2}/R 和 R_{f3}/R)。

该程控放大器的最大特点是电路简单且容易实现,其闭环增益取决于多路模拟开关所接入的反馈电阻的阻值,通常采用串联权电阻网络或 T 形电阻网络替代反馈电阻 R_f,这样可得到与控制信号二进码同步或幂级数增益的闭环增益。

2. 典型的可编程增益放大器集成芯片 AD526

AD526 是一个单片可软件编程控制放大倍数的放大器,它包含放大器、电阻网络和 TTL 电平控制输入,并且不需要外部组件。AD526 原理图和管脚图如图 5-33 所示。

按照表 5-2 选择控制端,可得到程控的放大倍数。

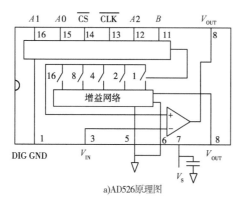
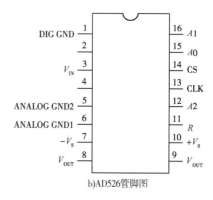

a) AD526原理图　　　　　　　　　　　b) AD526管脚图

图 5-33　AD526 原理图及管脚图

AD526 控制状态表　　　　　　　　　　　　　　　　表 5-2

A2 A1 A0 B0	$\overline{CLK}(\overline{CS}=0)$	放 大 倍 数	状 态
X X X X	1	不变	关
0 0 0 1	0	1	开
0 0 1 1	0	2	开
0 1 0 1	0	3	开
0 1 1 1	0	8	开
1 X X 1	0	16	开
X X X 0	0	1	开
X X X 0	1	1	关
0 0 0 1	1	1	关
0 0 1 1	1	2	关
0 1 0 1	1	4	关
0 1 1 1	1	8	关
1 X X 1	1	16	关

注：表中"X"表示无关，"0"表示低电平，"1"表示高电平。

三、隔离放大器

隔离放大器是一种特殊的放大器，其输入、输出和电源之间没有直接的电路耦合，即信号在传输的过程中没有公共的接地点。其重要特点是能在高噪声环境中高阻抗、高共模抑制比的传输信号，广泛应用于现代测试仪器、自动化设备和现代工业过程控制系统。

1. 隔离放大器原理

隔离放大器由输入放大器、输出放大器、隔离器以及隔离电源等几部分组成，如图 5-34 所示。

输出电压为：

$$u_o = K_{d1} u_d \left(1 + \frac{1}{CMRR_1} \frac{u_c}{u_d}\right) + \frac{u_{ISO}}{IMRR} \tag{5-47}$$

式中：K_{d1}——输入级的差模增益；

　　　u_d——输入端的差模电压；

u_c——相对输入端公共地的输入级共模电压；

u_{ISO}——隔离模电压，指在隔离器两端或输入端与输出端两公共地之间能承受的共模电压，它对误差影响较大，通常额定的隔离峰值电压高达5000V；

$CMRR_1$——输入级的共模抑制比；

$IMRR$——由输入端公共地到输出端公共地的隔离层抑制比。

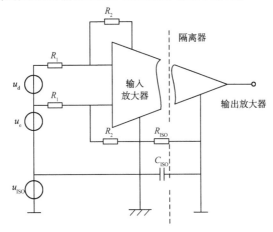

图 5-34　隔离放大电路的基本组成

2. 常用集成隔离放大器 AD202

AD202 是美国 AD 公司的一种通用隔离放大器，它通过变压器对输入、输出信号及各自的电源进行隔离。其原理图如图 5-35 所示。

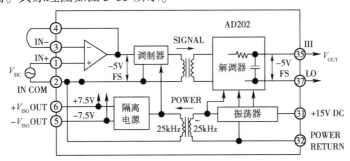

图 5-35　AD202 原理图

该放大器的线性度为 ±0.025%，最大功耗为 75mW，使得 AD202 可应用于有多输入通道和对电源要求比较小的场合。内部输出电源电压 $\pm V_{ISO}$ 为 7.5V，可输出 0.4mA 电流。AD202 主要的管脚说明见表 5-3。

集成隔离放大器 AD202 主要管脚说明　　　　　　　　　表 5-3

管　脚　号	功　能　说　明
1，2	信号输入端
3，4	外接反馈电阻接入端；短路时，放大器的增益为 1
5，6	隔离电源输出（±7.5V），可作为供给信号侧电源
31，32	15V 工作电源
35，37	隔离信号输出端

本章仅分类讨论的测试系统前端部分的基本单元模块及其工作原理,与实际测试工作中使用的模块尚有一定的出入,并且随着技术的发展,将会出现更多、功能更为先进的模块供人们选用,这就需要在实际工作中不断地更新和完善知识,必要时可查阅相关手册和产品说明书。

 本章思考题

1. 为什么说传感器技术是现代化技术重要的基础和前提之一?
2. 未来传感器技术发展的主要方向有哪些?

第六章 测试系统基本单元模块(2)
——数据采集系统

第一节 数据采集系统概述

在现代测试系统中,被测物理量经传感器及相应的调理电路转换为电信号后,必须将该模拟信号转换为计算机系统可分析处理的数字信号。数据采集系统(Data Acquistion System, DAS)就是实现模拟信号与数字信号转换的装置,它是外部被测模拟信号进入测量仪器、系统的必经前置通道。

数据采集系统的量化是指将连续变化的模拟量离散为一系列不同状态;编码则是对每一个离散了的模拟量状态确定一个二进制数字。

一、连续量的时间离散化概念

连续量可用一个连续函数表示,它在有界的时间段及有界的量值范围内取值是连续的。若以 Δt 为时间间隔,测得连续信号 $x(t)$ 在时间 $T = n\Delta t$ 内,n 个离散时刻的取值 $x(t_i)(i=0, 1, 2, \cdots, n)$,则由连续信号函数 $x(t)$ 得到一个在时间上离散化的时间序列 $\{x(t_i)\}$。

二、连续量的幅值量化概念

若以固定量值化 Δx 为量距增量,可将有界的数值 A 分为 m 个量化的量 $x_j(j=0, 1, 2, \cdots, m)$,其中 $x_m = m\Delta x$ 代表数值 A,这样,把连续函数输出量转换为有限阶梯形变化量。计算机测试系统所处理的信号就是这种对模拟信号 $x(t)$ 经过时间上离散化、幅值上量化处理后得到的数字信号。数据采集系统的基本功能就是实现该转换过程。

时间序列 $x(t_i)$ 进行幅值量子化转换时,常常遵循四舍五入原则。如图 6-1 所示,如瞬时值 $x(t_1), x(t_2), x(t_3)$ 均取 $\Delta x, x(t_n) = A$ 由 $m\Delta x$ 表示,显然,转换后的数字信号与原模拟信号之间存在误差。这种连续量由有限间隔 Δx 表示所存在的误差称为量化误差,间距 Δx 越小,则量化误差越小。

例如,欲将满量程为 0~10V 的电压模拟量离散为 8 种不同输出状态,则各分界点的电压应分别是 0V,1.25V,2.5V,3.75V,5V,6.25V,7.5V,8.75V,如图 6-2 所示。相对每一分界点的电压值,可以确定一个二进制编码,它们分别是 000,001,010,011,100,101,110,111。对应各状态的二进制编码不超过 3 位,因此定义该种量化分辨率为 3 位,按该种量化规则确定的 A/D 转换器分辨率也为 3 位。不难确定,8 位分辨率的量化过程可以离散出 256 个不同输出状态,而分辨率为 12 位的量化过程则可离散出 4096 个不同输出状态。

从图 6-2 中还可看出,对于同一个编码,存在一个电压范围,将其记作 Q,其值可由下式计算:

$$Q = \frac{V}{2^n} \tag{6-1}$$

式中：V——信号电压量程；

n——量化分辨率位数；

Q——量化误差。

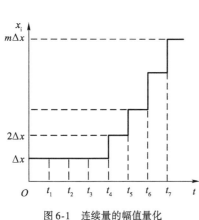

图 6-1 连续量的幅值量化　　　　图 6-2 量化与编码的过程

例如，对于满量程为 5V 的电压信号，若量化过程为 8 位，则 Q 值约为 19.5mV；如果是同样的电压信号，量化过程为 12 位分辨率，则 Q 值约为 1.22mV。Q 值实际上代表了量化过程中可被分辨的电压模拟量的最小差值。

第二节　模拟量数据的采集

为了保证实现试验数据模拟量能够准确、实时地转化成数字量，便于后端处理设备进行相应的数据处理和存储，数据采集系统通常由以下主要部分组成：

(1) 信号调理部分，包括多路转换器、可调增益放大器和抗混叠（淆）滤波器。

(2) 采样/保持部分，采样/保持器（S/H）。

(3) 模数转换部分，A/D 转换器（ADC）和 V/F 变换器。

(4) 数模转换部分，D/A 转换器。

(5) 其他，如定时/计数器、总线接口电路等。

这种数据采集系统也称作 A/D、D/A 卡（板），它可直接插入 IBM-PC AT 总线兼容的计算机内任一总线扩展槽中，结合计算机的软件功能，能够构成各种智能化、虚拟/集成化测量仪器系统。

一、多路转换器（Multiplexer, MUX）

在实时测量与实时控制系统中，被测量的回路往往是几路或几十路。对这些回路的参数进行 A/D 转换时，若采用一个公共的 A/D 电路，就需要利用多路转换器（多路开关），对多路输入信号进行分时切换，输出送至 A/D 转换器，以达到分时的目的。

目前数据采集卡中采用的多路转换器（多路开关）通常是模拟开关。模拟开关理想情况下,开关接通时导通电阻等于零,无附加残余电动势,能不失真地传输模拟信号;开关断开时电阻等于无穷大,无泄漏电流,使各路信号源相互之间以及与数据采集装置之间完全隔离,但实际上并不能彻底实现这一要求。

图 6-3 为 CD4051 模拟开关的示意图。

CD4051 是双向 8 选 1 模拟开关。在控制信号 INH (6 脚)、A(11 脚)、B(10 脚)、C(9 脚)的控制下,可以是公共端(3 脚)与 8 个通道(引脚 13,14,6,12,1,5,2,4)中的任一通道接通,由该通道传输信号。控制逻辑真值表见表 6-1。V_{DD}(16 脚)、V_{EE}(7 脚)、V_{SS}(8 脚)分别为供电电源正、负极连接端。

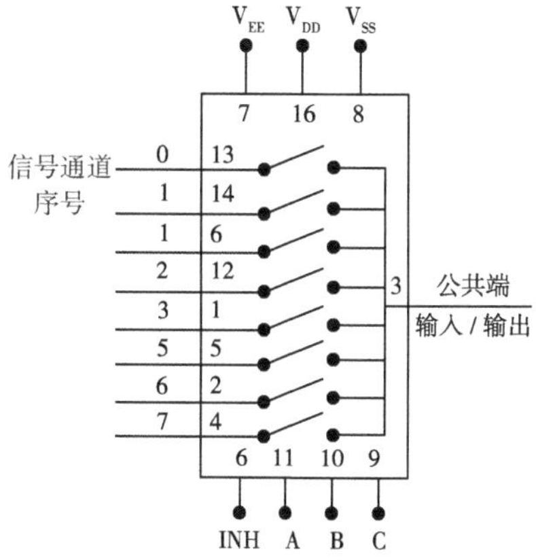

由于通道间相互影响,在选择和设计模拟多路开关时必须考虑以下问题:

(1)通道数目根据采集数据的多少来选定,多路开关元件一般为 4 路、8 路或 16 路。

图 6-3 CD4051 模拟开关示意图

(2)开关接通电阻要尽量小,关断电阻要尽量大。

(3)开关切换时间要尽量短。

(4)开关的极间电容和寄生电容要小。

(5)采集信号的输入方式,有时某些采集信号的信号源本身具有较大的共模电压,这时要考虑对共模信号的抑制和使用差分输入方式。

CD4051 真值表　　　　　　　　　　　　　　　　　　　　　　表 6-1

INH	C	B	A	接通通道
0	0	0	0	0
0	0	0	1	1
0	0	1	0	2
0	0	1	1	3
0	1	0	0	4
0	1	0	1	5
0	1	1	0	6
0	1	1	1	7
1	×	×	×	无

注:表中"×"表示无关,"无"表示均不接通。

二、采样保持器

采样保持器主要由采样/保持电路(Sample/Hold,S/H)组成,是数据采集系统的基本部件之一。它是一种根据状态控制指令截取输入模拟电压的瞬时值(采样过程),并把这一瞬间值保留一段需要的时间(保持时间)的功能单元。对连续的模拟信号进行采样,使信号离散化,然后经过 A/D 转换成数字量。A/D 转换需要时间,在转换期间,信号要保持不变才能保证一定的转换精度。因此,只有在 A/D 转换速度比模拟信号周期高许多倍时,模拟信号才能直接加到 A/D 转换器的输入端;否则,为保证转换精度,必须在 A/D 转换之前加采样保持电路,使得在 A/D 转换期间输入的模拟信号保持不变。如果一个数据采集系统中缺少了采样保持器,则系统能够采集的信号的最高频率将大大受到限制。

图 6-4 为采样/保持器的原理图。图中 A_1 及 A_2 为理想的同相跟随器(缓冲放大器),其输入阻抗及输出阻抗均分别趋向于无穷大及零。控制信号在采样时使开关 S 闭合,此时存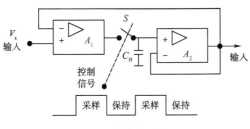储电容器 C_H 迅速充电达到输入电压 V_x 的幅值,同时充电电压 V_c 对 V_x 进行跟踪。控制信号在保持阶段时使开关 S 断开,此时在理想状态(无电荷泄漏路径),电容器 C_H 上的电压 V_c 可以维持不变,并通过 A_2 送至 A/D 转换器去进行模数转换,以保证 A/D 转换器进行模数转换期间其输入电压是稳定不变的。

图 6-4 采样保持器的原理

采样保持电路有两种工作状态:一是采样状态,控制信号由低变高,控制开关合上,电路处于采样状态,输出随输入而变化;二是保持状态,控制信号由高到低,开关打开,由于运算放大器 A 输入阻抗很高,而流入 A 的电流几乎为 0,输出保持充电时的最终电压值。采样保持工作过程示意如图 6-5 所示。

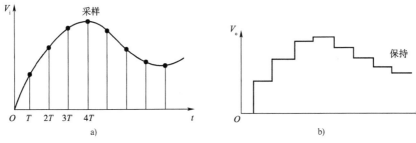

图 6-5 采样保持工作过程示意图

常用的采样保持器件有 LF398、AD582 等。图 6-6 为 LF398 内部结构及引脚图。LF398 是由美国国家半导体公司生产的、比较廉价的芯片。LF398 的电源电压可以在 ±5 ~ ±18V 之间选择。7,8 脚是两个控制端。当 7 脚接地时,8 脚所接控制信号大于 1.4V,LF398 处于采样状态,采样时间约 33 μs;当 8 脚接地,LF398 处于保持状态。保持电容值的选取应考虑到 A/D 转换精度、下降速率、馈送与采样频率等因素。一般可在 1000 ~ 3000pF 之间选择。

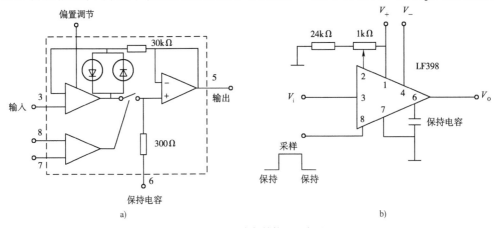

图 6-6 LF398 内部结构及引脚图

三、A/D 转换器

A/D 转换器是把模拟量信号转换成与其大小成正比的数字量信号。A/D 转换电路的种类有很多。根据转换原理,目前常用的 A/D 转换电路主要分为双积分式和逐次逼近式。前者用在转换速度不太快的场合,后者要求用在转换速度比较快的场合。下面将对两者的工作原理进行简单的介绍。

1. 双积分 A/D 转换原理

采用双积分的 A/D 转换器的工作原理图如图 6-7a)所示,电子开关先把 V_x 采样输入积分器中,积分器从零开始进行固定时间 T 的正向积分,时间 T 到后,开关将与 V_x 极性相反的基准电压 V_{REF} 输入积分器中进行反相积分,到输出为 0V 时停止反相积分。

从图 6-7b)图所示的积分器输出波形可以看出:反相积分时积分器的斜率是固定的,V_x 越大,积分器的输出电压越大,反相积分时间越长。计数器在反相积分时间内所计的数值就是与输入电压 V_x 在时间 T 内的平均值对应的数字量。

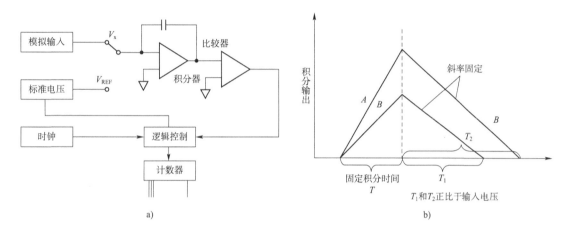

图 6-7 双积分发 A/D 转换原理

由于双积分法的二次积分时间比较长,因此转换时间比较慢,而精度可以做得比较高。对周期变化的干扰信号积分为 0,抗干扰能力也比较好。

2. 逐次逼近法 A/D 转换原理

逐次逼近法又称逐次比较法,如图 6-8 所示,其工作原理为:将一个待转换的模拟输入信号 VIN 与一个"推测"信号进行比较,根据推测信号大于还是小于输入信号来确定减小还是增大该推测信号 V_0,以便向模拟输入信号逼近。推测信号由 A/D 转换器输出 V_0 获得,当推测信号与模拟信号"相等"时,向 A/D 转换器输入的数字即为对应的模拟输入的数字。

其"推测"的算法如下:它使二进制计数器中的二进制数的每一位从最高位起依次置为 1。每置一位时,都要进行测试。若模拟输入信号 V_{IN} 小于推测信号 V_1,则比较器的输出为 0,并使该位置 0;否则比较器的输出为 1,并使该位保持 1。无论哪种情况,均应继续比较下一位,直到最末位为止。此时在 A/D 转换器的数字输入即为对应于模拟输入信号的数字量,将此信号输出,即完成其 A/D 转换过程。

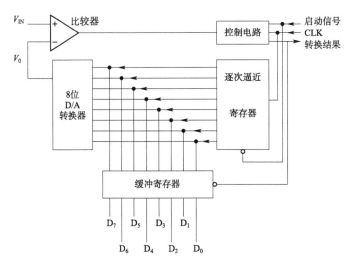

图 6-8 逐次逼近法 A/D 转换原理

3. A/D 转换器的主要参数

A/D 转换器的两个主要的技术指标为分辨率和转换时间。

(1) 分辨率。分辨率是指输出的数字量变化一个相邻的值所对应的输入模拟量的变化值。A/D 转换器的分辨率习惯上以输出二进制位数或 BCD 码位数表示,分辨力以 1LSB(最低有效位)表示。如 n 位 A/D 转换器的分辨力为 $1/(2^n-1)$,约等于 $1/2^n$,或称为 n 位分辨率。

(2) 转换时间。转换时间是指完成一次 A/D 转换所需的时间,在这段时间里 A/D 转换器的输入模拟电压值通过前置的采样保持器,保持稳定不变,否则将会造成动态误差。

例如:8 位 ADC,其分辨率 8 位,数字量变换范围 0~255,当输入电压满刻度为 5V 时,转换电路对输入模拟电压的分辨率为 5V/255≈14.6mV。

又如:A/D 转换器 AD574 的分辨率为 12 位,该转换器的输出可以用 2^{12} 个二进制数进行量化,分辨率为 1LSB(最低有效位)。如果用百分位来表示则为:

$$1/2^{12} \times 100\% = 1/4096 \times 100\% = 0.0244\%$$

BCD 码输出的 A/D 转换器一般用位数表示分辨率。例如,MC14433 双积分式 A/D 转换器的分辨率为 3.5 位,满度字为 1999,则用百分数表示的分辨率为:

$$1/1999 \times 100\% = 0.05\%$$

四、D/A 转换器

将数字量转换为模拟量的器件或装置称为数模转换器,或称为 DAC(Digital-Analog Converter),简写为 D/A 转换器。它位于数据采集板计算机的输出通道,是计算机后向通道(输出通道)的主要环节。

实现数/模(D/A)转换的方法比较多,如权电阻网络法、T 形电阻网络法和开关树法,但最常见的是 T 形电阻网络法。下面简单介绍下 T 形电阻网络法的转换原理。

1. R-$2R$ T 形电阻网络 D/A 转换器

实际应用的 D/A 转换器,普遍采用 R-$2R$ T 形电阻网络,其结构如图 6-9 所示。

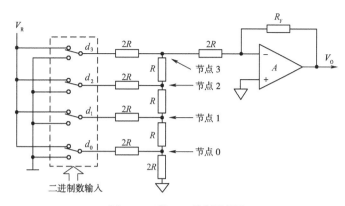

图 6-9 T 形 D/A 转换原理图

电路由 4 位切换开关、4 路 R-$2R$ 电阻网络、一个运算放大器和一个反馈电阻 R_F 组成。这种转换方法与上述的权电阻 D/A 转换器的主要区别在于电阻求和网络的结构不同,它采用了分流原理实现对输入位数字量的转换。

图 6-9 中,无论从哪个 R-$2R$ 的节点向上或向下看,等效电阻都是 R;从 d_3、d_2、d_1、d_0 看进去的等效输入电阻的是 $3R$。所以从每一开关流入的电流 I 可以看作相等,即 $I = \dfrac{V_R}{3R}$。这样由开关 $d_3 \sim d_0$ 流入的电流 I 经过 T 形电阻网络的分流,实际进入运算放大器输入端的电流依次为 $\dfrac{1}{2}I$、$\dfrac{1}{4}I$、$\dfrac{1}{8}I$ 和 $\dfrac{1}{16}I$。设 d_3、d_2、d_1、d_0 为输入的二进制数字量,于是输出的电压值为:

$$V_0 = -R_F \sum I_i = \dfrac{R_F \cdot V_R}{3R}(d_3 \cdot 2^{-1} + d_2 \cdot 2^{-2} + d_1 \cdot 2^{-3} + d_0 \cdot 2^{-4})$$

$$= \dfrac{R_F \cdot V_R}{3R \cdot 2^4}(d_3 \cdot 2^3 + d_2 \cdot 2^2 + d_1 \cdot 2^1 + d_0 \cdot 2^0) \tag{6-2}$$

其中,$d_3 \sim d_0$ 的取值为 0 或 1,0 表示切换开关与地相连,1 表示切换开关与参考电压 V_0 接通,该位有电流输入。这就完成了由二进制数到模拟量电压信号的转换。

由此可见,D/A 转换器是提供电流的器件,所以在 D/A 的输出端加运算放大器对电流信号放大才能转换成模拟电压信号。

D/A 的输出电压不仅与二进制数码有关,而且与运算放大器的反馈电阻 R_F、基准电压 V_R 有关,当调整 D/A 满刻度及输出范围时,往往要调整这两个参数。

2. D/A 转换器的主要性能指标

(1) 分辨率 Δ:指 D/A 转换器所能分辨最小的量化信号的能力,这是对微小输入量变化的敏感程度的描述,一般用转换器的数字量的位数来表示。对于一个分辨率为 n 位的 DAC,它能对满刻度的 2^{-n} 倍的输入变化量作出反应。常见的分辨率有 8、10、12 位等。

(2) 建立时间:是 DAC 转换速度快慢的一个重要参数,指 DAC 的数字输入有满刻度值的变化时,其输出模拟信号电压(或电流)达到满刻度值 1/2 LSB 时所需要的时间。对电流输出形式的 DAC,其建立时间是很短的;而对电压输出形式的 DAC,其建立时间主要是其输出运算放大器所需的响应时间。一般 DAC 的建立时间为几纳秒至几微秒。

其他还有绝对精度、相对精度、线性度、温度系数和非线性误差等性能指标。

第三节　数字量数据的采集

数字信号处理是以数字形式对信号进行采集、变换、滤波、估值、增强、压缩、识别等处理,从而得到符合需要的信号形式。本节主要讲述了几种重要的数字数据采集的方法,包括利用 SPI 数字接口、RS-232 接口、USB 接口对数据进行采集。

一、SPI 数字接口数据采集

SPI(Serial Peripheral Interface,串行外设接口)总线系统是种同步高速串行接口,它可以使微控制器与各种外围设备以串行方式进行通信来交换信息。目前 SPI 与 12C 接口是芯片间信息交换的两种主流接口,广泛使用在低速外设上,C2000 DSP 也同样内嵌了硬件 SPI 接口。

1. SPI 的数据传输

下面以 LPC 2400 系列处理器为例来介绍 SPI 的数据传输。LPC 2400 系列处理器具有一个 SPI 接口,遵循 SPI 规范,支持同步、串行、全双工通信,支持 SPI 主机和从机,最大数据位速率为输入时针速率的 1/8,每次传输可以是 8 位或 16 位。

LPC 2400 系列处理器的 SPI 接口模块的结构框架图如图 6-10 所示。

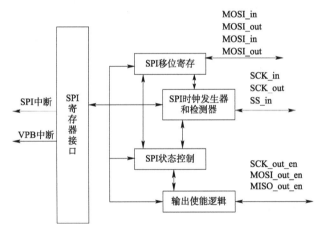

图 6-10　SPI 接口模块的结构框架图

LPC 2400 系列处理器的 SPI 接口占用 4 条引脚,分别是 SCK、SSEL、MISO 和 MOSI,其具体描述如下:

(1)串行数据输入(也称为主进从出,或 MISO);

(2)串行数据输出(也称为主出从进,或 MOSI);

(3)时钟信号(也称为 SCK);

(4)从使能信号(也称为 SSEL)。

LPC 2400 系列处理器的 SPI 有 4 种不同的数据传输格式,其时序图如图 6-11 所示。

图 6-11 描述的是 8 位数据的传输。需要注意的是,该时序图分成 3 个水平的部分。第一部分描述 SCK 和 SSEL 信号,第二部分描述时钟相位 CPHA = 0 时的 MOSI 和 MISO 信号,第三部分描述 CPHA = 1 时的 MOSI 和 MISO 信号。

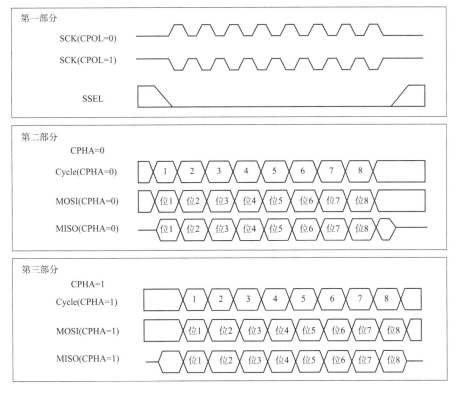

图 6-11　SPI 传输格式的时序图

在时序图的第一部分中要注意两点：时序图包含了时钟极性 CPOL 设置为 0 和 1 的情况，SSEL 信号的激活和未激活。当 CHPA＝1 时，SSEL 信号在数据传输之间时总是保持未被激活状态；当 CHPA＝0 时则不能保证这一点（信号有可能保持激活状态）。

数据和时钟的相位关系见表 6-2。该表针对 CPOL 和 CPHA 的每一种设定值和以下 3 种情况进行了总结：

（1）当驱动第一个数据位时；

（2）当驱动所有其他数据位时；

（3）当采样数据时。

SPI 数据与时钟的相位关系　　　　　　　　　　　　表 6-2

CPOL 和 CPHA 的设定	驱动第一个数据位	驱动所有其他数据位	采 样 数 据
CPOL＝0,CPHA＝0	第一个 SCK 上升沿之前	SCK 下降沿	SCK 上升沿
CPOL＝0,CPHA＝1	第一个 SCK 上升沿	SCK 上升沿	SCK 下降沿
CPOL＝1,CPHA＝0	第一个 SCK 下降沿之前	SCK 上升沿	SCK 下降沿
CPOL＝1,CPHA＝1	第一个 SCK 下降沿	SCK 下降沿	SCK 上升沿

8 位传输开始和停止时间的定义依赖于器件是主机还是从机，以及 CPHA 变量的设置。

当器件为主机时，传输的开始由准备好要发送数据字节的主机来指示。此时，主机可以激活时钟并开始传输。当传输的最后一个时钟周期结束时，传输结束。

当器件为从机并且 CPHA＝0 时，传输从 SSEL 信号变成激活时开始，并在 SSEL 变为不活动时结束。当器件为从机并且 CPHA＝1 时，传输从从机被选中后的第一个时钟沿开始，在数据采样的最后一个时钟沿结束。

2. SPI 接口寄存器描述

LPC 2400 系列处理器 SPI 接口共有 5 个寄存器，所有寄存器都可以 8 位、16 位和 32 位访问，见表 6-3。

SPI 接口寄存器映射　　　　　　　　　　　　　　　　　　　　　　　　表 6-3

名 称	描 述	访 问	复 位 值	地 址
S0SPCR	SPI 控制寄存器。该寄存器控制 SPI 接口的操作	读/写	0x00	0xE0020000
S0SPSR	SPI 状态寄存器。该寄存器显示 SPI 接口的状态	只读	0x00	0xE0020004
S0SPDR	SPI 数据寄存器。该双向寄存器为 SPI 接口提供发送和接收数据	读/写	0x00	0xE0020008
S0SPCCR	SPI 时钟计数寄存器。该寄存器控制主机 SPI 的频率	读/写	0x00	0xE002000C
S0SPINR	SPI 中断标志。该寄存器包含 SPI 接口的中断标志	读/写	0x00	0xE002001C

二、RS-232 接口数据采集

1. RS-232C 接口概述

RS-232 接口是 1970 年由美国电子工业协会(EIA)联合贝尔系统、调制解调器厂家及计算机终端生产厂家共同制定的用于串行通信的标准。它的全名是"数据终端设备(DTE)和数据通信设备(DCE)之间串行二进制数据交换接口技术标准"。该标准规定采用一个 25 个脚的 DB-25 连接器，对连接器的每个引脚的信号内容加以规定，此外还对各种信号的电平加以规定。DB-25 的串口一般只用到的管脚只有 2(RXD)、3(TXD)、7(GND)这三个，随着设备的不断改进，现在 DB-25 针已很少见到了，代替它的是 DB-9 的接口，DB-9 用到的管脚较 DB-25 有所变化的是 2(TXD)、3(RXD)、5(GND)这三个。图 6-12 所示为 DB-25 和 DB-9 两种类型连接器的外形及引脚定义。

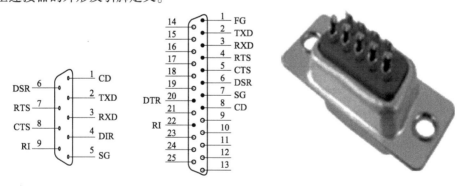

图 6-12　DB-25 和 DB-9 类型连接器

RS-232C 标准中定义的接口信号线有 25 根，其中包括 4 根数据线、11 根控制线、3 根定时线，以及 7 根备用和未定义的线。常用的有如下 8 根：DTR(数据终端就绪线)、DSR(数据装置就绪线)、RTS(请求发送线)、CTS(允许发送线)、TxD(发送数据线)、RxD(接收数据线)、RI(振铃指示器线)和 DCD(数据载波检测线，又称接收线路信号检测线)。

此外,还有两根线 SG 和 PG——信号地和保护地信号线,它们都无方向。

2. 电平转换芯片及接口

在 RS-232 中任何一条信号线的电压均为负逻辑关系。即:逻辑"1"为 $-3 \sim -15\text{V}$;逻辑"0"为 $+3 \sim +15\text{V}$。在实际工作时,应保证电压在 $\pm(3 \sim 15)\text{V}$ 之间。

RS-232C 规定的逻辑电平与一般微处理器的逻辑电平是不一致的。因此在实际应用中,必须把微处理器的信号电平(TTL 电平)转换为 RS-232C 电平,或者对两者进行逆转换。这两种转换是由专用电平转换芯片实现的。电平转换原理图如图 6-13 所示。

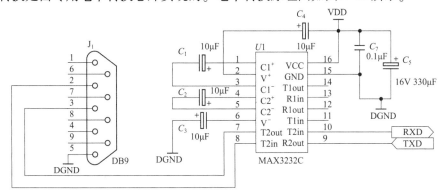

图 6-13 电平转换原理图

3. 在通信中 RS-232C 总线的连接方法

在一般的串行通信接口中,即使是信道,也不是所有的线都一定要用,最常用的也就是其中的几条最基本的信号线。根据具体的应用场合不同,有下面两种连接方式。

1)远距离通信

计算机通过 MODEM 或其他数据通信设备(DCE)使用一条电话线进行远程通信时,RS-232C 的连接方法如图 6-14 所示。

如图 6-14 所示,计算机(DTE)、远程终端(DTE)发送数据的过程如下。

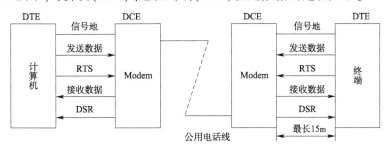

图 6-14 远程通信 RS-232C 连接方法

首先,DTE 向本地 DCE(Modem)发出 DTR = 1 和 RTS = 1 的信号,表示 DTE 请求发送数据,同时为本地和远程 DCE 之间建立通道开了绿灯,一旦通道建立好了,DCE 发出信号 DSR = 1。当 DCE 做好发送数据的准备后,又向 DTE 发回 CTS = 1。只有当 DTE 接收到 DCE 发回肯定的 DSR 和 CTS 信号后,DTE 才能由 TXD 线向 DCE 发送数据。因此,RTS、DTR、DSR 和 CTS 四个信号同时为 1 是 TXD 发送数据的条件。

当接收数据时,DTE 向本地 DCE 发出 DTR = 1 的信号,表示本地和远程 DCE 之间可以建立通道。一旦通道建立好,DCE 向 DTE 发出 DSR = 1 的信号。这时,数据可以通过 RXD

线传到 DTE。因此，RXD 信号产生的条件是 DTR 和 DSR 两个信号同时为 1。至于 RXD 线上是否有信号，取决于远程 DCE 是否发送数据。

2）近距离通信

如图 6-15 所示，通信双方通过直接连接，不需要使用调制解调器就可以实现近距离通信。通信中根本不需要 RS-232C 控制联络信号，只需要 3 根线（发送线、接收线和信号地线）便可以实现全双工异步串行通信。

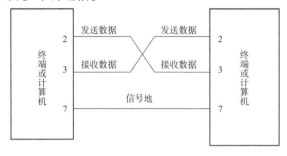

图 6-15　RS-232C 简单连接

三、USB 接口数据采集

1. USB 概述

USB（Universal Serial Bus，通用串行总线）如图 6-16 所示，是由 Intel 等厂商制定的连接计算机与具有 USB 接口的多种外设之间通信的串行总线。目前已经有很多 USB 外设问世，如数码相机、计算机电话、数字音箱、数字游戏杆、打印机、扫描仪、键盘、鼠标、外置硬盘等。

图 6-16　通用串行总线

2. USB 的物理接口及电气特性

在实际应用中，USB 接口可采用树型级联拓扑结构。系统的 USB 主控制器、USB 集线器和 USB 接口统称为主控制器，USB 设备可以直接插入 PC 机上的 USB 插口上，也可以连接在级联的集线器上。

如图 6-17 所示，USB 插座有两种形式：A 型和 B 型，有 4 条信号线，其中两条电源线（+5V 和 GND）、两条数据线。图中 D_+ 和 D_- 为数据线，采用差分信号。4 条导线用不同的颜色标识，其中红色为 +5V，黑色为 GND，绿色和白色分别为 D_+ 和 D_-。

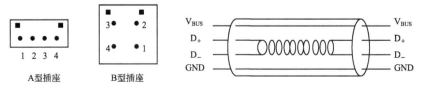

图 6-17　USB 接口与电缆

USB 接口采用半双工串行通信方式,传输数据采用反相不归零制(NRZI)编码方式,当遇到 1 时电平保持不变,遇到 0 时电平跳变。接收端利用数据流中的跳变提取同步信号,因而不必配备独立的时钟信号。

图 6-18 为高速外设的 USB 电缆与电阻的连接图。图中,FS 为全速(高速)、LS 为低速、$R_1 = 15\text{k}\Omega$,$R_2 = 15\text{k}\Omega$。USB 外设可以使用计算机里的电源(+ 5V,500mA),也可外接 USB 电源。在所有的 USB 信道之间动态地分配宽带是 USB 总线的特征之一,这大大提高了 USB 宽带的利用率。当一台 USB 外设长时间(3ms 以上)不使用时,就处于挂起状态,这时只是消耗 0.5mA 电流。按照 USB1.0/1.1 标准,USB 的标准脉冲时钟频率为 12MHz,而其总线脉冲时钟为 1ms(1kHz),即每隔 1ms,USB 器件应为 USB 线缆产生 1 个时钟脉冲序列。这个脉冲序列称为帧开始数据包(SOF)。一个 USB 数据包可包含 0 ~ 1023B 数据。每个数据包的传输都以 1 个同步字段开始。

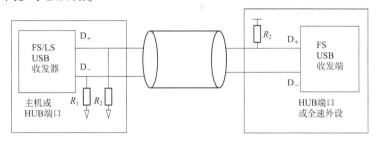

图 6-18 高速外设的 USB 线缆与电阻的连接图

3. USB 的软件结构

USB 系统软件主要由通用主控制器驱动程序、USB 驱动程序和 USB 设备驱动程序 3 个模块组成。

(1)通用主控制器驱动程序(UHCD)处于软件结构的最底层,用于管理和控制 USB 主控制器及其通信。

(2)USB 驱动程序(USBD)处于软件结构的中间层,用于实现 USB 总线驱动、带宽分配、管道建立和控制通道的管理。

(3)USB 设备驱动程序处于软件结构的最上层,用于实现对特定 USB 设备的管理和驱动,是 USB 系统软件和 USB 应用程序之间的接口。当设计一种新 USB 设备时需要编写相应的设备驱动程序。

4. USB 的传输模式

USB 传输支持 4 种数据传输类型:控制信号流、块数据流、中断数据流和实时数据流。控制信号流的作用是当 USB 设备加入系统时,USB 系统软件与设备之间通过控制信号流以发送控制信号,这种数据不允许溢出或丢失;块数据流通常用于发送大量数据的场合;中断数据流用于传输少量随机输入信号的场合,包括事件通知信号、输入字符或坐标等;实时数据流用于传输连续的固定速率的数据,它所需的带宽与所传输数据的采样频率有关。

与 USB 数据流类型相对应,在 USB 规范中规定了 4 种不同的数据传输方式:

(1)控制传输。控制传输(Control Transfer)发送设备请求信息,主要用于读取设备配置信息以及设备状态、设置设备地址、设置设备属性、发送控制指令等功能。全速设备每次控制传输的最大有效负荷可为 64 个字节,而低速设备每次控制传输的最大有效负荷可为 8 个字节。

(2) 同步传输。同步传输(Isochronous Transfer)仅适用于高速/全速设备。同步传输每毫秒进行 1 次传输,有较大的带宽,常用于语音设备。同步传输每次传输的最大有效负荷可为 1023 个字节。

(3) 中断传输。中断传输(Interrupt Transfer)用于支持数据量少的周期性传输需求。全速设备的中断传输周期可为 1~255ms,而低速设备的中断传输周期为 10~255ms。全速设备每次中断传输的最大有效负荷可为 64 个字节,而低速设备每次中断传输的最大有效负荷可为 8 个字节。

(4) 块数据传输。块数据传输(Bulk Transfer)是非周期性的数据传输,仅全速/高速设备支持块数据传输,同时,当且仅当总线带宽有效时才进行块数据传输。块数据传输每次传输的最大有效负荷可为 64 个字节。

四、定时器/计数器数据的采集

定时器/计数器可实现定时控制、延时、对外部事件计数和检测等功能,在工业检测、自动控制以及智能仪器等方面起着重要的作用。定时器主要完成系统运行过程中的定时功能,而计数器主要用于对外部事件的计数。

1. 定时器/计数器的结构及工作原理

下面简单介绍定时器/计数器的结构及工作原理。80C51 定时器中设置有两个 16 位的可编程定时器/计数器,具有 4 种工作方式,其结构如图 6-19 所示。定时器/计数器 T0 由计数器 TH0 和 TL0 组成,定时器/计数器 T1 由计数器 TH1 和 TL1 组成。TH、TL 分别为两个 8 位计数器,连接起来可组成 16 位计数器。定时器/计数器的工作方式由定时器的工作模式寄存器 TMOD 选择,定时器/计数器的启停由定时器控制寄存器 TCON 控制,这两个寄存器均属特殊功能寄存器。

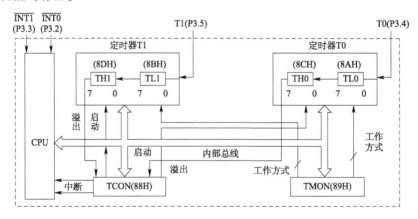

图 6-19　80C51 定时器的结构

定时器由一个 N 位计数器、计数时钟源控制电路、状态和控制寄存器等组成,计数器的计数方式有加 1 和减 1 两种,计数时钟可以是内部时钟也可以是内部时钟,其工作原理如图 6-20 所示。

(1) MCS-51 内部定时器/计数器可以分为定时器模式和计数模式两种。在这两种模式下,又可单独设定为方式 0、方式 1、方式 2 和方式 3 工作。

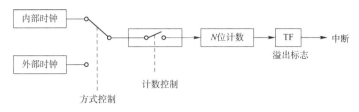

图 6-20 定时器工作原理

(2)定时模式下的定时时间或计数模式下的计数值均可由 CPU(Central Processing Unit,中央处理器)通过程序设定,但都不能超过各自的最大值。最大定时时间或最大计数值和定时器/计数器位数的设定有关,而位数设定由取决于工作方式的设定。例如,若定时器/计数器在定时模式的方式 0 下工作,则它按二进制 13 位计数。因此,最大定时时间 T_{MAX} 为:

$$T_{MAX} = 2^{13} \times T_{计数} \tag{6-3}$$

式中:$T_{计数}$——定时器/计数器的计数脉冲周期时间,由单片机主脉冲经 12 分频得到。

(3)定时器/计数器是一个二进制的加 1 计数器,当计数器计满回零时能自动产生溢出中断请求,表示定时时间已到或计数已经终止。

2. 定时器/计数器的控制寄存器

如图 6-21 所示,定时器/计数器 T0、T1 都有 4 种工作方式,可通过程序对 TMOD 设置来选择。TMOD 的低 4 位用于定时器/计数器 0,高 4 位用于定时器/计数器 1,其位定义如下。

(1)C/T:定时或计数功能选择位,其值等于 1 时为计数方式,等于 0 时为定时方式。

(2)M1、M0:定时器/计数器工作方式选择位,其值与工作方式的对应关系如图 6-21 所示。

(3)GATE:门控位,用于控制定时器/计数器的启动是否受外部中断请求信号的影响。

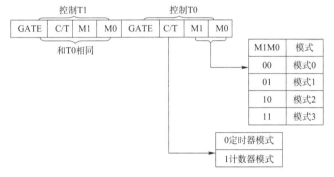

图 6-21 寄存器 TMOD 各位的作用和意义

3. 定时器/计数器的工作方式

51 系列单片机的计数器 T0 和 T1,可由软件对 TMOD 寄存器中的 M1 和 M0 位进行设置来选择不同的工作方式。

当 M1M0 = 00 时,定时器/计数器设定为工作方式 0,构成 13 位定时器/计数器。其逻辑结构如图 6-22 所示(图中 x 取 0 或 1,分别代表 T0 或 T1 的有关信号)。THx 是高 8 位加法计数器,TLx 是低 5 位加法计数器,它的高 3 位未用。TLx 加法计数溢出时向 THx 进位,THx 加法计数溢出时置 TFx = 1,最大计数值为 213。

如果 C/T = 1,图中开关 S_1 自动地接在下面,定时器/计数器工作在计数状态,加法计数器对 Tx 引脚上的外部脉冲计数。计数值由下式确定:

$$N - 2^{13} - x = 8192 - x \tag{6-4}$$

式中：N——计数值；

x——THx、TLx 的初值。$x=8191$ 时为最小计数值 1，$x=0$ 时为最大计数值 8192，即计数范围为 1~8192。

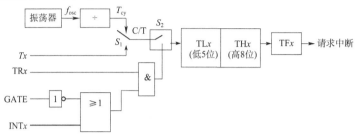

图 6-22 定时器/计数器 T1(T0) 工作方式 0

C/T=0 时为定时方式，开关 S_1 自动接在上面，加法计数器对机器周期脉冲 T_{cy} 计数，每个机器周期 TLx 加 1，定时时间由下式确定：

$$T = NT_{cy} = (8192 - x)T_{cy} \tag{6-5}$$

式中：T_{cy}——单片机的机器周期；如果振荡频率 $f_{osc}=12\text{MHz}$，则 $T_{cy}=12/1210^{-6}\text{s}=1\mu\text{s}$，定时范围为 1~8192μs。

第四节 CAN 总线数据输出采集

CAN(Controller Area, 控制器域网)最初出现在 20 世纪 80 年代末的汽车工业中，由德国 Bosch 公司最先提出。当时，由于消费者对于汽车功能的要求越来越多，而这些功能的实现大多是基于电子操作的，这就使得电子装置之间的通信越来越复杂，同时意味着需要更多的连接信号线。提出 CAN 总线的最初动机就是为了解决现代汽车中庞大的电子控制装置之间的通信，减少不断增加的信号线。

一、CAN 总线简介

CAN 是国际上应用最广泛的现场总线之一。最初，CAN 被设计作为汽车环境中的微控制器通信，在车载各 ECU(Electronic Control Unit, 电子控制单元)之间交换信息，形成汽车电子控制网络。比如：发动机管理系统、变速器控制器、仪表装备、电子主干系统中，均嵌入 CAN 控制装置。

CAN 是一种多主方式的串行通信总线，基本设计规范要求有高的位速率、高抗电磁干扰性，而且能够检测出产生的任何错误。当信号传输距离达到 10km 时，CAN 仍可提供高达 50kb/s 的数据传输速率。

如今 CAN 总线网络应用在众多应用领域系统中，不仅因为其成本低廉，还由人通过这种网络可进行牢靠而高速的通信。CAN 总线可采用双绞线、同轴电缆或光纤作为传输介质；它的直接通信距离最远可达 10km，通信速率(通信比特率)可高达 1Mb/s（此时通信距离为 40m）；总线上可挂设备数最多可达 110 个（主要取决于总线驱动电路）。

CAN 总线协议是基于串行通信 ISO11898 标准的，在现场总线中，它是唯一被国际标准化组织批准的现场总线,图 6-23 为 CAN 总线在汽车电子中的拓扑图。CAN 总线协议由物理层、数据链路层组成,其中数据链路层定义了不同的信息类型、总线访问的仲裁规则及故障检测与故障处理方法。

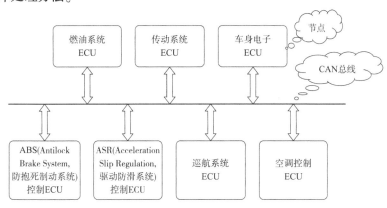

图 6-23 CAN 总线在汽车电子中的拓扑图

二、CAN 总线数据的采集

报文传送主要有四种不同类型的帧:数据帧、远程帧、出错帧以及超载帧。本书只介绍数据帧。表 6-4 是 CAN2.0A 协议标准帧。

CAN2.0A 协议标准帧　　　　　　　　　　　　　　表 6-4

帧信息	帧 格 式							
	7	6	5	4	3	2	1	0
字节 1	FF	RTR	X	X	DLC(数据长度)			
字节 2	(报文识别码)				ID.10-ID.3			
字节 3	ID.2-ID.0			X	X	X	X	X
字节 4	数据 1							
字节 5	数据 2							
字节 6	数据 3							
字节 7	数据 4							
字节 8	数据 5							
字节 9	数据 6							
字节 10	数据 7							
字节 11	数据 8							

注:1. 字节 1 为帧信息。第 7 位(FF)表示帧格式,在标准帧中,FF=0;第 6 位(RTR)表示帧的类型,RTR=0 表示为数据帧,RTR=1 表示为远程帧;DLC 表示在数据帧时实际的数据长度。

2. 字节 2、3 为报文识别码,11 位有效。

3. 字节 4~11 为数据帧的实际数据,远程帧时无效。

CAN 标准帧信息为 11 个字节,包括两部分:信息和数据部分。其中,前 3 个字节为信息部分。

1. CAN 数据帧

数据帧携带数据由发送器至接收器,它由 7 个不同的位场组成,分别是帧起始、仲裁场、控制场、数据场、CRC 场、应答场以及帧结束,如图 6-24 所示。在具体编程中只要能正确地运用仲裁场、控制场中的数据长度码、数据场即可。

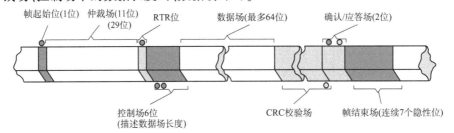

图 6-24 CAN 总线的数据帧结构

(1) 帧起始:标志一个数据帧或远程帧的开始,它是一个显性位。

(2) 仲裁场:包括报文标识符 11 位(CAN2.0A 标准)和远程发送申请 RTR 位,这 12 位共同组成报文优先权信息。数据帧的优先权比同一标识符的远程帧的优先权要高。

(3) 控制场:由 6 位组成,包括 2 位作为控制总线发送电平的备用位(留作 CAN 通信协议扩展功能用)与 4 位数据长度码。其中数据长度码($DLC0 \sim DLC3$)指出了数据场中的字节数目 $0 \sim 8$(被发送/接收的数据的字节数目)。

(4) 数据场:存储在发送缓冲器数据区或接收缓冲器数据区中以待发送或接收的数据,按字节存储的数据可由微控制器发送到网络中,也可由其他节点接收。其中第一个字节的最高位首先被发送或接收。

(5) CRC 场:又名循环冗余码校验场,包括 CRC 序列(15 位)和 CRC 界定符(1 个隐性位)。CRC 场通过一种多项式的运算,来检查报文传输过程中的错误并自动纠正错误。这一步由控制器自身来完成。

(6) 应答场:包括应答间隙和应答界定符两位。

(7) 帧结束:每一个数据帧和远程帧均结束于帧结束序列,它由 7 个隐性位组成。

2. SJA1000

SJA1000 是一个独立的 CAN 控制器,它在汽车和普通的工业应用上有先进的特征。由于它和 PCA82C200 在硬件和软件上都兼容,因此它将会替代 PCA82C200。SJA1000 有一系列先进的功能适合于多种应用,特别在系统优化、诊断和维护方面非常重要。SJA1000 的硬件结构框图如图 6-25 所示。

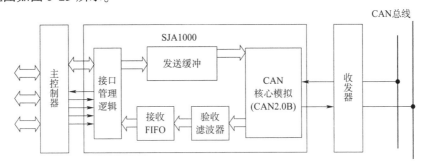

图 6-25 SJA1000 的硬件结构框图

第六章 测试系统基本单元模块（2）——数据采集系统

SJA1000 的功能配置和行为由主控制器的程序执行。因此，SJA1000 能满足不同属性的 CAN 总线系统的要求。主控制器和 SJA1000 之间的数据交换经过一组寄存器（控制段）和一个 RAM（报文缓冲器）完成 RAM 的部分的寄存器和地址窗口组成了发送和接收缓冲器，对于主控制器来说就像是外围器件寄存器。

根据 CAN 规范，CAN 核心模块控制 CAN 帧的发送和接收。

接口管理逻辑负责连接外部主控制器，该控制器能可以是微型控制器或任何其他器件。经过 SJA1000 复用的地址/数据总线访问寄存器和控制读/写选通信号都在这里处理。另外，除了 PCA82C200 已有的 BasicCAN 功能外，SJA1000 还加入了一个新的 PeliCAN 功能。因此，附加的寄存器和逻辑电路主要在此部分生效。

SJA1000 的发送缓冲器能够存储一个完整的报文（扩展的或标准的）。当主控制器初始化发送，接口管理逻辑会使 CAN 核心模块从发送缓冲器读 CAN 报文。

当收到一个报文时，CAN 核心模块将串行位流转换成用于验收滤波器的并行数据。通过这个可编程的滤波器，SJA1000 能确定主控制器要接收哪些报文。

所有收到的报文由验收滤波器验收并存储在接收先入先出队列（First Input First Output, FIFO）中。储存报文的多少由工作模式决定，最多能存储 32 个报文。因为数据超载可能性被大大降低，使得用户能更灵活地指定中断服务和中断优先级。

从 CAN 总线上收到的数据存储在 SJA1000 的存储区，这个存储区叫"接收缓冲器"。这些缓冲器包括 2、3 或 5 个字节的标识符和帧信息（取决于模式和帧类型），而最多可以包含 8 个数据字节。

第五节　智能数据采集系统

随着微电子技术、计算机技术的广泛应用，测试方法发生了巨大变化，如从单一参数的测试发展为多参数的综合测试；从接触式测试到非接触式测试；从近距离测试到远距离测试；从需要人工参与过渡到自动完成测试任务等。通常把由计算机参与、能自动进行测试、数据处理、自动显示测试结果的系统称为智能测试系统。在这种系统中，整个测试工作是在预先编制好的测试程序的统一控制下自动完成的。

一、智能测试系统的基本结构及功能

智能测试系统有三种基本组成形式：小型测试系统常以单片机系统为主机；中、大型测试系统以 PC 机或工控机为主机；而复杂的测试系统多以单片机为数据处理核心（特大型智能测试系统以工控机或 PC 机为分机的数据处理核心），以 PC 机或工控机作为主机组成一个多机系统或网络系统。

1. 系统硬件组成

智能测试系统典型结构如图 6-26 所示。

（1）微型计算机子系统：微型计算机子系统是整个系统的核心，对整个系统起监督、管理、控制作用。

（2）数据采集子系统及接口：用于和传感器、测试元件、变送器连接，实现参数采集、选路控制、零点校正、量程自动切换等功能。被测参数由数据采集子系统收集、整理后，传送到微

型计算机子系统处理。

(3) 基本I/O子系统及接口：实现人机对话、输入或修改系统参数、改变系统工作状态、输出测试结果、动态显示测控过程,实现以多种形式输出、显示、记录、报警等功能。

(4) 通信子系统及接口：用于实现本系统与其他仪器仪表、系统的通信与互联,依靠通信子系统可根据实际问题需求灵活构造不同规模、不同用途的微机测控系统。

(5) 控制子系统及接口：实现对被测控对象、被测试组件、测试信号发生器以及系统本身和测试操作过程的自动控制。

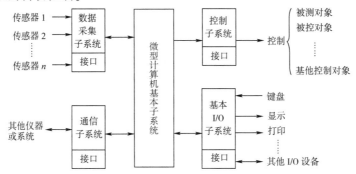

图6-26 智能测试系统典型结构

2. 系统软件结构

整个测试系统不仅要接收来自传感器或变送器的信号,而且要接收和处理来自控制面板的控制信号,或由通信系统传来的控制命令等信号,还要求系统具有实时处理能力,能实时完成各种测控任务。因此,要合理安排程序的结构。测试系统的软件通常由初始化模块、数据采集模块、测试算法模块、人机接口、时钟管理、故障自诊断与处理、中断管理和监控程序几大部分组成。

监控程序的主要作用是及时响应来自系统或外部的各种服务请求,有效地管理系统软硬件资源,并在系统一旦发生故障时,能及时发现和做出相应的处理;监控程序调用功能模块,形成一个有机整体,实现对测试系统的全面管理,如图6-27所示。因此,监控软件设计成为系统软件的核心。

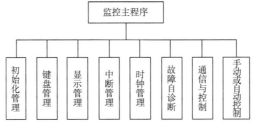

图6-27 监控程序的功能模块

二、虚拟测控系统的基本结构及功能

随着计算机技术的高度发展,传统仪器开始向计算机化方向发展。以计算机为核心,计算机软件技术与测试系统有机结合,产生了新的仪器概念即虚拟仪器。

1. 虚拟仪器的概念

虚拟仪器(Virtual Instrument,VI)是指通过应用程序将通用计算机与功能化硬件结合起来,用户可通过友好的图形界面来操作这台计算机,就像在操作自己定义、自己设计的一台单个仪器一样,从而完成对被测试量的采集、分析、判断、显示、数据存储等。与传统仪器一样,虚拟仪器同样划分为数据采集、数据分析处理、结果显示三大功能模块,如图 6-28 所示。虚拟仪器以透明方式把计算机资源和仪器硬件的测试能力结合,实现仪器的功能运作。

图 6-28 虚拟仪器的内部功能划分

2. 虚拟仪器的构成形式

虚拟仪器的结构大致有三种形式:PC-DAQ 型、标准接口型与闭环控制型。

1) PC-DAQ 型

图 6-29 为 PC-DAQ 型结构图,它能完成对多点、多种随时间变化参量的快速、实时测量,并能排除噪声干扰,进行数据处理、信号分析,由测得的信号求出与研究对象有关的量值或给出其状态的判别。

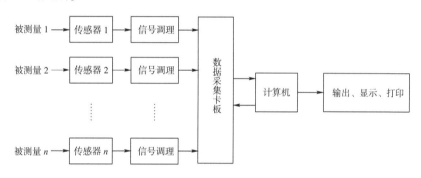

图 6-29 PC-DAQ 型的基本结构框图

(1) 传感器:完成信号的获得,它将被测参量转换成相应的可用输出信号,被测参量可以是各种非电气参量,也可以是电气参量。

(2) 信号调理:完成干扰噪声的放大及预滤波过程,根据需要进行信号隔离与变换等。

(3) 数据采集卡(板):主要有三个功能,一是由衰减器和增益可控放大器进行量程自动改换;二是由多路转换开关完成对多点多通道信号的分时采样;三是将信号的采样值由 A/D 转换器转换为幅值离散化的数字量,或由 V/F 转换器转换为脉冲频率以适应计算机工作。

(4) 计算机:计算机管理着虚拟仪器的软件和硬件资源,是虚拟仪器的硬件基础。

2) 标准接口型

系统的结构形式可分为专门接口型和标准通用接口型。专门接口型是将一些具有一定功能的模块相互连接而成。标准通用接口型也是由模块(如台式仪器或插件板)组合而成,所有模块的对外接口都按规定标准设计。

(1) GP-IB(General Purpose Interface Bus)。GP-IB 测试系统是一种通用接口测试系统,其结构形式如图 6-30 所示。它由一台 PC 机、一块 GP-IB 接口卡和若干台 GP-IB 仪器子系统构成。其中每个仪器子系统是一台带 GP-IB 接口的单台仪器。该接口在功能上、电气上和机械接插上都按国际标准设计,内含 16 条信号线,每条线都有特定的意义。即使不同厂家的产品也相互兼容,具有互换性,组建系统时非常方便,拆散后各仪器子系统又可作单台仪表独立使用。一块 GP-IB 接口卡可带多达 14 台仪器。

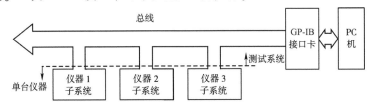

图 6-30　GP-IB 通用接口测试系统

（2）VXI 总线系统。VXI 总线系统是机箱式结构,如图 6-31 所示。一个接插模件就相当于一台仪器或特定功能的器件,多个模件共存于一个机箱并组成一个测试系统。随着 VXI 总线规范的不断完善和发展及 VXI 即插即用系统联盟的不懈努力,VXI 系统的组建和使用越来越方便,它的高速率传输、模块式结构不仅使得仪器结构紧凑、小巧轻便,更使得集多种功能于一体的现代集成式虚拟仪器变成现实。

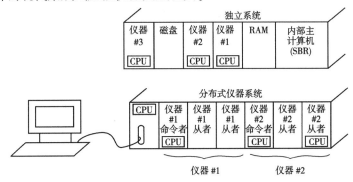

图 6-31　典型的 VXI 总线系统配置

3）闭环控制型

闭环控制型是指应用于闭环控制系统中的测试系统。通过对关键参数实时在线测试并控制这些参数按预定的规律变化,来达到维持生产的正常进行和达到高产优质的目的。过程的自动控制大体上可归纳为三个环节:一是实时数据采集,即对过程中的有关物理量的瞬时值进行扫描;二是实时判断决策,即对采集的表征过程状态的物理量进行运算分析、判断决策,并按已定的原则决定下一步过程控制的措施;三是实时控制,即根据决策,按照自动控制理论实时地对各个执行机构发出控制信号。图 6-32 所示为闭环控制系统中的测试系统。

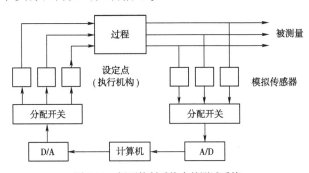

图 6-32　闭环控制系统中的测试系统

第六节　综合应用实例

本节以汽车传动轴扭转疲劳试验为例,说明如何综合应用前述基础知识解决微型计算机工程测试控制的实际问题。

该试验台用于汽车万向节、传动轴及半轴的扭转疲劳试验。图 6-33 为该试验台的结构示意图。

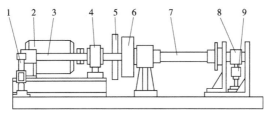

图 6-33　扭转疲劳试验台的结构示意图
1-预载臂;2-电机;3-扭杆;4-减速器;5-飞轮;6-激振器;7-试件;8-测扭臂;9-力传感器

该试验台工作过程简述如下。试验时,首先由试验人员手工旋转预载臂,通过扭杆对试件施加静预载转矩。当静预载荷达到规定值 T_a 时停止加载;然后起动电机并升速。根据激振原理,激振器将产生正弦变化的转矩载荷并与静预载荷叠加作用于试件上。当转矩峰值达到规定值 T_k 时,电机停止升速并在规定转速下稳定运转。从该时刻开始,记录试件承受转矩载荷的循环次数。通常,经数十万次循环载荷作用后,试件会疲劳断裂,这时应停止电机运转,结束试验。试件承载的循环次数将作为试件性能的重要评价指标。根据试验台工作特点,要求微型计算机测控系统应能进行静预载荷监视、电机起动与调速、激振后的载荷测试与调节、记录试件承载循环次数、各参数定时显示与打印、载荷曲线定时显示与拷贝、判断试件疲劳与停机以及试验参数定时存储等。

为实现上述试验台所要求的测控功能,构成的测控系统硬件如图 6-34 所示。载荷循环次数通过测定振子转速与试验时间间接获得。软件定时存储有关参数以保证非正常停机中断试验后的继续试验。此外,软件也提供有根据指定载荷循环次数停机及随机打印输出测试数据等辅助功能。

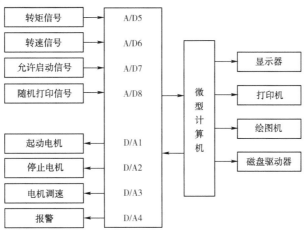

图 6-34　测控系统硬件组成框图

由于该试验台采用了微型计算机测控技术,因而提高了测试精度,具有很高的自动化程度,在生产实践中发挥了良好的社会经济效益。

 本章思考题

1. 现代测试系统中的数据采集系统大多采用了数字化技术,试归纳其技术优势。
2. 综合已有的知识设计一套可以实现工况负载控制、数据自动采集的发动机测试系统工作原理图。

第七章 试验数据处理

通过试验测量得到试验数据,并不是工作的完结,还需对试验数据进行处理。依据试验数据特性,试验数据可分为静态试验数据和动态试验数据(信号数据)。

静态试验数据是指不随时间变化的测量数据,一般是在等精密度或不等精密度测量条件下获得的离散的带有误差的测量列,测量的结果通常用数字、图形和经验公式三种方式表达。

动态试验数据是指测量的数据随时间变化,以时间为自变量的连续函数 $x(t)$,也称为信号。信号是信息的载体,是信息的物理表现形式,是信息的函数。信号可以分为确定性信号和非确定性信号两大类。能够精确地用明确的数学关系式来描述的信号称为确定性信号;不能精确地用明确的数学关系式来描述,无法预测任意时刻的精确值的信号称为随机信号。随机信号只能用概率术语和统计平均来描述。

静态试验数据处理方法主要有误差分析、插值分析、图形表达和回归分析;动态试验数据处理方法主要有时域分析和频域分析。

第一节 插值与图形表达

试验数据的初步数字处理,可以采用误差分析理论来分析整理,基本方法见本书第二章。

经过初步整理后的试验数据,仅是试验点的结果。它所表达的因果关系 $y=f(x)$,是局部而抽象的,不能给出观测点以外的数据。所以,当进一步整理试验结果时,会感到表中的数据不便使用。这时,就需要利用表中数据以"内插"或"外推"法去补充若干未知值。插值法就是根据已知试验点的数据,找出一个原函数关系的简单表达式,使它们在给定的若干点处符合试验值,用此表达式近似地求出插值点的数值。

图形表示是指在选定的坐标系中,根据试验测量的数据画出几何图形来表示试验结果。测量结果的图形表达形象直观,易显示出数据变化的趋势和特征,便于找出数学模型和预测某种现象。

一、一元函数的插值

一元函数的插值通常采用图解法、线性插值法和拉格朗日法。下面以不稳定传热为例,讨论这些方法的应用。

已测得不同直径的圆柱中心冷却速度见表7-1。

不同直径圆柱体中心冷却速度 表7-1

直径(mm)	12.5	19	25	50	75	100
中心冷却速度(℃/s)	350	105	55	19	10	5.3

下面分别用图解法、线性插值法、拉格朗日法求直径为40mm的圆柱中心冷却速度。

1. 图解法

选定一个坐标系,以横坐标表示圆柱直径,纵坐标表示中心冷却速度,然后,将已知测定点标注在图上,再将这些点用光滑曲线连接起来,即得到了近似的函数关系。如在曲线上,找出横坐标为 40 的点,其纵坐标即为所求的插值结果(为 27℃/s)如图 7-1 所示。

图解法简便易行,不必求出曲线的函数表达式,但它要求原函数在插值区间必须连续,否则,会带来较大的误差。

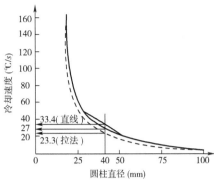

图 7-1 三种插值法结果比较

2. 线性插值法

线性插值就是部分正比法,它是把插值区间的函数关系,近似当作直线来处理的。即:设被插值的原函数 $y=f(x)$,在 x_0、x_1 处的值分别为 y_0、y_1,则通过此两点 (x_0,y_0) 与 (x_1,y_1) 的直线方程为:

$$y = y_0 + \frac{y_1 - y_0}{x_1 - x_0}(x - x_0) \tag{7-1}$$

将 x 值代入上式,即可求得原函数 $f(x)$ 的近似值。

本例中,$x_0=25, y_0=55; x_1=50, y_1=19$;求 $x=40$ 时之 y 值,即:

$$y = 55 + \frac{19 - 55}{50 - 20}(40 - 25) = 33.4(\text{℃/s})$$

这里,正比法的计算结果大于图解法,是因为在较长的线段上,用直线代替了原来的曲线关系所致。当原函数关系偏离直线较远或插值区间较宽时,线性插值会引起较大的误差。

3. 拉格朗日插值法

设原函数 $y=f(x)$,在 $[a,b]$ 上连续,且已知在 $[a,b]$ 上几个不同点 $x_1, x_2, \cdots, x_n$ 的取值为 $y_1, y_2, \cdots, y_n$,现在想通过这几个已知点,求出一个次数低于 n 次的代数多项式 $y=P(x)$ 来近似原曲线 $y=f(x)$。即求:

$$P(x_j) = y_j \quad (j=1,2,\cdots,n) \tag{7-2}$$

求取满足上式要求的多项式的方法不止一种,这里仅介绍拉格朗日法。

为了表达方便,我们引进如下记号,即:

$$B_j(x) = \frac{(x-x_1)(x-x_2)\cdots(x-x_{j-1})(x-x_{j+1})\cdots(x-x_n)}{(x_j-x_1)(x_j-x_2)\cdots(x_j-x_{j-1})(x_j-x_{j+1})\cdots(x_j-x_n)} \tag{7-3}$$

这是一组 $n-1$ 次的多项式之积,分子的每一个因子都是 $(x-x_i)$ 的形式,并且 $i \neq j$,即对 $B_j(x)$ 来说,其分子缺少因子 $(x-x_j)$。$B_j(x)$ 的分母,相当于以 x_i 取代分子中 x,而且因 $x_1, x_2, \cdots, x_n$ 又互不相同,所以分母不等于零。

很明显,对于每一个 $B_j(x)$ 有如下特性:

$$B_j(x_k) = \begin{cases} 0 & (k \neq j) \\ 1 & (k = j) \end{cases} \tag{7-4}$$

有了这 n 个 $n-1$ 次多项式,便可写出满足条件(7-4)的插值多项式 $P_{n-1}(x)$:

$$P_{n-1}(x) = B_1(x)y_1 + B_2(x)y_2 + \cdots + B_n(x)y_n = \sum_{j=1}^{n} B_j(x)y_j \tag{7-5}$$

这就是拉格朗日多项式。

为了计算方便,可将上式改写成如下形式:

$$y = y_1\left(\frac{x-x_2}{x_1-x_2}\times\frac{x-x_3}{x_1-x_3}\times\frac{x-x_4}{x_1-x_4}\times\cdots\right) + y_2\left(\frac{x-x_1}{x_2-x_1}\times\frac{x-x_3}{x_2-x_3}\times\frac{x-x_4}{x_2-x_4}\times\cdots\right) + \cdots +$$

$$y_n\left(\frac{x-x_1}{x_n-x_1}\times\frac{x-x_2}{x_n-x_2}\times\cdots\times\frac{x-x_{n-1}}{x_n-x_{n-1}}\right) \tag{7-6}$$

式中:y——所研究的函数,由试验确定;

x——研究的自变量。

本例中已知 $x_1=19, x_2=25, x_3=50, x_4=75; y_1=105, y_2=55, y_3=19, y_4=10$,求当 $x=40$ 时 y 的值,将上述值代入式(7-6),得:$y=23.3℃/s$。

现将以上三种插值法对本例的计算结果,标绘在图 7-1 上。

不难证明,如果只取两个相邻已知点,则用拉格朗日法内插的结果,将与线性插值的结果一致。一般情况下用四点插值就可以了,当要求与真值更加接近时,才采用更多的点进行插值。

当然,可用所有的内插法来实现表中数据的外推,此时,只需将公式中未知量当作已知量,已知量换成未知量即可。

值得说明,拉格朗日多项式的优点是形式对称的,它与插值点的编排顺序无关,便于编制计算机程序。但其缺点是计算工作量较大,在遇到表中给出的已知点数据较多时,应进行分段插值,即在所给的 n 个点中,选取几个与插值点最近的点作插值点就可以了。

二、二元函数的插值

对于一般的试验数据处理,一元函数的插值已基本够用了,只有在特殊情况下,会遇到二元函数 $z=f(x,y)$ 的插值问题。

若在 $m\times n$ 个点 $(x_i,y_j)(i=1,2,\cdots,m;j=1,2,\cdots,n)$ 上,已知函数值 $z_{ij}=f(x_i,y_j)$,现在要求一个简单函数 $\vartheta(x,y)$,使它在这 $m\times n$ 个点上,有相同的函数值 z_{ij},其直观意义就是作一个曲面 $z=\vartheta(x,y)$,使它经过 $m\times n$ 个已知点 (x_i,y_j,z_{ij}) 且与原曲面 $z=f(x,y)$ 接近。

这里,将二元插值问题拟转化为一元插值问题来处理。

我们先将插值结点 (x_i,y_j) 画在 xOy 对数坐标平面上,且过这些点作平行于两坐标轴的直线,得到一个矩形网格(图 7-2)。在网格交点处的函数值是已知的,这里,插值问题就是求网格中任一点 $M(x,y)$ 处的函数值 z_M。

过 M 点作分别平行于 X 和 Y 轴的直线 AB 和 PQ。此时直线 AB 和网格中的纵线有一系列交点,这些交点处的函数值可以通过一元函数的插值法求得。例如取图上的点 N_k 坐标为 (x_k,y),x_k 是已知常数,它位于直线 P_kQ_k 上,此时,函数 $z=f(x,y)=f(x_k,y)$ 是一个一元函数,且 $y_1,y_2,\cdots,y_n$ 的函数值 $z_{k1},z_{k2},\cdots,z_{kn}$ 为已知,可以通过这些点,用一元函数插值法求出点 N_k 处的函数值 $z_k=f(x_k,y)$。同样,直线 AB 与网格纵线的其他交点

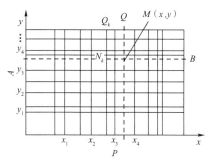

图 7-2 二元拉格朗日插值图解

处的函数值也能逐一求得。另在直线 AB 上，N_k 点取 $y = y_k$ 为定值，$z = f(x, y_k)$ 就是横坐标的一元函数，且已求得此一元函数的 $x_1, x_2, \cdots, x_m$ 的函数值 $z_1, z_2, \cdots, z_m$，那么，再次用一元函数插值，即可求得点 $M(x, y)$ 的函数值。就这样先固定 $(x = x_k)$，用式(7-5)计算出 $z_k = f(x_k, y)$ 的函数值，即：

$$z_k = \sum_{j=1}^{n} \overline{B}_j(y) z_{kj} \qquad (k = i = 1, 2, \cdots, m) \tag{7-7}$$

再根据已算得的 z，利用一元插值公式，即可求出点 $M(x, y)$ 处的函数值 z：

$$z = \sum_{j=1}^{m} B_i(x) z_i \tag{7-8}$$

将式(7-7)代入式(7-8)，得：

$$\begin{aligned} z &= \sum_{i=1}^{m} B_i(x) \sum_{j=1}^{n} B_j(y) z_{ij} \\ &= \sum_{i=1}^{m} \sum_{j=1}^{n} B_i(x) B_j(y) z_{ij} \end{aligned} \tag{7-9}$$

记：

$$B(x) = \prod_{i=1}^{m} (x - x_i)$$

$$\overline{B}(y) = \prod_{j=1}^{n} (y - y_j)$$

由式(7-3)引进新的符号，得：

$$B'(x_i) = (x_i - x_1) \cdots (x_i - x_{i-1})(x_i - x_{i+1}) \cdots (x_i - x_m) \qquad (i = 1, 2, \cdots, m)$$

故有：

$$B_i(x) = \frac{B(x)}{B'(x_i)(x - x_i)}$$

代入式(7-9)后，可得：

$$z = \sum_{i=1}^{m} \sum_{j=1}^{n} \frac{B(x)}{B'(x_i)(x - x_i)} \cdot \frac{B(y)}{B'(y_i)(y - y_i)} z_{ij} \tag{7-10}$$

此式就是常见的二元拉格朗日插值多项式。

当节点较多时，因其计算工作量较大，故通常采用二元三点插值法，即从给出的已知节点中，选取邻近的三点进行插值。

对于一般的试验数据处理来说，上述插值法已够用了，所以对更严格的样条插值法，这里就不介绍了。

三、图形表示

把试验结果用图形表示出来，在实际工作中具有很大的实用价值。用几何图形的点、线、面来表示试验结果，有鲜明的直观性，对试验数据中存在的极值、转折点、周期变化及其他奇异特性，都能在图形中清楚地反映出来。虽然经过间断测量得到的是离散数据，但经过曲线拟合，也可预测出数据连续变化的趋势。对比较精确的图线，在具体数学关系式为未知的情况下，也可进行图算。在利用计算法求经验公式时，也可以借助图形来选择经验公式的数学模型。所以，利用图形来表示试验结果，是科技工作者必须掌握的一种方法。

从得到试验数据到绘制出表示试验结果的图形，一般可分四个步骤来进行，总称为曲线的拟合。

1. 数据的整理

通过试验测量所得到的数据是作图的基础。通过多次等精度精密测量,将其测量结果作为制图的依据时,就要求对测得值的原始数据,按前面介绍的内容进行初步处理:取合理的有效数字表示测量结果、剔除可疑值、给出相应的测量误差值。其中若含有可疑值,只能采用在测量过程中剔除的办法,因对每一点的测量数据较少,不宜用粗大误差判别准则判别。

2. 坐标与分度的选择

常用的作图坐标有直角坐标和极坐标两种。在直角坐标中,又可分为均匀分度的坐标和非均匀分度的坐标,后者如对数坐标、三角函数坐标等。作图时应根据具体情况合理选择,工程上多采用直角坐标。在数据变化具有指数特征时,用对数坐标可压缩图幅。

通常把 x 作为自变量,以横坐标表示;而 y 代表因变量,以纵坐标表示。在直角坐标中,线性分度应用较多,分为 1、2、5 最为方便,应尽量避免使用易引起读数误差的 3、6、7、9 这类分度。坐标分度取值应与测量精密度相吻合。例如数据的测量误差为 ±0.02V,坐标的最小分度值最好取 0.02V。分度值过小会人为地夸大测量精密度,造成错觉。反之,分度值过大会人为地降低原有的测量精密度。无论是自变量还是因变量,坐标线的标度值不一定从零开始。在分度值与测量精密度相适应的前提下,坐标线标度值的起点可取低于试验数据最小值的某一整数,终点可取高于最大值的某一整数,以便使试验数据的图像占满整个幅面。两坐标轴的比例尺不一定相同,要根据具体情况选择。坐标线标度值标出的有效数字应与测量数据的有效数字相同。每个坐标轴都应注明名称与单位。

3. 作散点图

根据确定的坐标分度值,就可把数据作为点的坐标值在坐标系中标出。若在同一坐标系内比较不同的试验数据,或者虽然是同一试验所得数据,但数据变化是与测量的先后顺序有关时,应当采用不同的符号标出点的位置。常用的符号有 ×、○、△、●、⊗ 等。标记的中心即为数据的坐标。

对于精密作图,因给出的作图数据都是精密测量的结果,即给出各点数据的平均值及相应的精度参数。这样在作散点图时就要用区间的形式反映出来。一般有四种情况,如图 7-3 所示。图 7-3a) 表示 x 的误差可以忽略,只考虑 y 的误差;图 7-3b) 表示 y 的误差可以忽略,只考虑 x 的误差;图 7-3c) 表示 x、y 皆有误差,且误差值不等;图 7-3d) 表示 x、y 皆有误差,且误差值相等。图中线段、矩形及圆中心点的坐标,分别为 $(x,\bar{y})$、$(\bar{x},y)$、$(\bar{x},\bar{y})$ 和 $(\bar{x},\bar{y})$,用 $2\sigma_{\bar{x}}$ 或 $2\sigma_{\bar{y}}$ 表示线段长、矩形的边长或圆的直径。

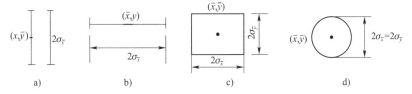

图 7-3 数据精密度的区间反映

这样就可在坐标系中,根据试验数据标出散点图,如图 7-4 所示。

4. 曲线描绘

在曲线描绘中,数据点不可能全部落在一条光滑的曲线上。一般作曲线的原则为:曲线应光滑匀整,所有数据点要靠近曲线,大体上随机地分布在曲线两侧并落在误差带范围内,但不必都在曲线上。在曲线急剧变化的地方,数据点应选密一些,如图 7-5 所示。

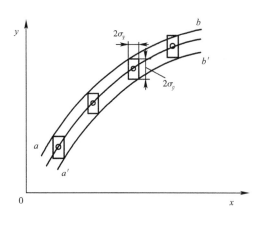

图 7-4　在坐标纸上标出试验数据点

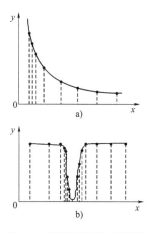

图 7-5　试验数据点的曲线描绘

第二节　回归分析

试验数据经验公式的表达能够比较客观地反映数据的内在规律性，并且形式紧凑，便于用数学分析方法进一步从理论上进行研究。

在静态试验数据处理中，寻求用简便的经验公式表达各变量之间的关系是很重要的。根据最小二乘法原理确定经验公式的数理统计方法称为回归分析。处理两个变量之间的关系称为一元回归分析，处理多个变量之间关系称为多元回归分析。

通过回归分析寻求经验公式，需要解决以下三个问题：

(1) 确定经验公式的函数类型；
(2) 确定函数中的各参数值；
(3) 对该经验公式的精度与显著性作出评价。

一、一元线性回归

若两个变量之间的关系是线性的，则称为一元线性回归。一元线性回归分析是工程上和科研中常见的直线拟合问题。

将两个变量的各个试验数据点画在坐标纸上，如果各点的分布近似于一条直线，则可考虑采用一元线性回归。

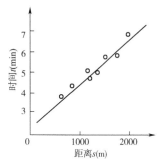

图 7-6　时间与距离的关系曲线

例如，某车辆在水平的直路上行驶，在不同的距离 s 测出车辆行驶的时间 t，对应的数据见表 7-2。取距离 s 为自变量，用横坐标表示；时间 t 为因变量，用纵坐标表示。将表 7-2 中的数据画在坐标纸上，如图 7-6 所示。可以看出，这些点近似于一条直线，于是可以利用一条直线来代表变量之间的关系：

$$\hat{y} = a + bx \tag{7-11}$$

式中：$\hat{y}$——公式中算出的 t 值；
　　　x——距离 L 的值；
　　　a、b——线性回归系数。

距离 s 与时间 t 试验数据表　　　　表 7-2

序号	1	2	3	4	5	6	7	8
距离 s(m)	700	900	1160	1190	1270	1490	1620	2130
时间 t(min)	3.8	4.2	4.7	1.8	4.9	5.4	5.6	6.7

用这条回归直线算出的 $\hat{y}$ 值,代表测定数据的平均值,实测值 y 与平均值 $\hat{y}$ 之差 $v = y - \hat{y}$ 代表残差。残差 v 越小,说明回归直线越接近理想的最佳直线。因此,确定回归直线的原则是找出一条直线与实测数据之间的误差,比任何其他直线与实测数据之间的误差都小,即残差的平方和最小,这就是最小二乘法的基本思想。可写为:

$$Q_y = \sum_{i=1}^{n} v_i^2 = \sum_{i=1}^{n} (y_i - \hat{y}_i)^2 = \min \tag{7-12}$$

式中:Q_y——残差的平方和;
$\quad y_i$——实测值;
$\quad \hat{y}_i$——回归直线上的理论计算值。

将式(7-11)代入式(7-12),则有:

$$Q_y = \sum_{i=1}^{n} [y_i - (a + bx_i)]^2 = \min \tag{7-13}$$

令 $\dfrac{\partial Q_y}{\partial a} = 0, \dfrac{\partial Q_y}{\partial b} = 0$,即可求出 a、b 的数值:

$$a = \bar{y} - b\bar{x} \tag{7-14}$$

$$b = \frac{l_{xy}}{l_{xx}} \tag{7-15}$$

其中,$\bar{x} = \dfrac{1}{n}\sum_{i=1}^{n}x_i$;$\bar{y} = \dfrac{1}{n}\sum_{i=1}^{n}y_i$;$l_{xx} = \sum_{i=1}^{n}(x_i - \bar{x})^2 = \sum_{i=1}^{n}x_i^2 - \dfrac{1}{n}\left(\sum_{i=1}^{n}x_i\right)^2$;$l_{xy} = \sum_{i=1}^{n}(x_i - \bar{x})(y_i - \bar{y}) = \sum_{i=1}^{n}x_i y_i - \dfrac{1}{n}\sum_{i=1}^{n}x_i \sum_{i=1}^{n}y_i$;$n$ 表示试验数据个数。

根据表 7-2 的数据,利用上述各式可以求出回归系数 a 和 b,并确定车辆行驶时间和距离之间关系的回归方程为:

$$\hat{y} = 2.47 + 0.00195x$$

二、二元线性回归

二元线性回归分析是对一个因变量与两个自变量之间建立线性函数的一种方法。其原理与一元线性回归分析完全相同。如果能将各个自变量对因变量的影响拆开,并找出每个自变量对总影响的分量,则问题就易于解决了。

设因变量 y 与两个自变量 x 和 z 之间是线性关系,并记第 t 次观察值为 (x_t, z_t, y_t),$t = 1, 2, 3, \cdots, n$。

这 n 组数据,在空间坐标上可表示为一个平面,它的结构式为:

$$y_t = \alpha + \beta x_t + \gamma z_t + \varepsilon_t \quad (t = 1, 2, \cdots, n) \tag{7-16}$$

其中,ε_t 是第 t 次观测值的试验误差,一般假设 ε_t 是 n 个相互独立且都服从正态分布 $N(0, \sigma^2)$ 的随机变量。

未知系数 α、β、γ 仍用最小二乘法来确定,设 a、b、c 是它们对应的估计值,则得二元线性回归方程：
$$\hat{y} = a + bx + cz \tag{7-17}$$

其中，$\hat{y}$ 为 y 的理论估计值或回归值，回归系数 a、b、c 是当全部观测值 y_t 与回归值 $\hat{y}_t$ 的总偏差平方和 q 为最小时的最佳估计值：

$$q = \sum_{t=1}^{n}(y_t - \hat{y}_t)^2 = \sum_{t=1}^{n}(y_t - a - bx - cz)^2 \tag{7-18}$$

为用最小二乘法求 a、b、c，将 q 分别对 a、b、c 进行偏微分，然后令各偏导数为零，得出联解 a、b、c 的"正规"方程组：

$$\begin{cases} \sum_{t=1}^{n} y_t = na + b\sum_{t=1}^{n} x_t + c\sum_{t=1}^{n} z_t \\ \sum_{t=1}^{n} x_t y_t = a\sum_{t=1}^{n} x_t + b\sum_{t=1}^{n} x_t^2 + c\sum_{t=1}^{n} x_t z_t \\ \sum_{t=1}^{n} z_t y_t = a\sum_{t=1}^{n} z_t + b\sum_{t=1}^{n} x_t z_t + c\sum_{t=1}^{n} z_t^2 \end{cases} \tag{7-19}$$

解式(7-19)时，以 n 除其第一个式子，得：

$$a = \bar{y} - b\bar{x} - c\bar{z} \tag{7-20}$$

将其代入式(7-11)和式(7-19)的后两个式子，得到二元回归方程为：

$$\hat{y} - \bar{y} = b(x - \bar{x}) + c(z - \bar{z}) \tag{7-21}$$

如记：

$$Y = \hat{y} - \bar{y}, X = x - \bar{x}, Z = z - \bar{z}$$

则上式可写成：

$$Y = bX + cZ \tag{7-22}$$

于是式(7-19)的"正规"方程组可写成：

$$\begin{cases} \sum YX = b\sum X^2 + c\sum XZ \\ \sum YZ = b\sum XZ + c\sum Z^2 \end{cases} \tag{7-23}$$

联解此方程组，可求二元线性回归系数 b、c 值：

$$\begin{cases} b = \dfrac{(\sum YX)(\sum Z^2) - (\sum XZ)(\sum YZ)}{\sum X^2 \sum Z^2 - (\sum XZ)^2} \\ c = \dfrac{(\sum X^2)(\sum YZ) - (\sum YX)(\sum XZ)}{\sum X^2 \sum Z^2 - (\sum XZ)^2} \end{cases} \tag{7-24}$$

在二元回归系数确定之后，能代表数据的方程（回归方程）即已建立。

三、多元线性回归

多元线性回归仅是二元回归的延伸，其原理是完全相同的。

如果因变量 y 与 k 个自变量 $x_1, x_2, \cdots, x_k$ 之间存在着线性关系，记第 t 号（次）观测值为 $(y_t; x_{1t}, x_{2t}, \cdots, x_{it}, \cdots, x_{kt})$，其中 $t = 1, 2, 3, \cdots, n > k; i = 1, 2, \cdots, k$，于是，有结构式：

$$y_t = \alpha + \beta_1 x_{1t} + \beta_2 x_{2t} + \cdots + \beta_k x_{kt} + \varepsilon_t \tag{7-25}$$

式中：ε_t——第 t 号观测中的试验误差，一般假定它是 n 个互相独立且遵守正态分布 $N(0, \sigma^2)$ 的随机变量。

未知参数 $\alpha, \beta_1, \beta_2, \cdots, \beta_k$ 仍用最小二乘法来确定其值 $a, b_1, b_2, \cdots, b_k$，使：

$$q = \sum_{t=1}^{n}(y_t - \hat{y}_t)^2 = \sum[y_t - (a + b_1 x_1 + b_2 x_2 + \cdots + b_k x_k)]^2 \quad (7\text{-}26)$$

达到最小。为此将上式分别对 $a, b_1, b_2, \cdots, b_k$ 求偏导数并令其等于零,便可得到 $k+1$ 个正规方程组。

像二元回归一样,我们仍需先消去常数 a,然后再列正规方程组以求偏回归系数。为此,由 $\dfrac{\partial q}{\partial a} = 0$,得:

$$\sum_{t=1}^{n}(y_t - a - b_1 x_{1t} - b_2 x_{2t} - \cdots - b_k x_{kt}) = 0$$

或

$$\sum y_t - na - b_1 \sum x_{1t} - b_2 \sum x_{2t} - \cdots - b_k \sum x_{kt} = 0 \quad (7\text{-}27)$$

将上式各变量用自己的平均值代入后,可得:

$$a = \bar{y} - b_1 \bar{x}_1 - b_2 \bar{x}_2 - \cdots - b_k \bar{x}_k \quad (7\text{-}28)$$

将式(7-28)代入式(7-26),则得剩余平方和 $Q_{剩}$:

$$Q_{剩} = q = \sum_{t=1}^{n}[(y_t - \bar{y}) - b_1(x_{1t} - \bar{x}_1) - b_2(x_{2t} - \bar{x}_2) - \cdots - b_k(x_{kt} - \bar{x}_k)]^2 \quad (7\text{-}29)$$

记

$$Y_t = y_t - \bar{y}; X_{1t} = x_{1t} - \bar{x}_1; X_{2t} = x_{2t} - \bar{x}_2; \cdots; X_{it} = x_{it} - \bar{x}_i$$

所以

$$Q_{剩} = q = \sum_{t=1}^{n}(Y_t - b_1 X_{1t} - b_2 X_{2t} - \cdots - b_k X_{kt})^2$$

至此,其正规方程组即可写出:

$$\begin{cases} b_1 \sum_{t=1}^{n} X_{1t} X_{1t} + b_2 \sum_{t=1}^{n} X_{1t} X_{2t} + \cdots + b_k \sum_{t=1}^{n} X_{1t} X_{kt} = \sum X_{1t} Y_t \\ b_1 \sum_{t=1}^{n} X_{2t} X_{1t} + b_2 \sum_{t=1}^{n} X_{2t} X_{2t} + \cdots + b_k \sum_{t=1}^{n} X_{2t} X_{kt} = \sum X_{2t} Y_t \\ \cdots \qquad\qquad \cdots \qquad\qquad \cdots \\ b_1 \sum_{t=1}^{n} X_{kt} X_{1t} + b_2 \sum_{t=1}^{n} X_{kt} X_{2t} + \cdots + b_k \sum_{t=1}^{n} X_{kt} X_{kt} = \sum X_{kt} Y_t \end{cases} \quad (7\text{-}30)$$

若设

$$\begin{cases} L_{x_i x_j} = L_{x_j x_i} = \sum_{t=1}^{n} X_{it} X_{jt} = \sum_{t=1}^{n}(x_{it} - \bar{x}_i)(\bar{x}_{jt} - x_j) \\ L_{x_i y} = \sum_{t=1}^{n} X_{it} Y = \sum_{t=1}^{n}(x_{it} - \bar{x}_i)(y_t - \bar{y}) \end{cases} \quad (i = 1,2,3,\cdots,k; j = 1,2,\cdots,k)$$

$$(7\text{-}31)$$

则正规方程组可简写成下列常用形式:

$$\begin{cases} L_{x_1 y} = b_1 L_{x_1 x_1} + b_2 L_{x_1 x_2} + \cdots + b_k L_{x_1 x_k} \\ L_{x_2 y} = b_1 L_{x_2 x_1} + b_2 L_{x_2 x_2} + \cdots + b_k L_{x_2 x_k} \\ \cdots \qquad \cdots \qquad \cdots \\ L_{x_k y} = b_1 L_{x_k x_1} + b_2 L_{x_k x_2} + \cdots + b_k L_{x_k x_k} \end{cases} \quad (7\text{-}32)$$

它是以 $b_1, b_2, \cdots, b_k$ 为未知数的 m 个联立线性方程。此方程可用高斯-约当消去法求解。

该方程的系数矩阵为：

$$\begin{bmatrix} L_{11} & L_{12} & \cdots & L_{1k} \\ L_{21} & L_{22} & \cdots & L_{2k} \\ \vdots & \cdots & \cdots & \vdots \\ L_{k1} & L_{k2} & \cdots & L_{kk} \end{bmatrix} \quad (7\text{-}33)$$

当回归系数求出后，k 元线性回归方程为：

$$\hat{y} = a + b_1 x_1 + b_2 x_2 + \cdots + b_k x_k \quad (7\text{-}34)$$

四、非线性回归

在实际问题中，当两个变量之间不符合线性关系时，一般分两步求得所需的回归方程：①选取合适的函数类型；②求解相关函数中的回归系数和常数项。一元非线性回归分析是试验数据处理中的曲线拟合问题。用最小二乘法直接求解非线性回归方程比较复杂，通常是通过变量转换把回归曲线转换成直线，然后用一元线性回归方法求解，或者直接用回归多项式来描述两变量之间的关系。

化曲线为直线的回归分析，通过四个步骤来完成：

(1) 选取合适的函数类型；

(2) 通过变量转换把非线性函数关系转化为线性关系函数；

(3) 进行一元线性回归分析；

(4) 通过变量反转换，将求出的线性关系还原为非线性关系，即得到所要求的拟合曲线。

在选取确定合适的函数类型时，可以采用比较法。将试验数据绘制成图，并将其与典型曲线（图 7-7）进行比较，以确定曲线类型。也可以根据专业知识，从理论推导或根据试验经验确定两变量之间的函数类型。

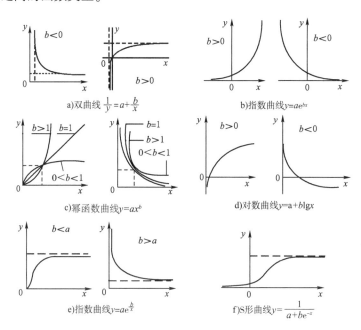

图 7-7　几种常见的典型函数曲线

必须指出,回归方程 $Y = A + BX$ 是对变量转换后的数据所做的最佳拟合,经过逆转换后所得的回归方程 $\hat{y} = f(x)$,虽然在一般情况下,对原始试验数据具有较好的拟合精度,但不一定是最佳的拟合。因此,在可能的情况下,最好用不同类型的方程进行拟合并比较其精度,然后择优选用。

【例 7-1】在一项试验工作中,对变量 x 和 y 进行了实测,其数据见表7-3,试确定其回归方程。

试 验 数 据 表   表7-3

序号	1	2	3	4	5	6	7	8
x	2	3	4	5	6	7	8	9
y	6.42	8.20	9.85	9.50	9.70	10.00	9.93	9.99
序号	9	10	11	12	13	14	15	—
x	10	11	12	13	14	15	16	—
y	10.49	10.59	10.60	10.80	10.00	10.90	10.76	—

【解】(1) 确定回归方程的函数类型。

将表 7-3 中的数据画在坐标纸上,如图 7-8 所示。从图中可以看出,数据点的分布与图 7-7a)所示的曲线接近,故初步判断回归方程是一条双曲线,于是可用下式表示:

$$\frac{1}{y} = a + \frac{b}{x}$$

(2) 通过变量转换化曲线函数为直线函数。

令 $Y = \frac{1}{y}$, $X = \frac{1}{x}$,则双曲线函数式变成:

$$Y = a + bX$$

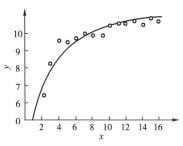

图 7-8 用双曲线拟合试验数据

(3) 进行一元线性回归。

将表 7-3 中的 x 和 y 取倒数后,分别得到 X 和 Y 并进行相应的计算,然后列于表 7-4 中。根据表 7-4 中数据可算出:

$$l_{xx} = \sum X^2 - \frac{1}{n}(\sum X)^2 = 0.5843 - 0.3779 = 0.2064$$

$$l_{xy} = \sum XY - \frac{1}{n}(\sum X)(\sum Y) = 0.2719 - 0.2451 = 0.0268$$

$$\overline{X} = \frac{1}{n}\sum X = 0.1587$$

$$\overline{Y} = \frac{1}{n}\sum Y = 0.1029$$

于是可得线性回归系数:

$$b = \frac{l_{xy}}{l_{xx}} = \frac{0.0268}{0.2064} = 0.1298$$

$$a = \overline{Y} - b\overline{X} = 0.1029 - 0.1298 \times 0.1587 = 0.0823$$

得到回归直线为:

$$Y = 0.0823 + 0.1298X$$

(4)通过变量反转换求回归曲线。

将 $Y = \dfrac{1}{y}, X = \dfrac{1}{x}$,则可得回归曲线为:

$$\frac{1}{y} = 0.0823 + \frac{0.1298}{x}$$

一元回归计算表　　　　　　　　　　　表 7-4

序　号	X	Y	X^2	Y^2	XY
1	0.500	0.156	0.2500	0.0243	0.0779
2	0.333	0.122	0.1111	0.0149	0.0407
3	0.250	0.102	0.0625	0.0103	0.0254
4	0.200	0.105	0.0400	0.0111	0.0211
5	0.167	0.103	0.0278	0.0106	0.0172
6	0.143	0.100	0.0204	0.0100	0.0143
7	0.125	0.101	0.0156	0.0101	0.0126
8	0.111	0.100	0.0123	0.0100	0.0111
9	0.100	0.095	0.0100	0.0091	0.0095
10	0.091	0.094	0.0083	0.0089	0.0086
11	0.083	0.094	0.0069	0.0089	0.0079
12	0.077	0.093	0.0059	0.0086	0.0071
Σ	2.381	1.544	0.5843	0.1627	0.2719

第三节　信号的分类

信号可以分为确定性信号和非确定性信号两大类。能够精确地用明确的数学关系式来描述的信号称为确定性信号;不能精确地用明确的数学关系式来描述,无法预测任意时刻的精确值的信号称为随机信号,它只能用概率术语和统计平均来描述。

某种信号究竟是确定性的还是随机的,在许多场合是很难确定的。例如,某些意外的因素影响了产生信号的物理现象,导致其偏离原有的规律,因此可以说,真正确定性的信号在实际中是没有的。但是,如果对产生信号的物理现象的基本规律有足够的认识,就可以用精确的数学公式来描述它,因此又可以说,真正随机的信号也是不存在的。实际中,判断信号是确定性的还是随机的,通常以试验能否重复产生这些信号为依据。如果一个试验,能够重复多次得到相同的结果(在试验误差范围之内),则一般可以认为这些数据是确定性的。如果不能设计一种试验,使重复试验产生相同的结果,则一般认为这些数据是随机的。

一、确定性信号

确定性信号可以分为周期信号和非周期信号两类。周期信号可分为简谐周期信号和复杂周期信号。非周期信号可分为准周期信号和瞬变信号。

1. 简谐周期信号

字体典型的简谐周期信号是正弦数据,它的表达式为:

$$x(t) = X\sin(2\pi f_0 t + \varphi_0) \tag{7-35}$$

式中：X——振幅；

f_0——频率；

φ_0——初始相位角。

图 7-9 是正弦数据的波形和频谱图。由图可知，正弦数据由单一频率 f_0 组成，频谱图在 f_0 处呈现为线谱。

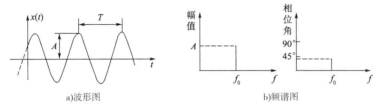

图 7-9　正弦数据的波形和频谱

在实际应用中，有很多物理过程会产生近似的简谐信号。例如，交流发电机的电压输出，不平衡旋转重物的振动运动等。

2. 复杂周期信号

复杂周期性信号的波形和频谱如图 7-10 所示。由傅里叶级数理论可知，任何一个满足于狄利克雷条件的周期性函数都可以展开成若干简谐函数之和，即：

$$x(t) = X_0 + \sum_{n=1}^{\infty} X_n \sin(2\pi n f_1 t + \varphi_n) \tag{7-36}$$

式中：φ_n——相位角，$\varphi_n = \arctan\dfrac{a_n}{b_n}$；

$X_0 = \dfrac{1}{T}\int_{-\frac{T}{2}}^{\frac{T}{2}} x(t)\,\mathrm{d}t$；

$X_n = \sqrt{a_n^2 + b_n^2}$，$n = 1,2,3,\cdots$；

$a_n = \dfrac{2}{T}\int_{-\frac{T}{2}}^{\frac{T}{2}} x(t)\cos 2\pi n f_1 t\,\mathrm{d}t$；

$b_n = \dfrac{2}{T}\int_{-\frac{T}{2}}^{\frac{T}{2}} x(t)\sin 2\pi n f_1 t\,\mathrm{d}t$；

T——周期，$f_1 = \dfrac{1}{T}$。

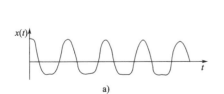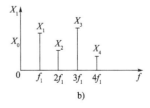

图 7-10　复杂周期性信号的波形和频谱

实际中产生复杂周期信号的状况远多于产生简谐信号的状况。事实上，归类为简谐的信号往往是复杂信号的一种近似表示。例如，交流发电机的输出电压，经观测，它具有一定的高频分量。多缸往复式发动机的振动响应，通常会有明显的谐波分量。

3. 准周期信号

如前所述,周期信号一般可以简化成一系列频率成比例的正弦波。反过来,两个或几个频率成比例的正弦波叠加起来能组成一个周期信号。但是,任意频率的两个或几个正弦波之和,一般不会组成周期信号。具体地讲,只有每一对频率之比都是有理数时,两个或几个正弦波之和才是周期性的。如果频率之比不是有理数,则其函数对应的时间历程将具有"准周期"的特性,其表达式为:

$$x(t) = \sum_{n=1}^{\infty} X_n \sin(2\pi f_n t + \varphi_n) \tag{7-37}$$

其中,频率比 f_n/f_{n+1} 为无理数,在频谱图上,呈现为间隔不等且间隔之比为无理数的离散谱线,如图 7-11 所示。

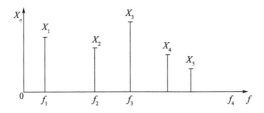

图 7-11 准周期性信号的频谱

实际中,当两个或几个无关联的周期现象混合作用时,常常会产生准周期性的信号。多机组内燃机车和螺旋推进飞机在发动机不同步时的振动响应就是一个很好的例子。

准周期信号的一个重要性质是:若把相角 φ_n 忽略,则式(7-37)可用离散谱来表征,如图 7-11 所示。这与处理复杂周期性信号一样,其差别只是在于各分量的频率不再是有理数的关系。

4. 瞬变非周期信号

除了准周期以外的非周期信号都属于瞬变信号。图 7-12 给出了瞬变信号的两个简单例子。图 7-12a)的波形可以表示电容器放电时的变化情况。图 7-12b)的波形可以表示激振力消除后振动系统的阻尼自由振动。

非周期性数据的另一种类型是瞬变数据,例如:

$$x(t) = \begin{cases} Ae^{-at}\cos bt & (t \geq 0) \\ 0 & (t < 0) \end{cases} \tag{7-38}$$

其图形如图 7-12a)所示。它的频率图已不能用离散谱线表示,而呈现为连续谱,如图 7-12b)所示。

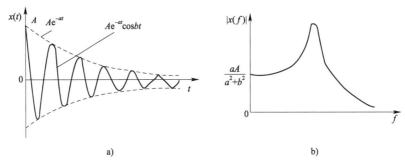

图 7-12 瞬变信号示例

二、随机信号

随机物理现象的信号不能用精确的数学关系式来描述,因为这种现象的每一次观测都是不一样的,即任意一次观测只代表许多可能产生的结果之一,这种数据就是随机信号。表示随机现象的单个时间历程,称为样本函数,在有限时间区间上观测时,称为样本记录。随机现象可能产生的全部样本函数的集合,称为随机过程。随机过程可分为平稳过程和非平稳过程两类。

图7-13是汽车在起伏路面上行驶时,测得的一系列加速度时间历程的记录曲线。图中每一条曲线都是加速度时间历程的一次试验记录。$x_1(t),x_2(t),\cdots,x_n(t)$构成加速度时间历程的集合,称为样本空间,记作$X(t)$。每一记录曲线称为一个样本,记作$x_n(t)$。由图可见,各条曲线互不相同,显然不可能用明确的函数式描述。在任意时刻t_1,加速度量值$X(t_1)$是一个随机变量。全部加速度记录的样本空间是无穷多个随机变量的集合。

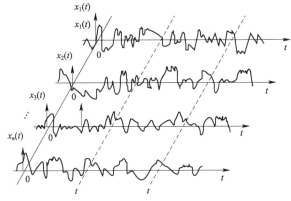

图 7-13　汽车车架垂直加速度时间历程记录曲线

1. 平稳随机过程

所谓平稳过程,就是指它的统计特性不随时间的推移而变化的随机过程。具体地说,随机过程在任何一组时间$t_1,t_2,\cdots,t_n$的概率密度与$t_1+\Delta t,t_2+\Delta t,\cdots,t_n+\Delta t$的概率密度相同,即:

$$\begin{cases} f_1(x_1;t_1)=f_1(x_1;t_1+\Delta t) \\ f_2(x_1,x_2;t_1,t_2)=f_2(x_1,x_2;t_1+\Delta t,t_2+\Delta t) \\ \quad\quad\vdots \\ f_n(x_1,x_2,\cdots,x_n;t_1,t_2,\cdots,t_n)=f_n(x_1,x_2,\cdots,x_n;t_1+\Delta t,t_2+\Delta t,\cdots,t_n+\Delta t) \end{cases} \quad (7\text{-}39)$$

平稳过程的均值、方差、均方值是与时间无关的常量,它的相关函数及协方差仅是时移τ的函数,而与过程的起止时刻t无关。因此,平稳过程最重要的特点是过程在不同时刻具有相同的统计特征。与平稳过程相反,非平稳过程的统计特性是随着时间的推移而变化的。

平稳过程又可分为各态历经过程和非各态历经过程。若随机过程的总体平均参数可用任一时间历程按时间平均所求得的统计参数来代替,则这类随机过程称为各态历经随机过程。如果满足条件:

$$\begin{cases} E[X(t)]=\lim_{T\to\infty}\dfrac{1}{2T}\int_{-T}^{T}x(t)\mathrm{d}t \\ E[X(t)X(t+\tau)]=\lim_{T\to\infty}\dfrac{1}{2T}\int_{-T}^{T}x(t)x(t+\tau)\mathrm{d}t \end{cases} \quad (7\text{-}40)$$

则平稳过程 $X(t)$ 具有各态历经性。

实践证明,许多随机现象都可以在不同程度上看作各态历经随机过程。因此,可以用时间充分长的单个样本函数的时间平均统计参数来代替总体的平均统计值,这给试验数据处理带来了极大的方便。

2. 非平稳随机过程

非平稳随机过程包括所有不满足平稳性要求的随机过程,它可进一步分为一般非平稳随机过程和瞬变随机过程。非平稳随机过程的特性一般是随时间而变化的,只能用组成过程的样本函数的总体瞬时平均来确定。在实际中,由于不容易得到足够数量的样本记录来精确地测量总体平均性质,因此对非平稳随机过程的测试和分析是比较困难的。

第四节 时域分析及应用

信号的时域分析是根据信号的时间历程记录或波形,分析信号的组成和特征量。通过分析可以确定:

(1) 信号波形的幅值参数;
(2) 波形的各次谐波分量的幅值和频率;
(3) 波形的畸变和真实波形;
(4) 由波形的衰减求系统的阻尼;
(5) 信号前后的相关程度。

以上前四项属于信号的波形分析,最后一项是信号的相关分析。

一、波形分析

1. 均值、均方位和方差

各态历经信号的均值 μ_x 为:

$$\mu_x = \lim_{T \to \infty} \frac{1}{T} \int_0^T x(t) \, dt \tag{7-41}$$

式中:$x(t)$——样本函数;
　　　T——所处理信号的记录时间。

均值表示信号的常值分量,即信号变化的中心趋势。

均方值 ψ_x^2 描述信号的强度,它是样本函数 $x(t)$ 平方的均值,即:

$$\psi_x^2 = \lim_{T \to \infty} \frac{1}{T} \int_0^T x^2(t) \, dt \tag{7-42}$$

方差 σ_x^2 描述信号的波动分量,它是 $x(t)$ 偏离均值 μ_x 的平方的均值,即:

$$\sigma_x^2 = \lim_{T \to \infty} \frac{1}{T} \int_0^T [x(t) - \mu_x]^2 \, dt \tag{7-43}$$

均方值的正平方根称为均方根值 x_{rms};方差的正平方根称为标准差 σ_x。在实际的测试工作中,要获取的信号记录时间 T 为有限长度时,均值、均方值和方差的估计值分别为:

$$\hat{\mu}_x = \frac{1}{T} \int_0^T x(t) \, dt \tag{7-44}$$

$$\hat{\psi}_x^2 = \lim_{T\to\infty}\frac{1}{T}\int_0^T x^2(t)\mathrm{d}t \tag{7-45}$$

$$\hat{\sigma}_x^2 = \lim_{T\to\infty}\frac{1}{T}\int_0^T [x(t)-\mu_x]^2\mathrm{d}t \tag{7-46}$$

应用模拟处理法分析动态测量数据时,均值和均方值的测量一般采用电压表。均值使用直流电压表,它包括简单的平均电路和指示装置两部分。均方值使用真均方电压表,它装备一个信号瞬时值的平方电路。

应用数字处理法分析时,模拟信号经过时域采样后,得到数值序列 $\{x_n\}$ ($n=0,1,2,\cdots,N-1$)。其采样点数 $N=T/\Delta t$,其中 T 为所处理信号的记录时间, Δt 为采样时间间隔。均值、均方值和方差的估计值分别为:

$$\hat{\mu}_x = \frac{1}{N}\sum_{n=0}^{N-1} x_n \tag{7-47}$$

$$\hat{\psi}_x^2 = \frac{1}{N-1}\sum_{n=0}^{N-1} x_n^2 \tag{7-48}$$

$$\hat{\sigma}_x^2 = \frac{1}{N-1}\sum_{n=0}^{N-1}(x_n-\mu_x)^2 \tag{7-49}$$

2. 概率密度函数

$x(t)$ 是各态历经随机过程的样本记录, T 为记录时间,如图7-14所示。 $x(t)$ 在 $(x,x+\Delta x)$ 区间内取值的总时间 $T_x = \sum_{i=1}^{n}\Delta t_i$,当 $T\to\infty$ 时,比值 T_x/T 就是事件 $[x<x(t)\leqslant x+\Delta x]$ 的概率,记为:

$$P[x<x(t)\leqslant x+\Delta x] = \lim_{T\to\infty}\frac{T_x}{T} \tag{7-50}$$

概率密度函数 $p(x)$ 定义为:

$$p(x) = \lim_{\Delta x\to 0}\frac{P[x<x(t)\leqslant x+\Delta x]}{\Delta x} = \lim_{\Delta x\to 0}\frac{1}{\Delta x}\left(\lim_{T\to\infty}\frac{T_x}{T}\right) \tag{7-51}$$

概率密度函数提供了动态测量数据在幅值域分布的信息。不同试验数据的时间历程具有不同的概率密度函数图形(图7-14),借此可以识别试验数据的基本类型。

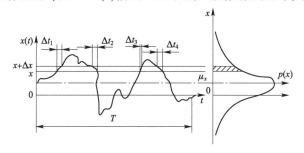

图7-14 概率密度函数的计算

概率密度函数的估计值 $\hat{p}(x)$ 用下式表示:

$$\hat{p}(x) = \frac{T_x}{T\Delta x} \tag{7-52}$$

式中: T_x —— $x(t)$ 落在中心为 x ,宽度为 Δx 的窄振幅窗中的时间。

在利用数字处理法分析概率密度函数时,首先根据采样定理对要处理的时间历程 $x(t)$

进行采样,得到数值序列 $\{x_n\}$ ($n = 0, 1, 2, \cdots, N-1$),然后根据下式进行概率密度函数估计值的运算:

$$\hat{p}(x) = \frac{N_x}{N \Delta x} \tag{7-53}$$

式中:Δx——以 x 为中心的窄区间宽度;

N_x——落在 $x \pm \frac{\Delta x}{2}$ 区间中的采样点数。

窄区间宽度 Δx 的大小取决于试验数据分组区间数目,即:

$$\Delta x = \frac{x_{\max} - x_{\min}}{k} \tag{7-54}$$

式中:k——分组区间的数目;

$x_{\max}$——试验数据中的最大值;

$x_{\min}$——试验数据中的最小值。

二、相关分析

在时域上分析信号,除了分析信号的强弱外,还要分析信号的前后相连或相似程度,为此需要进行相关分析。研究两个变量之间的关系问题,就称为相关分析。

1. 相关系数

在信号分析处理中,相关是一个重要的概念。所谓相关是指变量之间的线性关系。对于确定性的信号,两个变量之间可用函数关系来描述。两个随机变量之间就不具有这样确定的关系,但是如果这两个变量之间具有某种内涵的联系,通过大量统计就能发现它们之间还是存在着某种虽不精确但却具有相应的、表征其特性的近似关系。例如,人的体重和身高之间的关系不能用确定性函数表达,但是通过大量的统计可以发现身高的人体重也常常大些,这两个变量之间有一定的线性关系。

变量 x 和 y 之间的相关程度用相关系数 ρ_{xy} 表示:

$$\rho_{xy} = \frac{E[(x - \mu_x)(y - \mu_y)]}{\sigma_x \sigma_y} \tag{7-55}$$

式中:$\mu_x = E[x]$;

$\mu_y = E[y]$;

σ_x、σ_y——随机变量 x、y 的标准差。

对于 $|\rho_{xy}| \leq 1$ 的情况,当 $\rho_{xy} = \pm 1$ 时,x、y 两变量是线性相关的;当 $\rho_{xy} = 0$ 时,x、y 两变量之间完全无关;当 $|\rho_{xy}| < 1$ 时,x、y 两变量之间的相关程度取决于 $|\rho_{xy}|$ 的大小。

2. 自相关函数

1) 自相关函数的定义

如果 $x(t)$ 是某各态历经随机过程的一个样本,$x(t+\tau)$ 与 $x(t)$ 时移差为 τ(图7-15),根据式(7-55),$x(t)$ 与 $x(t+\tau)$ 的相关系数 $\rho_{x(t)x(t+\tau)}$ 可以表示为:

$$\begin{aligned}\rho_{x(t)x(t+\tau)} &= \frac{\lim\limits_{T \to \infty} \frac{1}{2T} \int_{-T}^{T} [x(t) - \mu_x][x(t+\tau) - \mu_x] dt}{\sigma_x^2} \\ &= \frac{\lim\limits_{T \to \infty} \frac{1}{2T} \int_{-T}^{T} x(t)x(t+\tau) dt - \mu_x^2}{\sigma_x^2}\end{aligned} \tag{7-56}$$

若用 $R_x(\tau)$ 表示自相关函数,其定义为:

$$R_x(\tau) = \lim_{T \to \infty} \frac{1}{2T} \int_{-T}^{T} x(t)x(t+\tau) \mathrm{d}t \quad (7\text{-}57)$$

则

$$\rho_{x(t)x(t+\tau)} = \frac{R_x(\tau) - \mu_x^2}{\sigma_x^2} \quad (7\text{-}58)$$

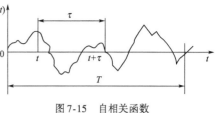

图 7-15 自相关函数

假如把 $\rho_{x(t)x(t+\tau)}$ 简写为 $\rho_x(\tau)$,则有:

$$R_x(\tau) = \rho_x(\tau)\sigma_x^2 + \mu_x^2 \quad (7\text{-}59)$$

取不同的 τ 值,就有不同的 $R_x(\tau)$ 值,相应地相关系数也不同。当 $\tau = 0$ 时,由式(7-57)和式(7-58)可得:

$$R_x(0) = \lim_{T \to \infty} \frac{1}{2T} \int_{-T}^{T} x^2(t) \mathrm{d}t = \sigma_x^2 + \mu_x^2 \quad (7\text{-}60)$$

$$\rho_x(0) = 1 \quad (7\text{-}61)$$

式(7-60)说明,$R_x(0)$ 具有最大值 $\sigma_x^2 + \mu_x^2$。又因为:

$$R_x(-\tau) = \lim_{T \to \infty} \frac{1}{2T} \int_{-T}^{T} x(t)x(t-\tau) \mathrm{d}t$$

$$= \lim_{T \to \infty} \frac{1}{2T} \int_{-T}^{T} x(t+\tau)x(t+\tau-\tau) \mathrm{d}(t+\tau) = R_x(\tau)$$

故知自相关函数 $R_x(\tau)$ 为偶函数。

当 $\tau \to \infty$ 时,$x(t)$ 与 $x(t+\tau)$ 之间就不存在内在联系了,即 $\rho_x(\tau \to \infty) \to 0$,$R_x(\tau \to \infty) \to \mu_x^2$。表示自相关函数 $R_x(\tau)$ 的图形如图 7-16 所示。

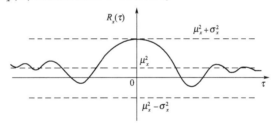

图 7-16 自相关函数 $R_x(\tau)$ 的性质

2)自相关函数的应用

汽车在砂石路上行驶时,测出汽车前桥和车身上的振动加速度十分杂乱,如图 7-17 所示。但是,通过自相关分析,可以看出汽车前桥和车身的振动有一定的周期性。这是北京越野车在某砂石路上以 20km/h 车速行驶的试验结果。从图中可以看出延迟 0.1s 就有峰值,汽车车速 20km/h(5.55m/s),而在路面上大概相隔 0.55m 就有一个起伏。汽车行驶时,1s 中大概通过了 10 个起伏。自相关函数分析结果证实了这一点。

3.互相关函数

1)互相关函数的定义

对于各态历经过程,两个随机信号 $x(t)$ 和 $y(t)$ 的互相关函数 $R_{xy}(\tau)$(图7-18)定义为:

$$R_{xy}(\tau) = \lim_{T \to \infty} \frac{1}{2T} \int_{-T}^{T} x(t)y(t+\tau) \mathrm{d}t \quad (7\text{-}62)$$

则

$$R_{yx}(\tau) = \lim_{T\to\infty} \frac{1}{2T}\int_{-T}^{T} y(t)x(t+\tau)\,dt \tag{7-63}$$

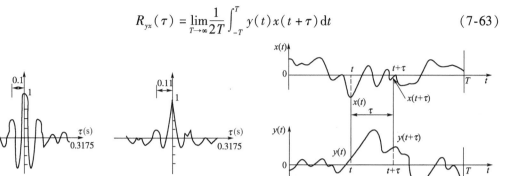

图 7-17 汽车前桥和车身上振动加速度自相关函数
（采样间隔 5ms，采样段 10，压电式加速度传感器）

图 7-18 互相关函数

互相关函数不是偶函数。引用式(7-62)、式(7-63)，对两个各态历经随机过程，其时移为 τ 的相关系数为：

$$\begin{aligned}
\rho_{xy}(\tau) &= \frac{\lim_{T\to\infty}\frac{1}{2T}\int_{-T}^{T}\{[x(t)-\mu_x][y(t+\tau)-\mu_y]\}\,dt}{\sigma_x\sigma_y}\\
&= \frac{\lim_{T\to\infty}\frac{1}{2T}\int_{-T}^{T}x(t)y(t+\tau)\,dt - \mu_x\mu_y}{\sigma_x\sigma_y}\\
&= \frac{R_{xy}(\tau)-\mu_x\mu_y}{\sigma_x\sigma_y}
\end{aligned} \tag{7-64}$$

图 7-19 为表示互相关函数 $R_{xy}(\tau)$ 的图形。在某个时刻 τ_0，$R_{xy}(\tau)$ 达到最大值，它反映 $x(t)$ 和 $y(t)$ 之间主传输通道的滞后时间。如果两随机信号中具有频率相同的周期成分，那么在互相关函数中，即使 $\tau\to\infty$ 也会出现该频率的周期成分。

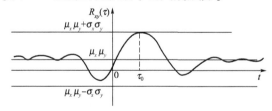

图 7-19 互相关函数的性质

2）互相关函数的应用

（1）测量滞后时间。

进行汽车操作性试验时，汽车操纵系统的反应时间是一个重要的测定参数。但采用的方法由于起点不好确定及人的主观因素，常常能有 1/3 的误差。一般做这种转向盘阶跃响应试验，危险性较大，并且需要很大的场地。改用互相关分析方法来测定时，可在比较宽的路段上，固定车速直线行驶，驾驶人间隔地、脉冲地转动转向盘使汽车车身在行驶方法上产生晃动。记录下驾驶人转动转向盘的转角作为系统的输入，以汽车垂直轴晃动的角速度作为系统的输出，进行互相关分析，得出的结果如图 7-20 所示。峰值偏离轴线 τ，即为汽车操纵系统的滞后时间，可以用于评价汽车执行驾驶人转动转向盘指令的反应快慢，用互相关分析方法,可以完全排除人为的主观因素,而且能有较高的精度,试验安全,不需要很大的场地,这种方法已经常在试验中应用。

某汽车以 60km/h 的速度进行脉冲试验时,以转向盘转角 $x(t)$ 作为输入信号,汽车的回转角速度 $y(t)$ 作为输出。由图可知,峰值偏离纵坐标轴 0.15～0.18s,即输出信号滞后于输入信号 0.15～0.18s,这一滞后时间表明了该车操纵系统反应的快慢程度。

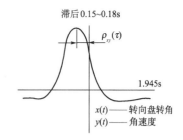

图 7-20　汽车转向脉冲试验互相关函数图(车速 60km/h,采样间隔 30ms,采样段 1)

(2)测量运动速度。

利用互相关分析可以测量运动物体的速度。如图 7-21 所示,为了测量汽车行驶速度,在汽车前后两处设置传感器,感受路面的不平度,传感器获得的测量信号 $x(t)$ 与 $y(t)$ 经互相关分析后可以得出 $y(t)$ 和 $x(t)$ 之间的滞后时间 τ_0。汽车的行驶速度 $v = l/\tau_0$,其中 l 为两传感器之间的水平距离。同理,互相关分析还可以测定飞机、气流以及热轧钢板等运动物体的速度,也可测量地下管路裂损的位置。

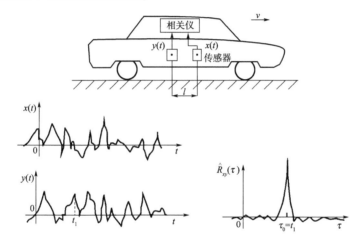

图 7-21　汽车行驶速度的测量

(3)确定车辆振动传递通道。

测试车辆振动传递通道,其测试框图如图 7-22 所示,用以检查汽车驾驶席的振动是由发动机引起的,还是由车轮引起的。测试方法如下:在发动机、驾驶席和后轮轴上布置加速度传感器,经分析,发现发动机与驾驶席之间的相关性较弱,而驾驶席与后轮之间的相关函数明显相关。因此,可以认为驾驶席的振动主要由后轮传递来的。

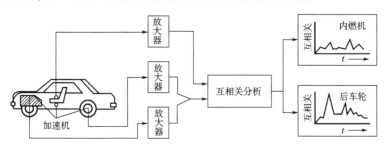

图 7-22　互相关函数测试框图

第五节 频域分析及应用

信号的频域分析方法就是根据信号的频域描述来估计和分析信号的组成和特征量。通过信号的频域分析,可以解决以下问题:
(1)确定信号中含有的频率组成成分和频率分布范围;
(2)确定信号中各个频率成分的幅值和能量;
(3)分析各信号之间的相互关系;
(4)通过系统的输入与输出的频谱,求得系统的传递函数,识别系统的动力学参数;
(5)通过频谱分析,寻找系统的振动噪声源和进行故障诊断。
因此,频域分析法具有广泛的实际应用。

信号的频域描述称为频谱,但是,对于不同类型的信号和不同的分析参数,频谱可以表示为不同的形式。

对于周期信号,可以展开为傅里叶级数,求得不同频率成分的幅值和相位,构成离散的幅值谱、相位谱或功率谱。对于非周期信号,可以进行傅里叶变换,求得随频率连续分布的幅值谱密度、相位谱密度或功率谱密度。对于随机信号,由于它的幅值和相位是随机的,因而在理论上不能作为幅值谱和相位谱。通常采用具有统计特征的功率谱密度对其进行分析。

功率谱可以分为自功率谱和互功率谱。前者表示一个信号的能量(功率)沿频率轴的分布,后者由两个信号的互相关函数经傅里叶变换求得,因而互谱用来分析两个信号的互相关系,本身并不含有信号的功率意义。

为研究功率谱中的周期现象,例如,利用谐波引起的周期性功率谱峰值,可以对功率谱再做一次所谓的"谱分析",得到倒频谱。为了研究两个频谱之间的相关程度,例如,利用系统的输出频谱与输入频谱的相关的程度,可以求两个频谱的相干函数,这称为相干分析。

实际的信号往往是混杂有确定性信号的随机信号,不能由确定性函数计算它们的谱函数,而且测试只能在有限时间内进行,因而不能按频谱定义从无限区间求得真实的频谱。通常由有限长的离散时间采样序列求得的频谱,只是信号真实频谱的一种估计值,故称为谱估计。

一、确定性信号的频谱分析

1. 周期性信号的频谱分析——谐波分析

根据傅里叶级数理论,在满足狄利克雷条件(分段连续和分段光滑)下,任何周期为 T 的时间历程 $x(t)$ 都可展开成傅里叶级数。这种把周期性数据展开成傅里叶级数的方法称作谐波分析法。

周期性数据的频谱具有离散性、谐波性和收敛性三个特点。周期方波可以看成是由一系列频率不等的正弦波叠加而成的,周期方波的 51 次谐波幅值大约只有基频幅值的 2%。因此,根据周期性数据频谱的收敛性,在误差允许的范围内,可以忽略高次谐波分量。

2. 非周期性信号的频谱分析——傅立叶积分变换

非周期性数据一般是在一定时间内,随时间变化的瞬变数据(图 7-12)。对于非周期性数据的频谱分析,一般采用傅里叶积分变换法。由数学理论可知,当周期 $T\to\infty$ 时,周期性数据相邻谱线间隔 $\Delta f\to 0$,于是离散频谱就演变为连续频谱,傅里叶级数就变为傅里叶积分。瞬变数据的时间历程 $x(t)$ 满足傅里叶积分存在条件,即狄利克雷条件和函数在无限区间上绝对可积的条件,因此可写为:

$$X(f) = \int_{-\infty}^{\infty} x(t) e^{-j2\pi ft} dt \tag{7-65}$$

$$x(t) = \int_{-\infty}^{\infty} X(f) e^{j2\pi ft} df \tag{7-66}$$

在数学上,称一个函数和另一个函数的一一对应关系为变换。称式(7-65)中的 $X(f)$ 为 $x(t)$ 的傅里叶变换,称式(7-65)、式(7-66)中的 $x(t)$ 为 $X(f)$ 的傅里叶逆变换,两者互称傅里叶变换对,即:

$$x(t) \underset{\text{IFT}}{\overset{\text{FT}}{\rightleftharpoons}} X(f) \tag{7-67}$$

一般情况下,$X(f)$ 是实变量 f 的复变函数,可以写成:

$$X(f) = |X(f)| e^{-j\varphi(f)} \tag{7-68}$$

式中:$|X(f)|$——时间历程 $x(t)$ 的连续幅值谱;

$\varphi(f)$——$x(t)$ 的连续相位谱。

二、随机信号的功率谱分析

为了研究信号的能量(或功率)的频率分布,并突出信号频谱图中的主频率,需要做功率谱分析。特别是对于有明显的非确定性的随机信号,用经典的傅里叶分析得到幅值谱和相位谱的方法效果不好。这是由于实际时间序列的信号和噪声的振幅、相位和频率变化的随机性质造成的。因此,需要从统计的角度出发,引进适合于具有随机性质时间序列的谱分析方法,即功率谱分析方法。它是把傅里叶分析法和统计分析法两者结合起来考虑的。

1. 自功率谱密度函数

假定 $x(t)$ 是各态历经随机过程的一个样本,其均值 $\mu_x = 0$,并且其中没有周期性分量,则:

$$R_x(\tau \to \infty) = 0 \tag{7-69}$$

这样,自相关函数 $R_x(\tau)$ 可满足函数在无限区间上绝对可积的条件,即:

$$\int_{-\infty}^{\infty} |R_x(\tau)| d\tau < \infty \tag{7-70}$$

利用式(7-65)和式(7-66)可得到 $R_x(\tau)$ 的傅里叶积分变换 $S_x(f)$ 及其逆变换,即:

$$S_x(f) = \int_{-\infty}^{\infty} R_x(\tau) e^{-j2\pi f\tau} d\tau \tag{7-71}$$

$$R_x(\tau) = \int_{-\infty}^{\infty} S_x(f) e^{j2\pi f\tau} df \tag{7-72}$$

$$R_x(\tau) \underset{\text{IFT}}{\overset{\text{FT}}{\rightleftharpoons}} S_x(f) \tag{7-73}$$

$S_x(f)$ 定义为 $x(t)$ 的自功率谱密度函数,简称自谱或自功率谱。由于 $S_x(f)$ 和 $R_x(\tau)$ 之间是傅里叶积分变换对的关系,两者是唯一对应的,因此 $S_x(f)$ 中包含着 $R_x(\tau)$ 的全部信息。$R_x(\tau)$ 为偶函数,$S_x(f)$ 也为偶函数。

若 $\tau=0$,则根据自相关函数 $R_x(\tau)$ 的定义和式(7-72)可得到:

$$R_x(0) = \lim_{T\to\infty}\frac{1}{2T}\int_{-T}^{T} x^2(t)\,\mathrm{d}t = \int_{-\infty}^{\infty} S_x(f)\,\mathrm{d}f \tag{7-74}$$

一般情况下,$\lim_{T\to\infty}\frac{1}{2T}\int_{-T}^{T} x^2(t)\,\mathrm{d}t$ 是有限的。由于振动的能量和功率与其均方值成比例,因此 $\int_{-\infty}^{\infty} x^2(t)\,\mathrm{d}t$ 可以看作是信号的能量,而 $\lim_{T\to\infty}\frac{1}{2T}\int_{-\infty}^{\infty} x^2(t)\,\mathrm{d}t$ 则代表 $x(\tau)$ 在 $(-\infty,+\infty)$ 上的平均功率。由式(7-74)可知,$S_x(f)$ 曲线下和频率轴所包围的面积就是信号的平均功率,则 $S_x(f)$ 就表示信号的功率密度沿频率轴的分布,故称 $S_x(f)$ 为自功率谱密度函数。

$S_x(f)$ 表示在 $(-\infty,+\infty)$ 频率范围内的自功率谱,所以又称为双边自功率谱密度函数。然而,在工程技术中,只能在 $[0,+\infty)$ 频率范围内定义功率谱,这种功率谱称作单边自功率谱密度函数,记作 $G_x(f)$,即:

$$G_x(f) = \begin{cases} 2S_x(f) & (0 \leqslant f < \infty) \\ 0 & (其他) \end{cases} \tag{7-75}$$

自功率谱密度 $S_x(f)$ 反映信号的频率结构,这一点和幅值谱 $|X(f)|$ 相近,但是自功率谱密度所反映的是信号幅值的平方,因此其频域结构特征更为明显。

2. 互功率谱密度函数

和定义自功率谱密度函数类似,如果互相关函数 $R_{xy}(\tau)$ 满足傅里叶积分变换条件,则 $S_{xy}(f)$ 定义为信号 $x(t)$ 和 $y(t)$ 的互功率谱密度函数,即:

$$S_{xy}(f) = \int_{-\infty}^{\infty} R_{xy}(\tau)\mathrm{e}^{-\mathrm{j}2\pi f\tau}\mathrm{d}\tau \tag{7-76}$$

互功率谱密度函数简称互谱或互功率谱。根据傅里叶积分逆变换,有:

$$R_{xy}(\tau) = \int_{-\infty}^{\infty} S_{xy}(f)\mathrm{e}^{\mathrm{j}2\pi f\tau}\mathrm{d}f \tag{7-77}$$

同理可得:

$$S_{yx}(f) = \int_{-\infty}^{\infty} R_{yx}(\tau)\mathrm{e}^{-\mathrm{j}2\pi f\tau}\mathrm{d}\tau \tag{7-78}$$

$$R_{yx}(\tau) = \int_{-\infty}^{\infty} S_{yx}(f)\mathrm{e}^{\mathrm{j}2\pi f\tau}\mathrm{d}f \tag{7-79}$$

互相关函数不是偶函数,因此互功率谱具有虚、实两部分。对于互功率谱,也采用类似单边自功率谱定义方法,定义 $G_{xy}(f)$ 为单边互功率谱,即:

$$G_{xy}(f) = 2S_{xy}(f) \qquad (0 \leqslant f < \infty) \tag{7-80}$$

由式(7-75)得其复变函数表达式:

$$\begin{aligned} G_{xy}(f) &= 2\int_{-\infty}^{\infty} R_{xy}(\tau)\mathrm{e}^{-\mathrm{j}2\pi f\tau}\mathrm{d}\tau \\ &= |G_{xy}(f)|\mathrm{e}^{-\mathrm{j}\varphi(f)} \\ &= A_{xy}(f) - \mathrm{j}B_{xy}(f) \end{aligned} \tag{7-81}$$

式中:$|G_{xy}(f)|$ ——复数的模;
$\varphi(f)$ ——复数的幅角。

$$|G_{xy}(f)| = \sqrt{A_{xy}^2(f) + B_{xy}^2(f)} \tag{7-82}$$

$$\varphi(f) = \arctan \frac{B_{xy}(f)}{A_{xy}(f)} \tag{7-83}$$

其中，$A_{xy}(f) = 2\int_{-\infty}^{\infty} R_{xy}(\tau)\cos 2\pi f\tau \mathrm{d}\tau$；$B_{xy}(f) = 2\int_{-\infty}^{\infty} R_{xy}(\tau)\sin 2\pi f\tau \mathrm{d}\tau$。

3. 功率谱分析的应用

1) 不解体的故障诊断

对于许多大型设备，为了防止出现故障，需要定期检修。定期检修往往是拆开后进行检测，频繁地拆装对设备本身也会产生损害。利用信号处理技术，对测得的机器振动和噪声信号进行分析，得到频谱图，可以判断设备有无故障。图 7-23 是汽车发动机振动的频谱分析，从图中可以看到，排气门间隙过大，高频成分明显增加。根据高频成分的大小就可以判断气门间隙调整是否合适。图 7-24 是试验测得的汽车变速器振动加速度和噪声，经过信号处理后得到的频谱图。从图中可以对比出，不正常的变速器在 9.2Hz 和 18.4Hz 上增加了峰值，因此可判断出变速器中某对齿轮出现了故障。

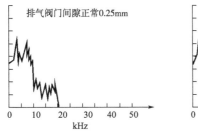
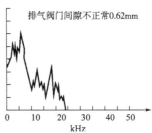

图 7-23 发动机振动的频谱图

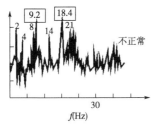
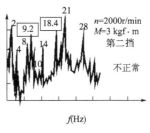
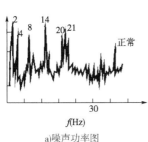
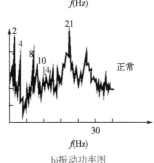

a) 噪声功率图 b) 振动功率图

图 7-24 汽车变速器噪声和振动的功率谱图（$n = 2000\mathrm{r/min}$）

2) 模拟随机环境

可用频谱分析确定载荷谱以模拟随机环境，这在研究机件的强度、寿命以及可靠性等方面应用广泛。

随机环境的模拟系统如图 7-25 所示。当汽车行驶在某种路面上时，将测得的振动加速度信号记录在磁带机上。回放磁带上的信号,分析得到标准的 $G_x(f)$,经过傅里叶逆变换、D/A 转换及功率放大器,使振动台激振起来。在振动台上测出加速度,经过傅里叶变换得到 $\hat{G}_x(f)$。将 $\hat{G}_x(f)$ 与 $G_x(f)$ 进行比较,再来修正功率放大器的信号,使得振动台上的振动加速度与实测的汽车振动加速度的功率谱相一致(在要求的误差范围内)。这样便可以在振动台上模拟道路的随机环境以及保证试验工况的稳定性,并可以进行强化试验,从而缩短试验时间。

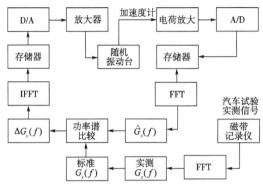

图 7-25　随机环境的模拟系统

三、随机信号倒频谱分析

1. 倒频谱的定义

倒频谱可以分析复杂频谱图上的周期成分,分离和提取在密集泛频信号中的成分。对于具有同族谐频和异族谐频等复杂信号的分析,效果很好。倒频谱在对语言分析中的语言音调的测定和检测机械振动谱图中的谐波分量做故障监测和诊断以及排除回波等方面是很有效的。倒频谱分析包括功率倒频谱分析和复倒频谱分析这两种主要形式,以下仅介绍功率倒频谱。

功率倒频谱的定义为"对数功率谱的功率谱",其表达式为:

$$C_x(\tau) = |F[\lg P_x(f)]|^2 \tag{7-84}$$

式中:$C_x(\tau)$——功率倒频谱,单位为$(dB)^2$;

$P_x(f)$——信号的自功率谱;

F——傅里叶变换。

自变量 τ 称为倒频率,具有时间的量纲,与自相关函数中的 τ 是一样的。τ 值大的称为高倒频率,表示在频谱图上的快速波动和密集谐频;与此相反,τ 值小的称为低倒频谱,表示在频谱图上的缓慢波动和离散谐频。

实际工程中常用的表达式为:

$$C_a(\tau) = \sqrt{C_x(\tau)} = |F[\lg P_x(f)]| \tag{7-85}$$

式中:$C_a(\tau)$——幅值倒频谱,或简称为倒频谱,单位为 dB。

倒频谱实际上是频域信号取对数的傅里叶变换再处理,或称为"频域信号的傅里叶再变换"。对功率谱密度函数取对数的目的是使再变换以后,信号的能量更加集中。

因为功率倒频谱是对频谱做谱分析而得到的,因此,它与自相关函数有关。它们具有类似的结构形式和相同的自变量。它们的主要区别在于功率倒频谱是对功率谱做对数转换

(即转换成分贝)后再进行傅里叶变换。而自相关函数是由功率谱函数在线性坐标上的傅里叶逆变换得到的。在某些场合使用倒频谱而不用自相关函数,是因为倒频谱在功率谱的对数转换时,给低幅值分量有较高的加权,其作用可以帮助判断谱的周期性,又能精确地测出频率间隔。所以,倒频谱优于自相关函数,是因为相关函数检测回波的峰值与频谱形状的关系十分密切,经过滤波之后(如地震波通过地球传输)实际上不可能加以检测。而功率谱的对数对这种滤波的带宽是不敏感的。所以,在自相关函数无法分辨的场合,功率倒频谱还能显示出延时峰。倒频谱对这种整个谱的形状不敏感性使它获得了许多应用。

2. 倒频谱分析的应用

轿车后桥螺旋伞齿轮是汽车中重要零部件之一,需要研究其齿轮啮合运转的泛频边带结构。齿轮安装在检验台上进行试验,加速度传感器安装在主动齿轮轴承部位,测得的加速度进行功率谱和倒频谱分析后的结果如图 7-26 所示。从倒频谱图上可以看出,当 $\tau = 53.3\text{ms}$ 时有最高峰值,说明了明显的间隔为 20Hz 左右的周期结构与主驱动轴的旋转频率 20Hz 完全吻合;啮合频率为 197.5Hz 处,在其左右相隔 20Hz 均有明显的峰值。

滚动轴承在工作过程中各运动的元件相互作用,形成各自特定的频率,并相互叠加和调制。在功率谱图上,呈现出多族谐频的复杂波形,一般难以识别。采用倒频谱分析后,则可以很容易识别,如图 7-27 所示。在有故障轴承的倒频谱图上,出现两个比较明显的峰,其倒频率分别为 $\tau_1 = 9.47\text{ms}(105.6\text{Hz})$ 和 $\tau_2 = 37.9\text{ms}(26.39\text{Hz})$。而理论分析滚珠故障频率为 $f_1 = 106\text{Hz}$,内圈故障频率为 $f_2 = 26.35\text{Hz}$,与倒频谱分析提供的数据相符。这说明倒频谱分析是检查故障的有效方法。

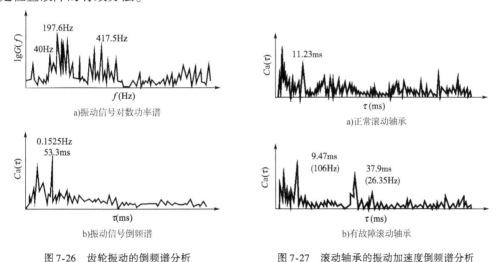

图 7-26 齿轮振动的倒频谱分析　　　　图 7-27 滚动轴承的振动加速度倒频谱分析

四、随机信号频率响应函数分析

频谱分析应用很广泛,但有个缺点,即要求对比试验的条件和工况完全相同,否则无法进行对比。以汽车测试为例,在某地某时做的试验,所做谱分析的结果,无法与其他地区或时间所做的试验分析结果相对比。因为道路状况、气候等条件均不可能完全相同。一般来说,改进汽车结构得到的效益,还没有改变工况条件对试验结果的影响大。有时,即使在同一时刻、同一地点进行对比试验,也很难保证两次试验时,汽车车轮的轨迹完全一致。另外,汽车的使用工况是非常复杂的。有时在某种道路和车速条件下,试验方案 1 比方案 2 好;而在另一种道路和车速条件下,方案 2 比方案 1 好。因此,为了做好试验,必须在各种路段、各种车速下进行。这样试验的工况十分繁杂,要求处理的数据很多,工作量非常大,而且又很难用简单的图表全面地说明问题。

频率响应函数的分析能够很好地解决上述问题,其分析结果具有较好的可比性。为了取得结果,一般仅需要选择一种工况进行试验就可以得到满意的结果。由于频率响应函数分析具有这一突出的优点,在实际工程问题上应用很普遍,从而得到迅速的发展。

1. 频率响应函数的定义与基本特性

众所周知,常系数线性系统的动态特性可用脉冲响应函数 $h(\tau)$ 来描述。$h(\tau)$ 的定义为任意时刻上系统对单位脉冲输入的输出,则对任意输入 $x(t)$,系统的输出 $y(t)$ 为:

$$y(t) = \int_{-\infty}^{\infty} h(\tau) x(t-\tau) \mathrm{d}\tau \tag{7-86}$$

同时,常系数线性系统也可用传递函数 $H(s)$ 来描述。这里 $H(s)$ 定义为脉冲响应函数 $h(\tau)$ 的拉普拉斯(Laplace)变换,即:

$$H(s) = \int_{0}^{\infty} h(\tau) \mathrm{e}^{-s\tau} \mathrm{d}\tau \qquad (s = a + jb) \tag{7-87}$$

如果一个常系数线性系统在物理上是可实现的,而且是稳定的,则此系统可用频率响应函数 $H(f)$ 来描述。$H(f)$ 定义为脉冲响应函数 $h(\tau)$ 的傅里叶变换,即:

$$H(f) = \int_{0}^{\infty} h(\tau) \mathrm{e}^{-j2\pi f\tau} \mathrm{d}\tau \tag{7-88}$$

频率响应函数是传递函数的一个特例。对于物理上可实现的稳定的系统,用 $H(f)$ 代替 $H(s)$ 不会丢失有用的信息。

对式(7-81)两边取傅里叶变换,令 $X(f)$ 是 $x(t)$ 的傅里叶变换,$Y(f)$ 是相应输出函数 $y(t)$ 的傅里叶变换,则可得到常系数线性系统频率响应函数的重要关系式:

$$Y(f) = H(f) X(f) \tag{7-89}$$

所以有:

$$H(f) = \frac{Y(f)}{X(f)} = \frac{Y(f) X^*(f)}{X(f) X^*(f)} = \frac{P_{xy}(f)}{P_x(f)} \tag{7-90}$$

式中:$P_{xy}(f)$——互功率谱;

$P_x(f)$——输入信号的功率谱。

$H(f)$ 是一个复数,可用模和相角表示:

$$H(f) = |H(f)| \mathrm{e}^{-jg(f)} = A(f) - jB(f) \tag{7-91}$$

式中:$|H(f)|$——模,$|H(f)| = \sqrt{A^2(f) + B^2(f)}$ 称为幅频特性;

$g(f)$——相角,$g(f) = \arctan \frac{B(f)}{A(f)}$ 为相频特性。

频率响应函数的物理意义是:首先假定输入是频率为 f 的正弦波,输出也是一个相同频率的波。同一频率的输出振幅与振幅之比,等于系统的模 $|H(f)|$;输出和输入的相位差等于系统的相角 $g(f)$。频率响应函数就是系统的幅频和相频特性。

频率响应函数的一些基本特性:

(1) $|H(f)| \geq 0$,即幅频特性为正值函数。

(2) $h(\tau)$ 与 $H(f)$ 互为傅里叶变换对。

(3) 如果系统为单输入,则没有明显的噪声输入。若频率响应函数是确定的,那么只要知道系统的输入功率谱,就可以计算出系统的输出功率谱或互谱,即:

$$P_y(f) = |H(f)|^2 P_x(f) \tag{7-92}$$

$$P_{xy}(f) = H(f) G_x(f) \tag{7-93}$$

如果已知汽车车轮和悬架装置的传递函数特性,那么只要知道这些道路的路面谱,就可以计算出汽车在该道路上的响应谱。因此,如果知道各种工况下的输入谱,只要做一次试验测得系统的传递函数,就可计算出各种工况下的响应谱,而不必大量重复地试验测定。这充分体现了频率响应函数的优点。

(4) 频率响应函数的相频特性与互谱的相位特性完全相同。互谱的相位特性就是频率响应函数的相频特性,即:

$$H(f) = \frac{Y(f)}{X(f)} = \frac{X^*(f) Y(f)}{X^*(f) X(f)} = \frac{P_{xy}(f)}{|X(f)|^2} \tag{7-94}$$

式中:$|X(f)|$——实数,求模。

(5) 频率响应函数的幅频特性图上,幅比值可用线性坐标,其单位为输出信号的物理单位除以输入信号的物理单位。有时也用对数坐标表示,即 $20\lg|H(f)|$。对数坐标的单位是 dB(分贝)。必须注意,即使用了对数坐标,也必须牢记其参考单位为输出信号的物理单位除以输入信号的物理单位。例如,输入为力,其单位为 N(牛顿),而输出为加速度,单位为 m/s^2,则幅频特性的物理单位为 $(m/s^2)/N$,其对数坐标的参考比较单位为 $(m/s^2)/N$。

2. 相干函数

频率响应函数在输出与输入信号中均无噪声信号混杂,是理想的。在实际试验中,测定的信号不能完全保证无噪声干扰。为了研究输出信号 $y(t)$ 中有多少来自输入信号 $x(t)$,需引入相干函数(coherence function),或称凝聚函数的概念。

$$\gamma_{xy}^2(f) = \frac{|H(f)|^2}{P_x(f) P_y(f)} \qquad (0 \leq \gamma_{xy}^2 \leq 1) \tag{7-95}$$

相干函数必须在多段平均时应用。如果研究输入、输出信号只有一段,则 $\gamma_{xy}^2(f)$ 永远等于1。即使 $x(t)$、$y(t)$ 之间毫无关系,也是如此。在此情况下,相干函数完全失去意义,反而造成错觉。因为处理一段信号时:

$$|P_{xy}(f)| = |X^*(f) Y(f)| = |X(f)| |Y(f)| \tag{7-96}$$

所以

$$|P_{xy}(f)|^2 = |X(f)|^2 |Y(f)|^2 = P_x(f) P_y(f) \tag{7-97}$$

则

$$\gamma_{xy}^2(f) = \frac{|P_{xy}(f)|^2}{P_x(f) P_y(f)} = 1 \tag{7-98}$$

因此,在处理一段信号时,相干函数不能应用。

3. 频率响应函数的测定

系统的频率响应函数,理论上可用解析法确定,但是,由于实际的系统是复杂的,如对机械系统而言,其各个参数(质量、阻尼、刚度)都是连续分布的,而在理论计算时,一般多作为集中系数考虑。因此,直接用解析法分析较复杂的系统,即使是近似计算,要得到频率响应

函数,也是困难的,且精度较差。因此,较普遍地应用试验测试方法来测定频率响应函数。试验测定常用的方法有3种:

(1)正弦和随机扫频激振法。如果系统用正弦波作为输入信号,并不断改变它的频率,或者用白噪声随机波作为输入信号,再测出系统的响应,求得频率响应函数,这是比较理想的,然而,这往往需要庞大的试验设备,如激振台、激振装置等。

(2)冲击法。用脉冲信号对系统激励,测试系统的输入、输出信号,进行傅里叶变换,即可计算出频率响应函数。该方法试验方便,但精度较差。由于使用的设备简单,所以还是得到广泛应用。

(3)原型工况实测法。直接用系统实际工作的输入输出信号数据,进行傅里叶变换后求得。该方法不需要庞大的试验设备,加上信号分析技术的发展,现已得到广泛的应用。

4. 频率响应函数的应用

频率响应函数的应用十分广泛。通过频率响应函数,测定系统的动力特性、判别减振和隔振效果、判别传输通道等。根据输入与输出数据,通过频率响应函数分析,测定物理系统的模拟特性,例如电气系统的电感、电阻和电容,机械系统的质量和阻尼等,声系统的声惯性、声质量和声阻尼。

1)汽车减振性能分析

汽车行驶试验时,车桥上的振动是通过悬架装置减振后传递到车身上的,悬架装置的频率响应函数可以表示其振动衰减的特性,前桥上的加速度是输入信号 $x(t)$,车身地板上的加速度为输出信号 $y(t)$,其幅频和相频特性如图7-28所示。

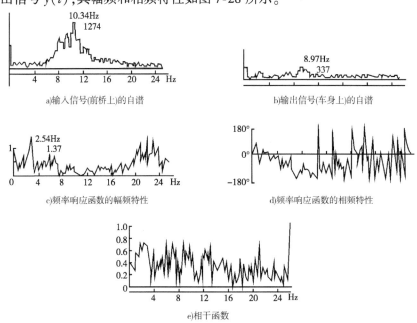

图 7-28 汽车平顺性试验频率响应函数(吉普车,车速20km/h,采样间隔5ms,8段)

从图中可以看出悬架装置的减振效果。在2.34Hz处其频率响应函数为1.37,说明在这一个频率点上,车桥和车身上的加速度近似。在其他频率上,车身上的加速度有很大的衰减。

2)汽车的操纵和稳定性能分析

试验以转向盘转角作为输入信号 $x(t)$,以汽车车身旋转角速度作为汽车整个系统的输

出信号 $y(t)$。汽车以一定车速直线行驶，猛转转向盘又立即回到原位，每隔一定时间连续做这样脉冲转向盘转角输入的动作，测得两者的信号，然后通过信号处理计算出幅频和相频特性，如图 7-29 所示。

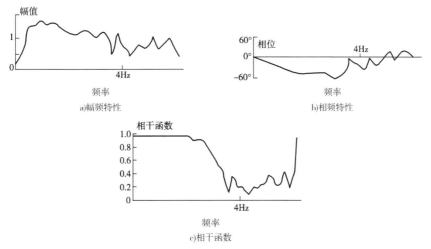

图 7-29　汽车脉冲试验频率响应函数（吉普车，车速 80km/h，采样间隔 10ms，3 段）

从图中可以看出，幅频特性曲线在整个频区比较平缓，说明幅频特性较好。如果曲线上有很高的尖峰起伏，则说明汽车在这些频率点过于敏感，不好驾驶。同时，若相频特性的相位差较大，则汽车反应迟钝、发飘，也不好驾驶。因此，脉冲试验频率响应函数的分析结果，可以反映汽车的操纵、稳定性能的动力特性。

 本章思考题

1. 归纳确定性信号与随机信号分析方法的差异。
2. 请思考相关分析中互相关函数可以应用于哪些汽车试验项目。

第八章　典型汽车试验及设备

汽车试验是指在指定的试验场所,使用专用的仪器设备,依照试验大纲及有关技术标准的要求,对汽车整体、总成或零部件进行各种测试的过程。汽车试验是车辆设计改进、性能评价和故障诊断的必要手段和重要依据。汽车试验按试验目的可分为质量检查试验、新产品定型试验、研究性试验和整车性能试验;按试验对象可分为整车性能试验、总成试验和零部件试验;按试验场所分为实验室台架试验、室外道路场地试验和专用试验场试验。

第一节　汽车基本性能试验

汽车最基本的性能主要包括动力性、经济性、制动性、操纵稳定性、平顺性和通过性,我国出台了系列的技术标准和规范,对各项性能的试验方法、程序和设备等做了详细的规定。

一、动力性试验

汽车的动力性能是汽车最基本、最重要的性能之一。通过动力性试验能够检验、考察被测试车辆是否满足设计要求,为改进设计提供依据,且可以通过对比试验来判定两车性能的优劣。

1. 试验仪器

五轮仪或非接触速度仪、秒表、钢卷尺、标杆、转速表、坡度仪、温度计等。

2. 试验条件

(1)车辆准备:进行试验前,要对试验车辆的加速踏板开度、轮胎气压、车轮定位参数及车辆附属装备等进行检查,保证以上各项都符合规定。

(2)装载质量:一般条件下,在无特殊规定时,试验车辆装载质量按厂定最大装载质量装载,或者处于厂定最大总质量状态。试验中乘员质量可使用相同质量的重物来代替。在试验中,封闭式车厢一般使用沙袋、塑料桶或水袋作为加载物,开放式车厢一般采用碎石作为加载物。在加载时,在车厢内要采取一定的措施,使加载质量均匀分布、固定牢靠。

3. 试验内容

1)最高车速试验

汽车的最高车速是指汽车在良好的水平路面上直线行驶时汽车能达到并保持行驶的最高速度。它不是瞬时值,而是可连续行驶一定距离的最高速度。

测量最高车速时,变速器操纵杆应置于汽车设计最高车速的相应挡位,一般是最高挡。如果最高挡速比设置(例如某些超速挡)不能使汽车达到最大行驶速度,可在次高挡位进行测试。对于使用自动变速器的车辆,最高车速在"D"前进挡测量。

最高车速反映的是车辆依靠动力能达到的车速极限,因此在试验时,要关闭车窗和附加设施,如空调装置,减少气流的影响。为了消除道路微小坡度的影响,提高测量准确性,应进行往返两个方向的测试,行驶路段应重合,试验结果取平均值。

测量段长度、行驶时间及车速符合如下关系：

$$V = \frac{D}{t} \times 3.6 \qquad (8-1)$$

式中：V——车速，km/h；

D——测量段长度，m；

t——测量段行驶时间，s。

不同国家的试验标准对测量路段长度的规定有差异，表 8-1 列出了几个试验标准的主要差别。

最高车速试验比较　　　　　　　　　　　　　　　　　　　　　表 8-1

项目	标准		
	我国国家标准	日本工业标准	德国标准
标准号	GB/T 12544—2012	JIS D 1016—82	DIN 70020.3
装载质量	满载	满载	允许总质量和空车质量之差的 1/2
最高车速测试段长度(m)	200	200	1000
纵向坡度	≤0.1%	平直铺装路	≤1%

2）加速性能试验

加速性能是指汽车从较低车速加速到较高车速时获得最短时间的能力，它主要用加速时间来衡量。表征汽车加速能力的指标有起步换挡加速时间和超越加速时间，相应地测试汽车加速性能的试验方法有两种。

（1）起步连续换挡加速试验。

起步连续换挡加速试验是指汽车在平直道路上用汽车的起步挡位起步，并以最大加速度迅速过渡到最高挡，或者使汽车达到某一速度或行驶一定距离的试验。不同国家的试验标准中对这一速度或距离的规定有差异，见表 8-2。

加速试验比较　　　　　　　　　　　　　　　　　　　　　　　表 8-2

项目	标准			
	我国国家标准	日本工业标准	德国标准	美国汽车工程师学会标准
标准号	GB/T 12544—2012	JIS D 1016—82	DIN 70020.3	SAE J 1491—85
装载质量	满载	满载	允许总质量和空车质量之差的 1/2	整备质量 +136kg
纵向坡度	≤0.1%	平直铺装路	≤1%	≤0.5%
起步连续换挡加速试验	0→最高挡最高车速的 80% 以上	0→200m 0→400m	0→50km/h 0→100km/h	0→96.6km/h 0→402m 0→5s
超越加速试验	从高于最低稳定车速的 5 的整数倍数车速加速到最高车速的 80% 以上	从高于最低稳定车速的 10 的整数倍数车速加速	—	64.4km/h→96.6km/h

(2)最高挡和次高挡加速试验。

最高挡和次高挡加速性能反映汽车在行进中提速的快慢程度。汽车在正常行驶时以最高挡和次高挡行驶居多,当汽车由较低车速过渡到较高车速时,动力性好的车辆能在较短的时间内达到预定的车速,表现出提速快、能迅速完成超车的性能。

试验时,汽车变速器操纵杆置于预定挡位,加速中不换挡。汽车先以预定的车速等速行驶,进入测试路段后,迅速将加速踏板踩到底,使汽车以最快的速度行驶至某一速度或行驶一定距离,记录加速过程的速度、时间及行驶距离。

对于使用自动变速器的车辆,试验在"D"前进挡进行,初始车速的选取一般以车辆在加速中不至于自动换挡为原则。试验在往返两个方向进行。

3)最大爬坡度试验

爬陡坡试验是测试汽车爬坡能力的方法之一,爬坡能力一般用最大爬坡度来衡量。

测量汽车最大爬坡度的方法如下:选择与该车预计爬坡度相近的坡道,坡道长应大于25m,试验车停于坡底靠近坡道的平直路段上,变速器操纵杆置于最大牵引力输出挡(通常是第一挡)。汽车起步后,将加速踏板全开进行爬坡。如果汽车能顺利爬上该坡,再选择更大一级坡道进行试验,直至汽车不能爬上的坡道为止。能爬上的最大坡度,就是汽车的最大爬坡度。

如果很难找到一系列有各种坡度的坡道,可采用适当增减装载质量、选择变速器较高一挡进行爬坡的办法来进行最大爬坡度测试。例如:假设汽车的最大爬坡度在30%以上,实际的坡道坡度为20%,这时可用汽车的第二挡进行试验,如果使用第二挡爬不上20%坡度的坡道,可减少装载质量,直到能爬上坡道为止,对此时的汽车质量称重,然后用下式折算成规定质量下汽车的最大爬坡度:

$$\alpha_m = \sin^{-1}\left(\frac{G_{ak}}{G_a} \cdot \frac{i_1}{i_k} \sin\alpha_k\right) \tag{8-2}$$

式中:α_m——最大爬坡度(°);

α_k——试验时的实际坡度(°);

G_{ak}——汽车实际总质量(kg);

G_a——汽车规定质量(kg);

i_1——最低挡总速比;

i_k——实际总速比。

二、经济性试验

汽车燃料消耗量的多少是评价燃料经济性好坏的标志。燃料经济性试验是测量汽车在一定条件下的燃料消耗,以得到其燃油经济性评价指标的试验。

1. 试验仪器

五轮仪或非接触速度仪、燃油流量传感器等。

2. 试验条件

燃料消耗量试验要考虑几个主要因素:一是装载质量;二是测量路段距离;三是行驶工况及操作规程;四是车速规定。不同国家试验标准中对这些因素的规定不尽相同,表8-3所示为我国燃料消耗量的试验标准。

我国燃料消耗量试验方法　　　　　　　　　　　　　　　　　　　　表 8-3

多工况燃料消耗量试验				等速燃料消耗量试验		装载质量状况	适用范围
工况名称	每一循环距离（m）	平均车速（km/h）	每一循环总时间（s）	测量距离（m）	车速		
15 工况	1014.3	27	195	500	从高于最低稳定车速的 10 的整数倍选取,至最高车速的 90%	规定乘员数的一半(取整数)	轿车和总质量小于 3500kg 的载货汽车
10 工况	663.7	24.1	135			空载加两名乘员	微型汽车
6 工况	1075/1170	39.6/39.5	97.7/106.5			满载	总质量大于 3500kg 的载货汽车和除城市客车以外的其他客车
4 工况	700	19.5	129.5			总质量的 65%	城市客车

在进行燃料经济性试验时,为了与汽车实际使用情况相近,车辆装载原则为:轿车为规定乘员数的一半(取整数),城市客车为总质量的 65%,除此以外的其他车辆为满载状态测量。

燃料经济性评价指标用行驶单位里程(如 100km)的燃料消耗量来表示,即百公里油耗量(L/100km),也有用汽车单位燃料消耗量的行驶里程来表示的,即每升燃油的行驶里程(km/L)。

3. 试验内容

1) 等速行驶燃料消耗量试验

等速行驶燃料消耗量试验是测量汽车以稳定的车速匀速行驶一定距离平直路段的燃油消耗,以得到各车速时的百公里油耗。

试验时,汽车变速器操纵杆置于常用挡位,一般是最高挡,使用自动变速器的车辆,在"D"前进挡进行测量。试验车车速以 10 的整倍数均匀选取,在该挡最小稳定车速至最高车速 90% 范围内,应至少测量 5 个车速点的油耗。

根据测量出的各车速下的百公里油耗数据,通过拟合就可得到油耗消耗特性曲线。

2) 加速行驶燃料消耗量试验

加速行驶燃料消耗量试验是对汽车加速工况燃料消耗量的测量,以评价汽车加速时的油耗水平。一般用直接挡全气门加速 500m 的方法来测量。

试验时,汽车挂直接挡(没有直接挡可用最高挡),在稳速段以 (30±1)km/h 的车速匀速行驶,从测量路段的起点开始,把加速踏板踩到底,加速通过测试路段,测量并记录通过测试路段的加速时间、燃料消耗量和汽车到达测试终点的车速。

3) 多工况燃料消耗量试验

汽车在实际使用中工作状态变化非常复杂,为了测量出反映汽车实际使用特点的燃料消耗量,人们针对不同车型对大量的行驶工况进行了统计和分析,制定出一套针对不同车型按不同的行驶工况运行的燃料消耗量试验方法,归纳为 15 工况、10 工况、6 工况和 4 工况法等燃料消耗量试验方法,见表 8-3。

4)限定条件下的燃料消耗量试验

汽车在实际使用中的燃料消耗量直接反映了汽车的燃油经济性水平,但由于汽车实际使用条件的复杂性,实际燃料消耗量的离散性很大,为了使实际运行条件下的测试结果有一定的可比性,要求对实际运行条件加以适当的限制和规定,这就是限定条件下的燃料消耗量试验。

试验时,测试路段应设在三级以上的平原干线公路上,试验路段长度不小于 50km。所选择道路的交通情况应正常。试验车在保证交通安全和遵守交通法规规定的前提下,应基本保持一定的行驶速度。

5)不限定条件的燃料消耗量试验

不限定条件的燃料消耗量试验是对汽车行驶道路、交通状况、驾驶习惯、周围环境等因素不加控制的试验方法。它原则上要求试验车辆数量多、行驶里程长,是一种测量实际使用油耗的方法。

进行这一试验工作,可在某一地区、某汽车使用单位,把试验车辆投入实际使用,在使用过程中统计汽车行驶里程与油耗量,最后确定平均燃油消耗量。

三、制动性试验

汽车制动性是指汽车在行驶时能在短距离停车且维持行驶方向稳定性的能力,在下长坡时能维持一定车速的能力,也包括在一定坡道上能够长时间停放的能力。汽车制动性通常从制动效能、制动效能稳定性和制动时的方向稳定性三方面来评价。制动效能指制动距离与制动减速度;制动效能的恒定性即抵抗制动效能的热衰退(陡坡连续制动热能上升)和水衰退的能力;制动时汽车方向的稳定性指制动时不跑偏、不侧滑,及不失去转向能力的性能。

1. 试验仪器

制动踏板力测定仪、减速度仪、压力表、测速仪、制动距离测定装置、时间测定仪、热电偶、远程多点温度计、风速仪等。

2. 试验条件

试验路段应为干净、平整、坡度不大于 1% 的硬路面;路面附着系数不宜小于 0.72 ~ 0.75;试验时风速应小于 5m/s;气温在 0 ~ 35℃ 之间;试验前汽车应充分预热,以 $0.8 \sim 0.9 v_{max}$(最高车速)行驶 1h 以上。表 8-4 列举了不同国家乘用车制动性试验技术标准和相关要求。

各国乘用车制动规范　　　　　　　　　　表 8-4

项　目	标　准			
	ZBT 24007—1989	EEC 71/320	GB 7258—2017	FMVSS 135
试验路面	干水泥路面	附着良好	$\varphi \geq 0.7$ 的混凝土或沥青路面	Skid No81
载重	满载	1人或满载	空载、满载	轻载、满载
制动初速度	80km/h	80km/h	50km/h	96.5km/h
方向稳定性	偏高≤3.7m	不抱死跑偏	偏高≤2.5m	不抱死,偏高≤3.66m

续上表

项　　目	标　　准			
	ZBT 24007—1989	EEC 71/320	GB 7258—2017	FMVSS 135
距离或减速度	≤50.7m	≤50.7m ≥5.8m/s²	空载：≤19m，≥6.2m/s² 满载：≤20m，≥5.9m/s²	≤65.8m
踏板力	≤500N	≤490N	空载：≤400N 满载：≤500N	≤66.7~667N

3. 试验内容

1）制动距离测定试验

制动距离是指从驾驶人开始启动制动控制装置时起到车辆停止时车辆所驶过的距离，如图8-1所示。

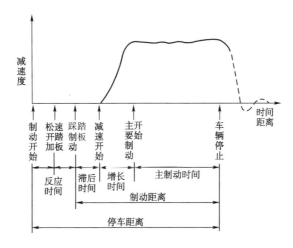

图8-1 制动距离

2）制动减速度测定试验

《商用车辆和挂车制动系统技术要求及试验方法》（GB 12676—2014）定义的制动减速度为充分制动的平均减速度（Mean Fully Developed Deceleration，MFDD），如图8-2所示。

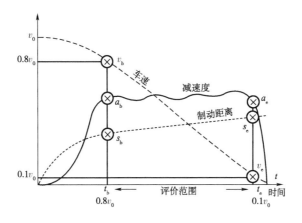

图8-2 充分制动的平均减速度（MFDD）的定义

MFDD 按下列公式计算：

$$\mathrm{MFDD} = \frac{v_b^2 - v_e^2}{25.92(s_e - s_b)} \tag{8-3}$$

式中：v_b——$0.8v_0$（v_0 为试验车制动初速度，km/h）试验车速（km/h）；

v_e——$0.1v_0$ 试验车速（km/h）；

s_b——试验车速从 v_0 到 v_b 的行驶距离（m）；

s_e——试验车速从 v_0 到 v_e 的行驶距离（m）。

可用速度仪测出相应的车速和距离。

3）制动方向稳定性要求

《商用车辆和挂车制动系统技术要求及试验方法》（GB 12676—2014）规定的制动性能必须在车轮不抱死的情况下，任何部位不偏离出 3.7m 通道宽。此要求是参照了美国 FMVSS105、FMVSS121 的规定（12ft），略宽于 ECE R13-H 的要求（3.5m）。应当注意，这是列在《商用车辆和挂车制动系统技术要求及试验方法》（GB 12676—2014）第五节制动系统性能要求的总则之中，是指标准中所列的各项效能试验时车辆方向稳定性的原则规定。在日本 1991 年版的《汽车技术手册》试验评价篇中，车辆制动稳定性试验包括各种路面上的直线行驶和转弯行驶制动。而在我国对汽车制动方向稳定性进行检验时，则应遵守《机动车运行安全技术条件》（GB 7258—2017）中的规定。

4）制动力分配试验

制动力在轴间的合理分配对提高汽车的制动效能缩短制动距离，保持在不同附着系数路面上的制动稳定性都至关重要。《商用车辆和挂车制动系统技术要求及试验方法》（GB 12676—2014）附录 A 中对未安装防抱死装置车辆的制动力分配有明确要求，该要求早已于 2001 年 10 月起实施。制动力分配试验在新车开发阶段可用双轮惯性制动器试验台进行台架试验，在整车制动分配试验中可用车轮转矩仪测量方式或车轮抱死顺序的试验方法（见 ECE R13-H 附件 5 中附录 1）测定。

5）防抱制动试验

防抱制动系统的道路试验应遵守国家标准《机动车和挂车防抱制动性能和试验方法》（GB/T 13594—2003），它主要参照 ECE R13 中的附件 13："采用制动防抱死装置车辆的试验要求"，但作了一些简化。这主要考虑当时我国的试验条件还不很完善，特别是缺乏低附着系数道路，因此，将最低附着系数 K 值定为小于 0.5，而 ECE R13 规定则小于 0.3。另外，国标还没有有关挂车 ABS 制动试验的规定，但在试验内容上基本与 ECE R13 附件 13 相同。为了与国际法规接轨，今后我国的 ABS 试验规范将逐步与 ECE R13-H 等法规靠拢。

防抱制动试验的内容主要为附着系数利用率测试、附加试验和能耗试验。

四、操纵稳定性试验

汽车操纵稳定性包含两个方面，一是操纵性，即汽车执行驾驶人指令的准确程度；二是稳定性，即汽车受到路面凹凸不平或侧向风干扰时其自身的稳定性及恢复原来直线行驶的能力。目前尚不能通过理论计算或计算机模拟来分析评价汽车的操纵稳定性，只有通过试验，以试验的结果来评判其性能的优劣。

1. 试验仪器

(1) 道路试验仪器：陀螺仪（可测量汽车的横摆角速度、车身侧倾角、车身纵倾角、纵向加速度、横向加速度)、第五轮仪、转向盘测力仪、车辆动态测试仪和操纵稳定性现场数据处理系统。

(2)室内试验仪器:质心高度试验台、静态侧倾能力试验台、汽车转向器试验台、静态力学参数试验台等。

2.试验条件

汽车操纵稳定性道路试验,应在专用汽车试验场进行。试验路面应是干燥、清洁的水泥或柏油铺面,任何方向上的坡度不得大于2%。若无专用试验场地,亦可在宽度不小于70m、长度不小于2000m的飞机跑道上进行。

3.试验内容

1)稳态回转试验

对汽车的稳态特性,曾经提出过多种多样的试验方法,到现在为止,得到普遍应用的实际上只有两类。一类是变侧向加速度 a_y 法,其中又分为固定转向盘转角 δ_{sw} 法和固定转向半径 R 法两种,它们都是用改变前进车速 v 使汽车得到不同的侧向加速度 a_y;另一类是固定侧向加速度 a_y 法,试验时除改变车速 v 外,还要改变转向半径 R。

(1)固定转向盘转角 δ_{sw} 法。

本方法首先要确定转向盘转角 δ_{sw} 的合适值,实际上是选用多大的初始半径 R_0。由于轮胎的非线性特性,使得同一辆汽车选用不同的初始半径 R_0 会得到不同的试验结果。

ISO 4138—2012(E)中稳态圆周试验建议初始半径 $R_0 = 30$m,而《汽车操纵稳定性试验方法》(GB/T 6323—2014)中规定 $R_0 = 15$m 或 20m。本方法又可分为连续加速法和稳定车速法两种。

(2)固定转向半径 R 法。

本方法要求在场地上用鲜明的颜色画出 $R = 30$m,圆心角尾120°的弧线,如图8-3所示。这个弧线与通常道路转弯半径比较接近,弧线的两边每隔5m放置一个标桩以形成通道。通道宽度等于车宽加 B,B 的规定为:轴距 $L \leq 2.5$m 时,$B = 0.6$m;轴距 $L > 2.5$m 时,$B = 1.0$m。

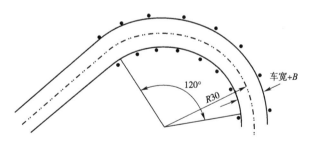

图8-3 固定转向半径 $R = 30$m 的试验通道

(3)固定侧向加速度 a_y 法。

本方法是美国于1971年提出的。试验时,汽车在平坦的广场上分别以40km/h、80km/h、110km/h行驶,转向盘转到适当位置,使汽车达到侧向加速度 $a_y = 0.4g(\pm 0.12g)$,维持10s,测出稳态横摆响应 γ 和转向盘转角 δ_{sw},试验结果要求绘制出名义转角横摆增益 γ/δ 与车速 v 的关系曲线。美国还为安全试验车(ESV)给出了满意区域,试验结果应落在满意区域之内。图8-4给出了美国安全试验车稳态转向特性满意区域。

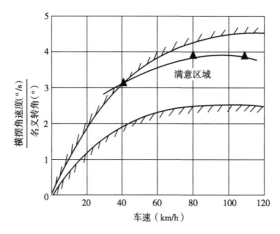

图 8-4 美国安全试验车(ESV)满意区域

2)转向盘转角阶跃输入试验

试验车在加速路段以试验车速 v 等速行驶,进入试验区段后继续以稳定车速 v 按场地要求路线行驶。同时打开仪器设备进行记录,当车辆行至指定地点,驾驶人以最快的速度转动转向盘($\delta_{sw} \geq 500°/s$)至预先确定的转角,并保持转向盘不动,同时保持节气门开度不变。从驾驶人转动转向盘开始到本次试验结束,记录时间为 6s 左右,预先确定好的转向盘转角 δ_{sw} 位置由试验要求达到的稳态侧向加速度 a_y 值决定。

本试验应在专门的试验场地上进行,若无专门的场地,则可在宽度不小于 70m 的飞机场跑道上进行,汽车行驶路线可参照图 8-5 进行。

3)转向盘转角脉冲输入试验

汽车作为一个线性动力学系统,其横摆角速度的相对阻尼系数随车速的增大而减小。为激起横摆角速度的振动现象,转向盘转角脉冲输入对试验车速的要求较高。在《侧向瞬态响应试验方法》(ISO 7401—2011)中,要求试验车速为 80km/h,在《转向盘转角脉冲输入方法》(GB/T 6323.3—2014)中,规定试验车速为试验车最高车速的 70%。

进行试验时,汽车以试验车速直线行驶,使其横摆角速度为零,做一标记,记下转向盘直线行驶位置,然后给转向盘一个三角脉冲输入(图 8-6),即向左(或向右)转动转向盘,并迅速转回原处保持不动。记录横摆响应全过程,直至汽车回复到直线行驶状态。转向盘转角输入脉宽为 0.3~0.5s,其最大转角要使本次试验过程中最大侧向加速度达到 $4m/s^2$ 左右,当车速为 80km/h 时,轿车转向盘转角为 70°~90°。试验期间,车速保持不变。

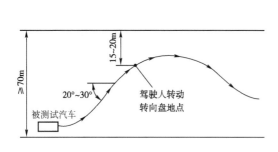

图 8-5 转向盘转角阶跃输入试验行驶示意图

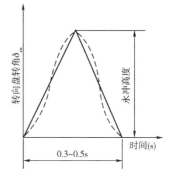

图 8-6 转向盘转角脉冲输入

4）转向回正性能试验

（1）低速回正试验。

汽车沿半径为$(15±1)$m 的圆周行驶，侧向加速度达到$(4±0.2)$m/s²后，稳定住车速并开始记录。3s 后驾驶人突然放松转向盘，至少记录松手后 4s 的汽车运动过程。记录时间内，节气门开度保持不变。

（2）高速回正试验。

对于最高车速超过 100km/h 的汽车，要进行高速回正性能试验。试验时，按汽车最高车速的 70% 并四舍五入为 10 的整数倍的车速沿试验路段直线行驶，稳定车速后，驾驶人转动转向盘使侧向加速度达到$(2±0.2)$m/s²左右时稳定并记录 3s 后，驾驶人突然放松转向盘，至少记录松手后 4s 的汽车运动过程。记录时间内，节气门开度保持不变。

5）蛇行试验

蛇行试验属驾驶人-汽车-外界环境组合而成的闭合系统性能试验方法之一。这种试验方法可反映出此闭路系统进行急剧转向的能力，同时也反映在此急剧转向情况下乘员的舒适性和安全性。

蛇行试验的标桩设置如图 8-7 所示，中小型汽车 $L=30$m，最大总质量大于 6t 的汽车 $L=50$m。进出口标桩宽度自定。

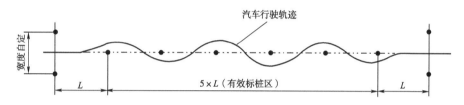

图 8-7　蛇行试验标桩设置

试验时试验车以基准车速通过有效标桩区，小型汽车的基准车速为 65km/h，总质量大于 6t 的汽车基准车速为 60km/h，若汽车总质量大于 15t，基准车速为 50km/h。汽车进入入口前，打开仪器设备进行记录，直至驶出出口。

完成基准车速的测试后，提高车速继续进行试验，但最高车速不能超过 80km/h。

五、平顺性试验

汽车平顺性试验是通过测试汽车座椅、地板等位置的振动加速度，评价因汽车振动使乘客感到不舒适或疲劳的程度的试验，因此，在汽车定型和改进研究中占有重要地位。汽车平顺性试验一般分为评价性试验和研究性试验两种。其中，评价性试验又可以分为主观评价试验和客观物理量评价试验。本书主要讨论客观物理量评价性试验。

1. 试验仪器

加速度传感器、放大器、人体振动测试仪（含加速度传感器）、数据处理装置等。

2. 试验条件

1）道路

试验道路应平直，纵坡不大于 1%，路面干燥，不平度应均匀无突变，长度不小于 3km，两端应有 30～50m 的稳速段。试验道路包括两种：

（1）沥青路，其路面等级应符合《机械振动　道路路面谱测量数据报告》（GB/T 7031—

2005)规定的 B 级路面;

(2)砂石路,其路面等级应符合《机械振动 道路路面谱测量数据报告》(GB/T 7031—2005)规定的 C 级路面。

砂石路为越野车、矿用自卸车优选路面,沥青路为其余类型汽车优选路面。

2)风速

风速不大于 5m/s。

3)汽车技术状况

(1)应符合该车技术条件的规定;

(2)轮胎气压应符合该车技术条件的规定,误差不超过 ±10kPa。

4)荷载

汽车的荷载均为额定最大装载质量,根据需要可增为半载或空载。

货箱内荷载物均匀分布且固定牢靠,试验过程中不得晃动和颠离,亦不应因潮湿、散失等情况而改变其质量。

人-椅系统的荷载,测试部位应为身高(1.75 ± 0.05)m,体重为(65 ± 5)kg 的自然人。非测试部位应符合《汽车道路试验方法通则》(GB/T 12534—1990)中表 1 的有关规定。

5)人的乘坐姿势

测试部位的乘员应全身放松,两手自然地放在大腿上,其中驾驶人的两手自然地置于转向盘上,在试验过程中应保持乘坐姿势不变。一般情况,乘员应自然地靠在靠背上,否则应注明。

6)试验车速

试验车速至少有包括大于常用车速、小于常用车速以及常用车速在内的三种车速。试验时应用常用挡位。不同的路面车速也不同:

(1)沥青路面,轿车车速分别为 40km/h、50km/h、60km/h、70km/h、80km/h、90km/h、100km/h,常用车速为 70km/h;其他类型汽车车速分别为 40km/h、50km/h、60km/h、70km/h、80km/h,常用车速为 60km/h。

(2)砂石路面,轿车车速分别为 40km/h、50km/h、60km/h、70km/h,常用车速为 60km/h;其他类型汽车车速分别为 30km/h、40km/h、50km/h、60km/h,常用车速为 50km/h。

试验车速偏差为试验车速的 ±4%。

3. 试验内容

1)随机输入行驶试验

在汽车运行中,使用最多的工况是汽车在接近平稳随机的路面上行驶。此工况下激起的振动是随机振动。随机输入行驶试验就是采用平稳随机振动的研究方法,测试和评价汽车在上述路面上行驶的平顺性的一种方法。

将加速度传感器安装在如下测量位置上:轿车安装在左侧前排和后排座椅上;客车安装在驾驶人座椅左侧后轴正上方座椅和左侧最后排座椅上;其他类型汽车安装在驾驶人座椅上、车厢底板中心及距车厢边板、车厢后板各 300mm 处的车厢底板上。

安装在座椅上的加速度传感器应能测三个方向的振动,以测量垂直振动(即 Z 轴方向的直线振动)、横向振动(即左右方向 Y 轴向和前后方向 X 轴向的直线振动)的加速度时间历程。传感器应与人体紧密接触,并且在人体和座椅间放一安装传感器的垫盘,其垫盘推荐采用图 8-8 所示的结构形式。

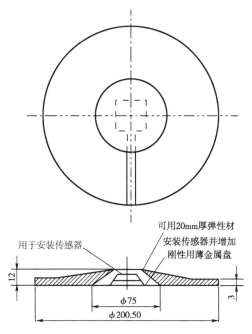

图 8-8 传感器支架(尺寸单位:mm)

试验前应首先标定加速度传感器并做记录。试验时,汽车在稳速段内要先稳住车速,然后以规定的车速匀速驶过试验路段。在进入试验路段时启动测试仪器以测量各测试部位的加速时间历程,同时测量通过试验路段的时间以计算平均车速,驶出试验路段后关闭测试仪器。样本记录长度不短于 3min。

2) 脉冲输入行驶试验

汽车在公路上行驶时,有时还会遇到很突出的障碍物,例如石块、土堆、凹坑、铺装在路面上的管道及横穿公路的铁轨等,这些障碍物使路面对汽车的振动输入突然增大很多,通常称这种输入为脉冲输入。脉冲输入虽然出现次数少,作用时间极短,但是,立刻会使乘员感到不舒服,严重时会损害乘员的健康(或者使运输的货物遭到破坏)。脉冲输入行驶试验就是通过试验研究汽车振动的这一极端状况的。

汽车行驶时遇到的障碍物虽然多种多样,但可以归纳为一个基本的几何形状。通常按下述基本要求选择凸块:

(1) 具有足够的脉冲强度;

(2) 具有相当的频带宽度;

(3) 能够模拟路面的形状,并且容易实现。

三角形凸块频率成分丰富,能激起汽车较强的振动,而且实际路面的许多障碍物都可以简化为三角形凸块。《汽车平顺性试验方法》(GB/T 4970—2009)中规定的凸块就是三角形凸块(图 8-9)。图中的尺寸 h,可以根据车型分别取为 60mm、90mm、120mm,凸块宽度 B 视车轮宽度而定。

为了提高信号的信噪比,在平整的路面上进行试验,将两个凸块摆放在与汽车行驶方向垂直的同一条直线上。当汽车行驶到距凸块 50m 时,车速应稳定在试验车速上,而后以稳定的试验车速驶过凸块,同时用磁带记录器记录汽车振动的全过程。每种试验车速至少进行 8

次试验。脉冲输入行驶试验时,从低速(10km/h)做起,以后每次递次升高10km/h,一直做到60km/h车速为止。

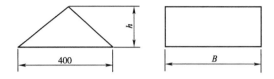

图8-9 三角块凸块(尺寸单位:mm)

由于汽车脉冲输入试验是评价汽车振动的极端状况的,因此用响应的最大值作为评价指标。而由于试验时采用多种试验车速,不同车速的响应值不一样,汽车脉冲输入试验的全面评价用Z_{max}(响应最大值)-v(车速)的关系曲线进行。

数据处理方法依据信号记录器的形式而定,如果是用磁带记录器记录信号的,须在数据处理设备上进行数据处理。这时,采样间隔取0.005s为宜。经数据处理求得各车速下各次试验的加速度最大值后,其算术平均值即定为该车速的加速度最大值。

第二节 汽车可靠性试验

汽车可靠性是汽车最重要的性能之一,是指汽车产品在规定的条件下和规定的时间内完成规定功能的能力。可靠性包括四个主要因素,即对象、规定条件、规定时间及规定功能。如果汽车产品在规定的条件下、规定的时间内不能完成规定的功能,称为故障或失效。

汽车可靠性试验的意义在于通过规定的试验方法进行可靠性试验,对其试验结果进行科学的统计、分析、处理,从而为汽车产品的研究、设计提供可靠性数据资料;对失效样品进行分析,找出其失效原因和薄弱环节,采取相应的对策,达到提高汽车产品可靠性的目的。

一、汽车可靠性行驶试验

1. 试验条件

1) 道路的选择

可靠性行驶试验的道路应能代表汽车在使用时的道路状况。由于不同车型的用途不同,选择的道路也不同。对于载货汽车与城市间的客车、旅游客车等,一般应选择典型坏路、高速道路和山区道路进行试验。路面应包括沥青路、水泥路等铺装道路,也应包括沙土路等非铺装道路。军用汽车还应包括部分越野路段,如沙地、泥泞地等自然地面。

在汽车试验场进行可靠性试验时,应根据车型的用途,选择试验道路组成循环。

表8-5、表8-6分别给出了美国福特公司轿车试验场轿车可靠性试验规范的部分内容。

美国福特公司轿车试验场试验道路种类、长度　　　　表8-5

道路种类	每一循环行驶长度(km)	
	加速可靠性试验	综合可靠性试验
基本耐久路	34.2	13.3
可靠性山路及陡路	3.2	10.6
砾石路	7.8	4.3

续上表

道路种类	每一循环行驶长度(km)	
	加速可靠性试验	综合可靠性试验
卵石路	0.4	2.1
振动与冲击路	1.3	1.3
高速跑道	56.2	32.0
连接路和转弯路	—	3.2
坑凹路	—	0.5
一次循环总计长度	103.1	67.3

美国福特公司轿车试验场规定的每一循环操作次数 表8-6

项目		每一循环操作次数(次)	
		加速可靠性试验	综合可靠性试验
制动停车	自动变速器	24	24
	手动变速器	25	26
制动减速		10	19
倒车停车		0.8	1
全速起步加速	自动变速器	13	10
	手动变速器	14	10

2) 驾驶操作

对驾驶操作应作出必要的规定。一般来讲,要用正确的驾驶操作方法来驾驶试验车。在试验场中,为实行快速的可靠性试验,要人为地规定某些操作动作,以增大零件的荷载频次。

3) 荷载

目前我国的汽车可靠性试验均规定,按说明书规定加额定的荷载。实际使用中,载货汽车经常在超载状态下工作,轿车经常在半载或2/3载情况下工作。所以试验中的荷载数量照理也应该根据不同车型分别作出规定。在国外载货汽车试验规范中,常规定加额定荷载的110%~115%,有时还要补充一部分空载行驶。

4) 维护与维修

在可靠性行驶试验中,原则上应按说明书规定的内容、周期、方法进行维护与修理。但进行新结构的试验或维护与修理制度的试验时,应另行制定相应的方法或试验大纲。

2. 试验评价

1) 评价指标的计算

整车只计算本质故障,同一零部件发生几次(处)相同模式的故障则只计算一次,各子系统除计算本系统发生的所有本质故障外,还须计算由于其连接、协调、匹配不当造成其他子系统发生的故障。

(1) 汽车平均故障间隔里程(MTBF)。

MTBF的点估计值按下式计算:

$$\text{MTBF} = \frac{nt}{r} \tag{8-4}$$

式中：n——试验车样车数；
r——试验车发生 1、2、3 类故障的总数，当 $r=0$ 时，计 $r=1$；
t——试验截止里程(km)。

(2)各子系统平均当量故障数。

$$C_r = \frac{\sum_{i=0}^{i} \varepsilon_i r_i}{n} \qquad (8-5)$$

式中：r_i——试验样车其子系统发生第 i 类故障数；
ε_i——第 i 类故障当量故障数。

2）评价指标限值

(1)基本车型。

整车平均故障间隔里程(不小于)和各子系统的当量故障数(不大于)同时满足表 8-7 的要求，方可评定为合格。

(2)变型车。

主要考核子系统的当量故障数不大于表 8-8 相应规定值，方可评定为合格。

(3)专用汽车。

根据其使用条件，按表 8-7、表 8-8 的相应车型和试验类别结合专用装置要求进行评定。

基本车型可靠性评价限值 表 8-7

评价内容		车 型							
		重型货车	中型货车	轻型货车	微型货车	大、中型客车	轻、微型客车	轿车	专用汽车
MTBF(km)		700	750	700	800	750	800	1300	—
各子系统当量故障数	发动机	12	15	18	18	18	15	10	—
	传动系统	12	12	10	10	12	10	8	—
	转向系统	10	10	8	8	10	8	8	—
	制动系统	12	12	10	10	10	8	8	—
	行驶系统	20	18	18	15	20	12	12	—
	车身及附件	10	10	10	10	12	10	8	—
	电气及仪表	12	12	12	12	15	12	10	—
	专用装置	—	—	—	—	—	—	—	12

变型车可靠性评价限值 表 8-8

评价内容		车 型							
		重型货车	中型货车	轻型货车	微型货车	大、中型客车	轻、微型客车	轿车	专用汽车
换装已定型发动机，发动机功率和转矩增大 10% 以上	发动机	8	8	10	10	10	8	6	—
	传动系统	8	8	8	8	8	8	6	—

续上表

评价内容		车型							
		重型货车	中型货车	轻型货车	微型货车	大、中型客车	轻、微型客车	轿车	专用汽车
传动系统更换一个和一个以上总成	发动机	8	8	10	10	10	8	6	—
	传动系统	8	8	8	8	8	8	6	—
转向系统结构变更	转向系统	6	6	5	5	6	5	6	—
制动系统结构变更	制动系统	10	10	8	8	8	8	6	—
前轴、后桥（壳）结构变更；悬架结构变更	行驶系统	15	15	15	12	15	10	10	—
客车车身改型；货车改换驾驶室；底盘、骨架结构变更	车身及附件	8	8	8	8	10	8	6	—
专用装置变更	专用装置	—	—	—	—	—	—	—	8

二、汽车可靠性台架模拟试验

汽车可靠性台架模拟试验是利用汽车在道路模拟试验机上进行的模拟道路行驶状况的可靠性试验。通常国内汽车厂家主要用美国产 MTS 型及德国产 Schenck 道路模拟试验机进行这类试验。

这种试验与行驶试验比较，可排除因驾驶人的疲劳等因素对试验结果的影响，并且没有人为造成的偏差，在统一的条件下进行试验。由于试验前对所采集的载荷谱进行了"删小量"及"强化"处理，故可在取得与道路行驶试验同样效果的情况下缩短试验时间，节省试验费用。

在台架上能再现实际行驶的状况，关键是要求出驱动信号，使其再现精度达到规定的要求。具体的汽车可靠性台架模拟试验的方法步骤如下。

1. 载荷谱的采集

汽车的实际工作载荷大多属随机载荷，只能进行统计描述。通常把表示随机载荷统计特性的图形、表格、数字、矩阵等统称为载荷谱。载荷谱常见的形式有：表明各种不同大小载荷出现次数的载荷频次图或累积频次图；表示不同频率下载荷能量分布的功率谱图；表示各级载荷相对频次的直方图等。这些图形从不同角度描述了实际载荷的统计规律。通常有两种分析随机载荷变化过程的统计方法。

（1）功率谱法：给出载荷幅值的均方值随频率的分布，它保留了载荷的全部信息，是一种较精确、严密的载荷统计方法。

（2）计数法：运用概率统计原理，把载荷变化过程中出现的极值（峰或谷）大小及其次数，或幅值（两相邻峰谷间的差）大小及其次数，或穿过某载荷量级的次数进行统计，得到表征载荷量值及其出现次数（频次）关系的载荷频次图。这种统计方法简便易行，数据处理工作量小，所用数据分析仪器简单，便于实时分析。但缺点是不够严密、精确，丧失了载荷随频率变化以及各量级载荷发生顺序的信息。

无论采用何种方法统计载荷谱,首先需获取典型条件下载荷的时间历程,通常选在试验场的可靠性试验路段上进行。试验时,行车速度对载荷大小有较大的影响。如果在综合路面上进行,应按实际使用时的正常速度行驶,尽量减少驾驶人人为的速度控制;如果在单一路面上试验,试验速度可以根据这种路面上实际平均速度选定,并尽量保持稳定,以保证试验数据具有平稳特征。为了提高统计精度,希望在同一条件下重复测定 3~5 次,并注意测量精度。研究表明,实测中如果带有 10% 的测量误差,可导致试验时寿命的加倍或减半。

2. 编谱

编谱就是将上述实测的原始荷载谱编辑成能运用于台架上进行道路模拟疲劳试验的期望响应应变历程,目的是缩短时间,编辑的主要手段是删小量及强化。

1) 删小量

从工作荷载谱上看到,低荷载级的频次占总频次很大比重,而它对寿命影响很小,略去低荷载级可加速试验进程。可略去的低载荷级有:

(1) 幅值小于最大荷载 10% 的载荷级(计数时执行);

(2) 小于 1/2 疲劳极限的荷载;

(3) 如果荷载谱服从正态分布,可略去小于 1.75σ(σ 为荷载幅值分布的标准差)的荷载级。

2) 强化

强化措施是基于疲劳累积损伤理论加速试验进程的有效途径,但强化程度应以零件不发生屈服极限为限,同时应保证强化前后试件的损伤部位及形式不变。

3) 模拟疲劳试验技术——求驱动信号

下面以 SCHENCK 道路模拟试验系统为例说明模拟疲劳试验技术的应用。该系统主要由计算机及其软件系统(ITFC)、电子控制系统和液压伺服系统等组成。ITFC 技术是实施道路模拟的核心部分,它根据线性系统分析原理,通过系统识别、迭代计算来得到再现控制点期望响应信号的试验驱动信号。

为保证高的试验精度,在试验中的各环节必须严格按规定进行。其中特别应提出的是:

(1) 试验车(荷载谱采集用车)及台架上的试验用车车型及技术状况、试验荷载、传感器的数量、布置的部位都应一致;

(2) 模拟台架的结构必须能保证所要求的再现精度。

三、极限条件可靠性试验

极限条件试验是对寿命试验的一种补充,它不是考核产品与时间因素有关的可靠性指标,而是要在较短的时间观察汽车承受极限应力的能力。表 8-9 举出了一些极限试验的例子。

极限条件可靠性试验举例 表 8-9

项 目	目 的	说 明
砂地脱出试验	判断传动系统的强度	后轮置于砂槽中,前进、后退使汽车冲出
泥泞路试验	判断驾驶室、车架的锈蚀及橡胶件的损坏	泥水深 300mm,长 50m,在泥水槽中行驶

续上表

项　　目	目　　的	说　　明
急起步试验	判断传动系统及悬架、车架的强度	在平路上及坡路上，拖带挂车，由发动机最大转矩转速急起步，反复操作
急制动试验	判断制动器、前轴转向系统的强度	在路面摩擦系数高的混凝土路面上直行及转弯时，以最大强度急制动
垂直冲击试验	判断悬架、车身的强度	汽车以较高速度驶过单个长坡或连续长坡
急转向试验	考核转向机构的强度	以可能的速度、最大的转向角进行前进、倒退，反复行驶操作
空转试验	考验传动系统的振动负荷	原地将驱动桥支起，以额定转速的110%～115%连续运转，传动轴有一定的不平衡量

四、特殊环境可靠性试验

这里所讲的特殊环境主要是指特殊的气候环境。特殊的气候对汽车的性能与可靠性都有影响。一般环境下可靠的汽车产品，在特殊气候下不一定可靠，因此要对汽车进行特殊环境下的可靠性试验。在我国，特别的气候条件主要有严寒地区、高原地区和湿热地区。表8-10列出了这些地区的主要环境因素及主要的可靠性问题。特殊环境试验一般在实际环境下进行，也可以在气候试验室内进行。

特殊气候地区的环境因素与可靠性问题　　　　表8-10

地　　区	主要环境因素	主要可靠性问题
严寒地区	低温 冰雪	冷起动、制动性 冷冻液、润滑液、燃油的冻结 非金属零件的硬化失败，采暖除霜装置的性能、特殊维修性问题
高原地区	低气压 低温 长坡 辐射	冷却液沸腾、供油系统气阻 动力性下降 起动性能恶化 人的体力下降，增加维修困难
湿热地区	高温 高湿度 高辐射（阳光） 雨水 盐雾 霉菌	冷却液沸腾 供油系统气阻 金属零件的老化、变质、发霉

第三节　汽车空气动力学试验

汽车空气动力学是一门经验科学，大量的汽车空气动力学方面的重要结论来自工程试验数据的分析和推理。由于外形复杂以及分离现象，导致汽车周围空气流场比飞机更为复杂。在空中自由飞翔的飞机形成的大气紊流有三个自由度,而在地面上行驶的汽车同时受空气动力、牵引力、轮胎与路面的摩擦力、惯性力等的作用,使汽车空气动力学根本不同于航空动力学。因此,风洞试验是汽车空气动力学这一门独立学科研究的重要手段。

一、风洞

风洞是进行汽车空气动力学研究的主要试验设备。风洞本体由按一定要求设计的管道构成,借助于动力装置在管道中产生可调节的气流,使风洞试验段能够模拟和基本上模拟大气流场的状态,以供各种空气动力试验用。图 8-10 为沃尔沃公司的汽车风洞试验室,其测试区域长 15.8m,宽 6.6m,高 4.1m,测试平台直径为 6.6m。

图 8-10 沃尔沃公司的汽车风洞试验室

风洞一般有空气动力风洞、噪声风洞、气候风洞、小型全尺寸风洞等多种类型。空气动力风洞又分为实车风洞和模型风洞,实车风洞主要进行实车或全尺寸模型的空气动力试验,而模型风洞进行缩比模型的空气动力试验。与实车风洞试验相比,缩比模型的试验费用低,改动方便,其试验量是实车试验的几倍。随着综合风洞的日益增多以及对原有实车风洞进行改造,实车风洞也进行缩比模型的试验。

1. 风洞形式

汽车风洞是在进行汽车试验时模拟汽车在实际道路上行驶时气流流动状态的场所。从结构上分,汽车风洞分为回流式风洞和直流式风洞(图 8-11)。其中,回流式风洞又分为单回流式风洞(图 8-12)和双回流式风洞(图 8-13)两种,其特点是空气沿封闭路线循环流动,气流不受自然风的影响,流态稳定。直流式风洞的特点是气流从大气中吸进,而后从风洞的后部排到大气中。直流式风洞里的气流受自然风的影响大些,噪声普遍很高。

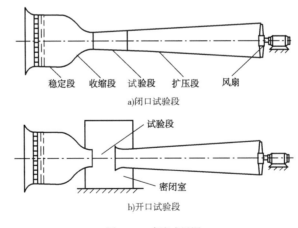

图 8-11 直流式风洞

2. 风洞试验段

试验段形式分开口试验段、闭口试验段和开槽试验段(图 8-14)。实车风洞闭口试验段横截面积大多在 $20m^2$ 以上,开口或开槽试验段横截面积一般在 $12 \sim 20m^2$ 之间。模型风洞多采用闭口试验段形式,试验段横截面积在 $12m^2$ 左右。

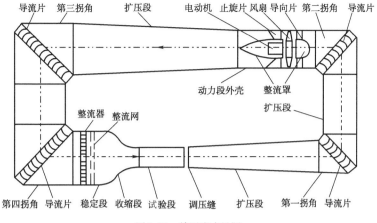

图 8-12 单回流式风洞

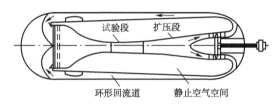

图 8-13 双回流式风洞

图 8-14 风洞试验段形式

风洞试验段的长度一般为模型长度的 2～5 倍。全尺寸风洞试验段的长度在 10～25m 之间,试验段的长度对空气特性的测定值有影响。

二、汽车风洞试验模型

1. 模型尺寸的确定

为保证风洞试验时的动力相似即雷诺数相似,应使模型具有较大的尺寸。但模型尺寸受到风洞试验段边界的限制,应控制在一定的范围内,否则会由于洞壁干扰影响大,且难以进行修正而影响试验数据的准确性。

采用闭口试验段风洞进行试验,模型的高度不超过模型支撑地板到风洞顶壁高度的 1/3,模型在最大侧偏角下的正投影不超过风洞试验段宽度的 1/3,阻塞度控制在 5% 以内,这样试验数据可以不进行风洞壁阻塞修正。

2. 模型的外形与结构

风洞试验比例模型必须与实物几何相似。其外形尺寸可按缩尺比例确定,但对进气口、驾驶室内流、附面层等都不能用简单的几何相似来模拟,还必须研究一些特殊的模型方法。

1) 进气口与内流模拟

进行常规测力风洞试验时,汽车模型一般不模拟内流,进气口与出气口都堵死。这样做的结果必将使模型外部的绕流与实物不相似。汽车行驶时来流一部分从前窗底进入驾驶室,然后从出口排出,其余大部分气流分车身上、下两部分均匀地从外面绕过,通常不发生气流分离。试验时,若把进气口简单堵死,仅模拟外部形状,则在进气口、出气口附近将发生气流分离,导致绕模型的流谱与实际流谱出现差异。为了改变这种情况,在流态显示试验时,在进气口下加一个半球体和流线型旋转体,这样就消除了分离,使两个绕流流谱角相似,而在进行测力试验时,在进气口下可不加半球体或旋转体。

2) 模型结构

模型与汽车外形几何相似,但模型结构与汽车的结构并不一样,一方面希望模型结构要尽量简单,另一方面模型结构应满足试验大纲所规定的试验研究内容要求。在选型试验时,模型除了能用于测量全车的空气动力特性外,还要能用于测量各种部件对于空气动力特性的影响,因此模型应是组合式。对于拐角部分前部和后部的造型,应特别注意模型细部(如车灯、后视镜、空气进气口、车顶空调和车门缝等),这些部件都处于分离区附近,车底细部和主要传动系统部件应再现,车轮应模拟静压时可转动的状态。汽车模型简图如图8-15所示。

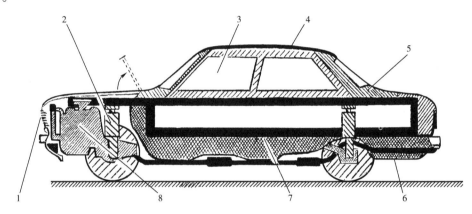

图 8-15 汽车模型简图

1-实际进气栅;2-调节悬架及地面间隙攻角和侧倾角的装置;3-车窗玻璃;4-内装太阳顶的玻璃钢顶棚;5-可更换的塑料局部车体;6-底盘模型;7-结构骨架;8-发动机和变速器模型

3) 模型的安装

模型的安全系统必须有足够的刚性,使偏转力不能引起测量误差。模型必须在地板上按精确的比例高度安装,并且精确地表现原型的姿态。模型与地板及支架与地板一定不要发生干扰。模型连接到天平时不应产生太大的气流干扰,修正量不应大,轮胎与地板的干扰应由轮胎与地板的间隙模拟或把轮胎悬起消除。

4) 模型的材料与加工

汽车风洞试验模型大部分采用优质木材制成。为防止变形,在加工前应对木材进行干燥处理。最好把木材加工成 10~30mm 的方条,然后用黏结剂把它们粘在一起作为毛坯,这样就可以减少模型变形。对于小而薄的部件也可全用金属结构。

汽车外形大部分是曲面,因此模型加工后的外形必须用标准样板检验。样板的位置和数量视其外形复杂程度而定,一般来说,曲率变化大的地方要多取几块样板,模型外形尺寸的偏差在允许的极限偏差之内。

三、汽车风洞试验

1. 试验基本方法

1)模型风洞试验法

用汽车比例模型在风洞中进行试验,模型的常用比例一般为 3/8、1/4、1/5、1/10 及全尺寸 1∶1 模型。模型固定,空气流过模型应满足必要的相似条件,且与实车在静止空气中运行具有相同的物理规律。这种试验方法的优点是测量方便,气流参数如速度、压强等易于控制,试验不受气候变化的影响。其缺点是试验的流场一般不能与实车运行的流场完全相似,特别是洞壁和模型支架会对模型产生干扰,故对试验数据一般都要进行修正。

2)实车风洞试验法

实车风洞试验法是指用实车在风洞中进行试验。

2. 风洞试验测量方法和设备

风洞试验法是进行汽车空气动力学试验的最重要的方法,它应用得最广泛并且最有成效。风洞试验法有定量法、定性法两种。定量法一般包括空气动力测量法和压力分布测量法等,定性法有流态显示法等。

1)空气动力测量法

作用在汽车(或模型)上的空气动力可用测力六分量天平测量。六分量天平如图 8-16 所示,在测力天平上一般有 7 个测力元件:4 个垂直方向(Z 向)感受升力,1 个水平方向(X 向)感受阻力,2 个侧向(Y 向)感受侧向力。升力、侧倾力矩和纵倾力矩由感受升力的 Z_1、Z_2、Z_3、Z_4 算出,侧向力、横摆力矩由 Y_1、Y_2 算出。

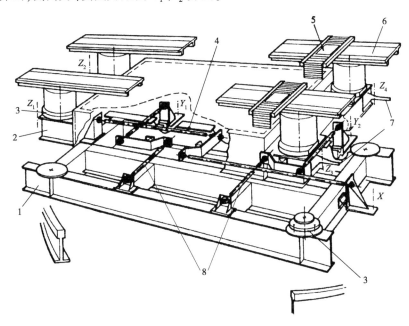

图 8-16 六分量天平

1-固定框;2-浮动框;3-液压轴承;4-阻力测量元件;5-连接板;6-平台;7-升力测量元件;8-侧向力测量元件

2)压力分布测量法

车身表面压分布体现车身局部及整体的气流流态,对改善汽车空气动力性能、减少车身表面污染、确定通风换气进出口位置并避免废气及灰尘进入等方面都能提供许多有益的启示。

车身(模型)表面压力分布的测量仪器通常采用压力传感器、机械扫描测压阀或电子扫描测压系统。

3) 流态显示法

流态显示法用于研究车辆内外的空气流动、车窗上的水滴流动及车辆上的灰尘沉积等流动现象。流态显示法常用的方法有三种,即烟流法、丝流法和油流法。

图 8-17 排管烟流试验

(1) 烟流法。

烟流法是将烟雾注入空气流中显示空气的流动状态,它对于空间气体的流动状态的显示非常有效。图 8-17 是排管烟流试验的情形。烟流试验风速通常选择在 10～20m/s 之间,这是因为试验时试验人员常常要在风洞内工作,而超过 20m/s 的试验风速通常使人无法承受。

(2) 丝流法。

丝流法是采用生丝或毛丝观察气流的状态。丝线或腈纶毛线用于缩尺模型,粗的毛线用于全尺寸观察。毛线长度,对于 1/5 的模型通常采用 30mm,实车采用 100mm,相对长的毛线放置于气流变化小的地方以便毛线附着,短毛线放置于气流变化大的地方。丝线的固定常采用表面丝线法和丝线网格法,表面丝线法分析附着流以及气流分离线非常有效,丝线网格法对于判定涡流的方向分布是有效的,且对于车体下气流和气道内气流方向的判别也有效。

图 8-18 是载货汽车丝线流态显示试验现场图,图中可以清楚辨别出附着流区和分离区,显示出旋涡的形成。

(3) 油流法。

油流法是通过分析模型表面所涂油膜在气流中留下的痕迹来分析气流状态的方法,它对于分析附着流以及气流分离线非常有效。图 8-19 是载货汽车油流流态显示试验图。在分离区,油流谱与丝线图并不总是一致的。在丝线簇颤动无规则的区域,油流仍可以显示出整齐的结构,它指出在车身表面的流动是有条理的,这种"二次"流对车身表面的积垢有很大的影响。

图 8-18 载货汽车丝线流态显示试验

图 8-19 载货汽车油流流态显示试验

第四节　汽车被动安全性试验

汽车被动安全性是指汽车在事故中避免或减缓对人员造成伤害的性能。提高汽车被动安全性的目的是在汽车发生碰撞时确保乘员生存空间、缓和冲击、防止发生火灾等,达到"车毁人不亡,车伤人不伤"的目的。

汽车被动安全性试验主要是指碰撞试验,是以再现交通事故的方式来分析汽车在碰撞过程中车内乘员与车辆相对运动状态、乘员及车辆伤害状态等,通过分析结果可以改进车辆结构安全性设计和增设汽车乘员保护装置。通过对试验车辆上安放假人的伤害情况,可以对汽车整体安全性能进行综合评价;对汽车座椅、座椅头枕、安全带、门锁和门铰链、转向系统、安全气囊、油箱、儿童约束系统等部件进行安全性能评价;对汽车车身上的安全带连接部、座椅连接部、车身结构强度与吸能能力、车内凸物等方面进行安全性能评价。

汽车被动安全性试验可以分为实车碰撞试验、滑车模拟碰撞试验和台架试验。实车碰撞试验与真实的汽车碰撞事故情形最接近,其试验结果说服力最强,是综合评价汽车碰撞安全性能最基本的试验方法。其他两类试验都是以实车碰撞的结果为基础,模拟碰撞环境的零部件试验。与实车试验碰撞试验相比,零部件试验费用低、试验条件稳定、试验过程易于控制,很适合于汽车安全部件性能的考核及汽车开发过程中的阶段性验证试验。

一、人体伤害评价

1. 人体伤害评价指标

人体伤害的评估可分为将伤害进行分级和对伤害进行定量测定两类。将伤害进行分级是从解剖学的角度出发,根据受伤的位置、伤害的类型和相应的程度来描述伤害,它衡量的是伤害本身,而不是伤害造成的后果。简略伤害分级(Abbreviated Injury Scale,AIS)是应用最广泛的伤害分级方法之一,这种分级方法很适合于交通事故中人员伤害程度的确认,在交通事故处理中普遍采用。AIS将伤害水平分为0～9级,见表8-11。

表8-11　AIS分级定义

AIS	伤害程度	AIS	伤害程度
0	无伤害	5	重危
1	轻伤	6	死亡(24h之内,因一个致命伤害而死亡)
2	中伤	7	死亡(因两个致命伤害而死亡)
3	重伤(无生命危险)	8	死亡(因三个及以上的致命伤害而死亡或烧死)
4	重伤(有生命危险)	9	情况不明

定量测定人体伤害是在实验室碰撞试验中使用假人评价整车或汽车安全保护系统安全性能的主要方法,主要伤害评价指标有头部伤害指标(Head Injury Criterion,HIC)、黏性指标(Viscous Criterion,VC)和胸部伤害指数(Thoracis Trauma Index,TTI)。

2. 碰撞试验假人

碰撞试验假人又称为拟人试验装置,是用于评价碰撞安全性的标准人体模型。假人的尺寸、外形、质量、刚度和能量吸收性能与相应的人体十分相似,所以当假人处于模拟的碰撞事故条件下,其动力学相应与相应的人体十分相近。在假人上装有传感器,可测量出人体各部位的加速度、负荷、挤压变形量等。通过对这些物理量的分析、处理,就可以定量地衡量汽车产品地碰撞安全性。

假人开发的成功与否取决于三个要素：假人与人体相应的动力学特性的关联程度,即"生物保真性"、假人与人体伤害相关的动力学相应的测量能力、所测量的相应与相对应的伤害之间的关联程度。

上述三个要素在任何一方面存在不足都会影响人体伤害评价的准确性。例如,如果人体想要与所开发的假人关联性差,则当假人置于模拟的交通事故环境中时,假人的响应与真实人体的相应不同,从而造成伤害评价的失误。

按人体类型分,假人可分为成年假人和儿童假人。成年假人按体形大小又分为中等身材假人、小身材假人和大身材假人。在汽车碰撞试验中常用的是中等身材假人,而为了在设计中考虑不同人体体形,故分别开发了小身材和大身材假人。

按碰撞试验类型分,假人可分为正面碰撞假人和侧面碰撞假人。通常,碰撞假人都是按第 50 百分位成年男性的身材开发的。

二、实车碰撞试验

实车碰撞试验是综合评价汽车碰撞安全性能的最基本、最有效的方法。它是从乘员保护的观点出发,以交通事故再现的方式,分析车辆碰撞过程中乘员与车辆的运动状态和损伤状况,并使用假人定量评价碰撞安全性能。虽然实车碰撞试验的技术难度大、试验准备时间长、试验费用昂贵,但实车碰撞试验是汽车被动安全性研究中必需的、不可替代的试验。

1. 实车碰撞试验设备

由于实车碰撞属于瞬时发生的猛烈冲击,试验中车辆是破坏性的且不可重复进行,所以要求试验设备准确无误地实现预先设定的碰撞,各种测量仪器设备能精确地记录下车辆和乘员在碰撞时的运动状态、破损形态与伤害相关的动力学响应。一个较为完善的实车碰撞实验室应包括碰撞区、牵引系统、浸车环境室、照明系统、假人系统、假人标定室、测量分析室及车辆翻转台等。图 8-20 所示为日本汽车研究所(JARI)的实车碰撞实验室。

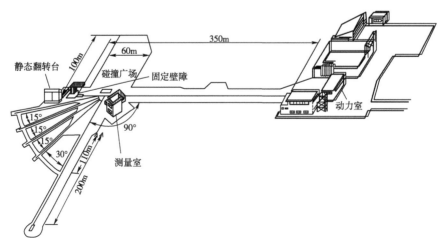

图 8-20　日本汽车研究所(JARI)实车碰撞试验室

由于碰撞过程具有一定的不可预见性,要求碰撞区足够大,以防止各种不同形态的碰撞过程中车辆与其他设施发生意外的碰撞。

1) 固定壁障

固定壁障设置在碰撞区的正面碰撞试验区域。按照 SAE J850 推荐,固定壁障表面至少宽 3m、高 1.5m,壁障表面垂直于壁障前的路面,且覆盖一层 19mm 厚的胶合板,壁障尺寸和结构应足以限制其表面变形量,使其小于车辆永久变形量的 1%。日本标准 JIS D 1060—1982 规定,壁障宽 3m、高 1.5m、厚 0.6m,质量不低于 70t。

在固定壁前方一般设置摄影地坑,在地坑内设置照明系统和高速摄影机,从而可以进行实时拍摄。为了增强被拍摄零部件的可分辨性,试验前对车辆底部的动力总成、水箱、前纵梁等对碰撞性能影响较大的部件喷涂不同颜色,并贴标志点,以了解碰撞过程中车辆前端结构内部的变形、运动状态和接触状况。

2) 移动壁障

侧面碰撞和追尾碰撞是采用移动壁障对停放在碰撞区域中的试验车辆实施碰撞。移动壁障如图 8-21 所示。移动壁障的质量、碰撞表面结构根据不同的试验要求而不同。FMVSS208 标准规定,移动壁障重 1814.4kg,碰撞面为刚性平面的移动壁。FMVSS214 和 ECE R95 规定移动壁质量为该地区使用车辆的平均质量,移动壁前端是由蜂窝状铝材制成的吸能壁障。

3) 牵引系统

牵引系统是将试验车辆或移动壁障由静止加速到设定的碰撞初速度的装置。

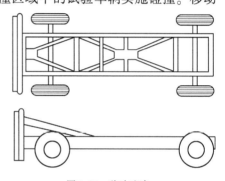

图 8-21 移动壁障

实车碰撞试验牵引系统应满足以下几点要求:

(1) 准确的速度控制,以满足试验法规中规定的碰撞速度要求;

(2) 对于放置假人的试验车辆,为了防止加速过程中假人姿态发生变化,加速度不能大于 $0.5g$,一般限制在 $0.2\sim0.25g$ 之间;

(3) 具有导向和脱钩装置,导向装置确保试验车沿设定的轨道运动,脱钩装置用于实现牵引系统与碰撞车辆脱离,以确保碰撞车辆处于自由状态下发生碰撞。

4) 照明系统

在试验中,为了分析汽车的变形形态、了解假人的运动状态,必须采用多台高速摄影(摄像)机拍摄试验过程,因此在碰撞区设有专用的照明设施,如图 8-22 所示。

另外,为了确保试验用假人性能的一致性和试验结果具有较好的可重复性,一般在实车碰撞实验室中还设有假人标定室,以避免由于运输对假人标定结果的影响。

2. 正面碰撞试验

交通事故统计表明,现在的交通事故中正面碰撞事故是最常见且造成乘员伤害最多的事故形式。所以,各国对汽车正面碰撞试验都很重视,作为法规由政府强制实施。表 8-12 列出了美国、日本和欧洲的正面碰撞法规试验的概况。

在 1989 年,我国参照美国联邦法规 FMVSS208 制定了《汽车乘员碰撞保护》(GB/T 11551—1989)标准。由于当时不具备试验条件,因此该标准一直没有执行。1999 年,我国又参照欧洲 ECE R94.00 制定了我国第一个机动车设计法规《关于正面碰撞乘员保护的设计规则》（CMVDR294）。该规则与 ECE R94.00 的区别是将 ECE R94.00 中的碰撞壁角度由 30°的斜碰撞改为 0°的正面碰撞,碰撞的车速、试验用假人以及其他各项要求都与 ECE R94.00 一致。同时考虑到微型轿车在使用 Hybrid Ⅲ 假人时出现的问题,因此将日本碰撞标准 TRIAS 11-4-30 中假人及座椅位置的调整等有关部分引入 CMVDR294 中。

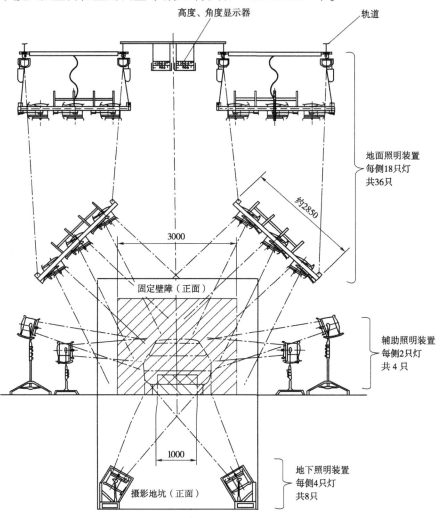

图 8-22　照明系统布置图(尺寸单位:mm)

正面碰撞法规试验概况　　　　　表 8-12

法规名称/法规号	FMVSS 208（美国）	TRAIS 11-430（日本）	ECE R94（欧洲）
碰撞形态	30°角左右倾斜壁障碰撞 正面碰撞	正面碰撞	防侧滑装置 3°角倾斜壁障碰撞（驾驶人侧）

续上表

法规名称/法规号	FMVSS 208(美国)	TRAIS 11-430(日本)	ECE R94(欧洲)
碰撞速度(km/h)	48.3	50	50
试验车质量	空气质量+行李+假人(2个)	空气质量+假人(2个)	空气质量+假人(2或3个)
试验假人	Hybrid Ⅲ第50百分位男性	Hybrid Ⅱ或Hybrid Ⅲ第50百分位男性	Hybrid Ⅲ第50百分位男性
安全带	不系安全带	系安全带	系安全带
座椅位置	中间位置	可适当向后调节	中间位置
评价指标 HIC	≤1000	≤1000	≤1000
评价指标 TTI	≤60	≤60	—
评价指标 胸骨挤压变形量(mm)	≤76.2	≤76.2	≤75
评价指标 大腿骨轴向力(kN)	≤10	≤10	≤10

3. 侧面碰撞试验

1990年,美国对原来的FMVSS214《车门侧后静强度》进行了修正,增加了侧面碰撞的试验条款。欧洲于1991年发布了ECE草案《侧碰撞保护》,并于1995年发布了正式的ECE R95法规。对于侧面碰撞的试验方法,目前还没有统一,美国与欧洲现有的侧面碰撞试验方法几乎完全不同,具体表现在:

(1)移动壁障的质量、尺寸、形状及刚度不同;
(2)碰撞形态不同;
(3)试验假人不同;
(4)碰撞速度不同;
(5)碰撞点位置不同;
(6)乘员伤害评价指标不同。

表8-13列出了上述两个侧面碰撞试验法规的概况。

侧面碰撞试验法规概况　　　　表8-13

法规号	FMVSS214(美国)	ECE R95(欧洲)
碰撞形态	27°碰撞角	0°碰撞角
移动吸能壁障质量(kg)	1365	950
碰撞速度(km/h)	53.6	50
碰撞假人	SID	EuroSID-1

续上表

	法规号	FMVSS214（美国）	ECE R95（欧洲）
伤害指标	头部 HIC	—	—
	胸部 TTI	≤85（四门车）	—
		≤90（二门车）	—
	胸部 肋骨挤压移量(mm)	—	≤42
	VC(m/s)	—	≤1.0
	腹部载荷(kN)	—	≤2.5
	骨盆 加速度(g)	≤130	—
	载荷(kN)	—	≤6

三、数字模拟碰撞试验

随着计算机仿真技术的发展，为了解决传统设计和试验方法周期长、费用高的缺点，人们开始尝试采用计算机技术和各种数学、力学工具，对给定的碰撞事件进行力学建模、求解的方法，它具有成本低、周期短的优点。目前用于数字模拟试验的理论主要有多刚体动力学和有限元法等。

汽车碰撞是汽车结构在极短的时间内（通常在100ms以内）及在剧烈碰撞冲击载荷作用下发生的一种复杂的非线性动态响应过程，在汽车碰撞中，各种非线性的问题都有所涉及，既有结构发生大位移和大转动所引起的几何非线性，又有各种材料发生大应变时所表现的物理非线性。由于诸多复杂因素的存在，使得传统的碰撞试验获取的数据不甚精确。所以，有限元方法被广泛地运用于工程领域。通过用有限元方法对整车模型的网格划分并模拟偏置碰撞，得出了在碰撞过程中能量和速度的变化。

而近20年来，汽车碰撞计算机模拟技术得到迅速发展。目前，在汽车碰撞研究中，应用比较成功的理论和计算方法是由美国Lawrence Livermore国家试验室在20世纪70年代开发的，其他许多软件以该理论为核心并不断加强改进。在模拟汽车碰撞方面，国外的研究机构和院校推出了许多有限元模拟计算软件，但实际应用中常采用的有限元软件有DYNA3D（LS-DYNA3D和OASYS-DYNA3D）、PAM-CRASH和MSC/DYTRAN。上述软件的核心部分都是以美国Lawrence Livermore国家试验室在20世纪70年代开发出的DYNA公开版本的理论为基础的。通过实际应用表明，它们在分析和研究结构二维动态大变形方面具有较强的功能，特别是在汽车被动安全领域的研究十分成功。

第五节　汽车电磁兼容性试验

一、汽车电磁干扰和电磁兼容性

1. 汽车电磁干扰

当汽车在公路上运行时，汽油发动机的高压点火系统会产生强电磁波，干扰周围无线电广播和无线电通信业务的正常运行，并且对电磁环境造成污染。车辆产生的电磁干扰不但会对车辆外界的无线电设备造成影响,也会对车辆内部的各种电子部件造成不良影响。因此,人们将电磁污染(电磁干扰)列为汽车造成的三大污染(排放污染、噪声污染、电磁污染)之一。

汽车自身的电磁干扰源主要有:高压点火系统,各种感性负载(如电机类电器部件),各种开关类部件(如闪光继电器),各种电子控制单元,各种灯具、无线电设备等。

这些部件产生的干扰会在汽车内部造成相互影响。车辆内部的电磁干扰特点不同于车辆对外部的干扰,车内电磁干扰可以通过各种连接线缆传播,也会以耦合方式、空间辐射(发射)方式进行传播。

2. 汽车电磁兼容性

汽车电磁兼容性(Electromagnetic Compatibility,EMC)是指电子设备在电磁环境中既不干扰其他设备,同时也不受其他设备干扰的能力。电磁兼容性和我们所熟悉的安全性一样,是产品质量的重要指标之一。

汽车电磁兼容技术关乎汽车特定电子系统及其周围电子系统运行的安全可靠性,关乎电子控制功能的运行安全可靠性,诸如电子控制汽车制动系统、电子控制传动系统、电子控制转向系统,乃至影响汽车整车的安全可靠性。汽车电磁兼容分类如图8-23所示。

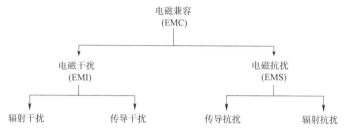

图8-23 汽车电磁兼容分类

二、汽车电磁兼容性试验条件

汽车电磁兼容性的试验测试需要特定的试验条件和设备。

汽车EMC试验室(图8-24)能够进行各种电磁兼容性测试和试验工作,是EMC测试的理想设备。EMC试验室主要测试以下三个项目:电磁抗扰、电磁干扰以及无线电频率协调。

电磁抗扰主要研究汽车抵抗外部电磁源干扰的能力,主要目的是为汽车增加一个"防火墙",把外面的电磁干扰信号都屏蔽掉,以保护汽车内部电路、显示设备和仪表盘。该项目同时还研究车载电子产品之间互相干扰的问题,使各设备能相互协调。

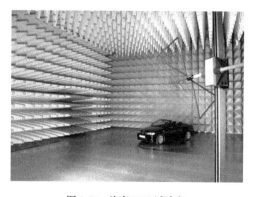

图8-24 汽车EMC试验室

电磁干扰主要研究汽车电子设备发出的电磁波对周围环境的干扰问题。汽车的很多电子设备,如刮水器、发电机等都会产生大量的电磁波,这会对周边环境中的精密电子设备产生干扰和破坏。该项目的主要目的就是想办法消除汽车产生的电磁垃圾。

汽车内部的收音机系统、导航系统、电视系统等都需要一定的频率来接收外部信号,该项目主要用于优化汽车电子设备之间的频率分配问题,以使它们之间彼此不会发生冲突和干扰。对于军用车辆,还存在指挥、联络系统的保密和电子对抗(干扰与反干扰)等测试内容。

三、汽车电磁兼容性测试方法

汽车电磁兼容性测试方法,不仅包括汽车对其他设备或系统的电磁干扰测试方法,而且包括车辆本身控制系统的电磁抗扰度的测试方法。

目前,我国现行的强制性标准只限定了汽车对环境的电磁干扰,而没有针对车辆本身控制系统的电磁抗扰度进行规定。汽车电磁兼容性研究的关键之一在于电磁干扰和电磁敏感度的测试。由于电磁兼容涉及的实际情况十分复杂,因此对于车上电子电气设备直至整车的电磁兼容性作出评价,就必须进行电磁干扰和电磁敏感度测试。

1. 电磁干扰测试

1)传导干扰测试

传导干扰测试主要是对车上设备产生的沿线束的瞬态干扰进行捕捉和分析,被测试的设备主要是一些感性设备及包含感性设备的系统。

2)辐射干扰测试

对车辆辐射干扰测试的目的在于保护外界环境中的无线电接收机和其他设备,以及保护安装于同一辆车上的接收机免受车上电子电气设备的辐射干扰,其实质就是电磁场强度测试。测试系统一般由接收天线组、切换开关单元、信号接收机和控制单元四个部分组成。测试场地可以是没有电磁波反射物的空旷露天场地,也可以是电波暗室。电波暗室是内壁布满电磁波吸收材料的屏蔽密闭空间,使入射到壁面上的电磁波不会因发生反射而影响测试。被测设备或整车在工作时产生的辐射干扰由接收天线组加以接收,然后由信号接收机负责对接收到的信号进行测量和处理。由于干扰信号频带很宽,不可能只用一种天线对所有频段的信号进行有效接收,故采用多种天线且由切换开关单元根据控制单元的指令加以切换。进行辐射干扰测试的核心设备是测试用信号接收机。

2. 电磁敏感度测试

电磁敏感度测试既有设备测试也有整车测试。其中,设备测试项目很多,一般包括抗音频干扰、抗射频干扰、抗瞬态干扰、抗静电放电以及抗辐射干扰等性能测试。下面重点介绍抗瞬态干扰测试和抗辐射干扰测试。

1)抗瞬态干扰测试

抗瞬态干扰测试一般是在实验室内进行,测试脉冲由专用的信号发生器模拟输出,对于某一被测设备,应只选取其在实际使用中可能承受的瞬态干扰的脉冲对其进行测试。一般将信号发生器直接与设备电源线连接进行测试,也可以通过耦合夹具将脉冲耦合到设备的信号线或控制线上对设备进行测试。

2)抗辐射干扰测试

测试系统一般由场激励器(信号发生器、功率放大器、发射天线)、场强检测设备(场强探测器或测量仪)、被测设备和监测被测设备情况的测量设备四部分组成。

综上所述,对汽车电子电气设备的抗电磁干扰能力有许多规定。设备通过以上规定的测试,可以保证当集成到整车上时,整车较易达到电磁兼容测试标准。

第八章　典型汽车试验及设备

第六节　汽车环保性试验

汽车对环境的影响主要包括汽车排放对大气的污染以及汽车噪声对环境的危害。

一、汽车排放试验

排放污染物的组成主要有 CO、HC、NO_x、SO_2、铅化合物、炭烟和油雾,主要源自汽车发动机排出的燃烧产物、发动机曲轴箱通风污染物(主要是 HC),以及燃油箱和化油器溢出的汽油蒸气。汽油机和柴油机排放污染存在明显的区别:汽油机主要是 CO、HC 和 NO_x,柴油机的 CO 和 HC 排放量要比汽油机少得多,而炭烟的成分远多于汽油机,同时 NO_x 的排放量也较多。

目前,几乎所有国家对汽车排放均作出了严格的规定,这种规定以汽车排放标准或法规的形式颁布并执行。从某种意义上讲,汽车排放控制技术产生和应用的动力就在于这些具有法律效力的汽车排放标准或法规。由于世界各国的政治、经济及技术水平等诸多因素都不一样,所以制定的汽车排放标准也有所不同。从现在世界汽车工业发展情况来看,汽车排放标准已经形成三大体系,即美国汽车排放标准、欧洲汽车排放标准以及日本汽车排放标准。

目前,我国对机动车在用车的排气污染物控制工作中所执行的标准是《重型柴油车污染物排放限值及测量方法(中国第六阶段)》(GB 17691—2018)、《轻型汽车污染物排放限值及测量方法(中国第六阶段)》(GB 18352.6—2018)、《汽油车污染物排放限值及测量方法(双怠速法及简易工况法)》(GB 18285—2018)和《柴油车污染物排放限值及测量方法(自由加速法及加载减速法)》(GB 3847—2018)。

尽管各国的排放标准不尽相同,但其测试原则基本相同,即在转鼓试验台上,按设定的行驶程序进行排放污染物测定,转鼓试验台应能精确地模拟道路工况和汽车惯性。测试系统主要包括:转鼓试验台、试验样车,排气有害物采样和分析设备,计算机控制系统及操作附件。

确定机动车排气污染物的方法主要有双怠速法、稳态工况法、瞬态工况法和简易瞬态工况法。根据《汽油车污染物排放限值及测量方法(双怠速法及简易工况法)》(GB 18285—2018)的规定,对于新生产的汽油车应采用稳态工况法、瞬态工况法和简易瞬态工况法中的任意一种方法进行检测,在用汽车应采用上述四种方法中的任意一种方法进行检测。《柴油车污染物排放限值及测量方法(自由加速法及加载减速法)》(GB 3847—2018)则要求柴油车采用自由加速法或加载减速法进行检测。

二、汽车噪声试验

随着汽车向快速和大功率方向的发展,汽车噪声已成为一些大城市的主要噪声源。汽车噪声主要包括:发动机的机械噪声、燃烧噪声、进排气噪声和风扇噪声;底盘的机械噪声、制动噪声和轮胎噪声;车厢振动噪声、货物撞击噪声、喇叭噪声和转向、倒车时的蜂鸣声等噪声。由于车辆噪声具有运动性,影响范围大,干扰时间长,因而危害比较大。有关调查表明,城市噪声的 70% 源自交通噪声,而交通噪声主要源自汽车噪声。

1. 汽车噪声检测标准

在对汽车噪声进行检测时,车内噪声根据《机动车运行安全技术条件》(GB 7258—2017)和《声学 汽车车内噪声测量方法》(GB/T 18697—2002)进行检测;汽车的定置噪声根据《汽车定置噪声限值》(GB 16170—1996)进行检测;喇叭的声级根据《机动车用喇叭的性能要求和试验方法》(GB 15742—2019)进行检测。

1) 车外噪声标准

车外噪声根据《汽车加速行驶车外噪声限值及测量方法》(GB 1495—2002)进行检测,汽车加速行驶时,车外最大允许噪声限值应符合该标准的要求。标准中所列机动车辆的变型车或改装车(消防车除外)加速行驶的车外最大允许噪声级,应符合基本车型噪声的规定。

2) 车内噪声标准

根据《机动车运行安全技术条件》(GB 7258—2017)要求:

(1) 汽车驾驶人耳旁噪声级应不大于 90dB(A);

(2) 测量驾驶人耳旁噪声时,环境噪声值应低于被测噪声值至少 10dB(A)。

3) 汽车的定置噪声标准

根据《声学 汽车定置噪声限值》(GB 16170—1996),对于使用汽油机的轿车,1998年1月1日前出厂的限值为 87dB(A),1998年1月1日后出厂的限值为 85dB(A)。

4) 汽车喇叭检测标准

从防止噪声对环境污染的观点出发,汽车喇叭噪声越低越好;然而从保证行车安全的角度出发,汽车的喇叭必须有一定的响度。为此,《机动车运行安全技术条件》(GB 7258—2017)对汽车喇叭提出如下要求:具有连续发声功能,其工作应可靠;机动车喇叭声级在距车前 2m、离地高 1.2m 处测量时,其值应为 90~115dB(A)。汽车喇叭的测试依据国家标准《机动车用喇叭的性能要求和试验方法》(GB 15742—2019)进行。

2. 汽车噪声测试设备

在噪声测试中,常用的仪器有声级计、噪声频谱分析仪、声强分析仪及声学照相机等。

1) 声级计

声级计是一种测量声音声压级或声压的仪器,由传声器、具有频率计权特性的放大器和一定时间计权特性的检波指示器等部分组成,是广泛使用的噪声测试仪器之一。常用的声级计可以测出声源的声压级、计权声压级、暴露声级和等效声压级等参数,可以对噪声源噪声强弱进行分析和评价。另外,与各种滤波器配合,还可以完成噪声的频谱分析,为噪声控制提供必要的依据。声级计按其准确度等级可分四型。

声级计器一般由传声器和测量放大器(放大器、计权网络、滤波整形电路及显示仪表)等组成。

传声器是一种装有换能器的电声器件,在声波的作用下,换能器可输出相应的电信号,即将声波的机械能转变为电能。在汽车噪声测试中,常用的传声器有电容式、驻极体式和压电式三种,而感应声波方式多为压强式。传声器均由两部分组成:第一部分直接接受声压作用并将其转化为位移或速度,称为声接收器,声接收器一般由膜片及壳体等构成;第二部分是将该位移或速度转化为电量的换能器。电容式、驻极体式传声器的换能器为可变电容;压电式传声器的换能器为压电晶片。

声级计的测量放大器由放大器、计权网络、滤波整形电路及显示仪表等构成,通过测量放大器,可以将传声器的微弱电信号变换为符合人耳听觉特性或与声压线性关系的电压信号,并经指示电表给出相应的指示。

在测量噪声时,由于噪声的波动,往往使指示读数不稳定。为此,声级计表头的阻尼一般都有"快""慢"两挡。通常在噪声起伏大于4dB时,可用慢挡测量;如果小于4dB或需记录声级变化过程时,使用快挡较为合适。

2)噪声频谱分析仪

频谱分析仪是以一定频带宽度分析声音的仪器,它主要由传声器、测量放大器、多组滤波器和检波显示等部分组成。滤波器是对频率具有选择性的仪器。一个滤波器只允许一定频率宽度的声波通过,超出该频率范围的上限或下限的声波均受到极大的衰减。通常在进行噪声成分的分析时,多采用1/3倍频程分析仪,也可以用倍频程分析仪。

3)声强分析仪

声强分析仪分为有限差分近似法声强分析仪和FFT信号分析仪。它们各有优缺点:有限差分近似法分析声强分析仪具有快速、直接、精度较高等优点,但频率分辨率相对较低;而FFT分析仪用于分析测量声强的频率分辨率较高,能测量声场中来自不同信号源而频率相近的信号,可清楚显示声场中的谐波成分,但其计算速度较低,要获得同样计算精度所花费时间较长。

4)声学照相机

声学照相机由一个麦克风阵列、一个数据记录装置和一个笔记本电脑组成。该类设备配有多通道的环形、立体和星形的麦克风阵列与配套软件,适合于室内、室外、生产环境等多种场合下的声源识别、定位与可视化声学分析,具有通道多、扫描频率高、功能多等特点,是进行车辆噪声分析和噪声源识别的重要工具。

3. 噪声测试系统的工作原理

噪声测试系统的工作原理如图8-25所示。

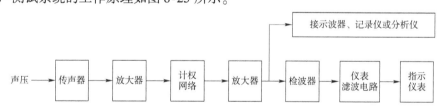

图8-25 噪声测试系统的工作原理

由图可见,声压被传声器转换为电量,并送给放大器进行放大处理,再由后续的计权网络将其修正到适合人耳听觉特性的相应电压。计权网络的输出电量送给后面的放大器,放大器的输出可根据需要输送给信号示波器或波形分析仪,以取得噪声波形或进行频谱分析。若只要求获得噪声量大小,则可直接从噪声计指示仪表上得到噪声声压的均方根值。FFT频谱分析技术通用性强,分辨率高,常用于窄带分析,所以,在汽车噪声测试中常用其对声强进行测量。

4. 汽车噪声测试方法

国家标准中对汽车的不同工况的噪声限值和测试方法作出了相应的规定,所以进行汽车噪声测试时,对应于不同的工况,测试方法是不同的。

第七节　汽车总成与零部件试验

一、发动机试验

1. 功率测量试验

发动机测量功率试验可以测定发动机的主要性能指标以及这些指标的变化特性,如最大功率及其相应的转速、最大转矩及最低燃油消耗率等。

发动机功率测量可以通过先测量发动机的转矩和转速,然后运用式(8-6)计算得出:

$$P_e = \frac{Mn}{9549} \tag{8-6}$$

式中:P_e——功率(kW);
　　　M——转矩(N·m);
　　　n——转速(r/min)。

发动机转矩可以采用测功机直接测量得到。将测功机的外壳通过轴承支承在支架上,工作时当受外力作用时能自由回转;在外壳上装有力臂,连接载荷单元,可测量出作用在外壳上的转矩。

一般测功机都有转速测量装置,用于测量转速或进行特性控制,还可为计算功率提供转速信号。

2. 负荷特性试验

发动机负荷特性是指在特定转速条件下,发动机某些性能参数随负荷的改变而变化的关系。通过负荷特性曲线可以找出发动机所能达到的最大功率和最低耗油率,还可用来评价标定工况下的经济性,判断功率标定的合理性以及有关调整的正确性。根据需要还可以增加排气温度、过量空气系数及排气烟度等参数随负荷变化的关系。

《汽车发动机性能试验方法》(GB/T 18297—2001)中规定了发动机负荷特性试验的参数采集项目及曲线绘制方法。

3. 万有特性试验

发动机几个主要性能参数之间相互关系的综合特性称为万有特性,它能同时反映出各种不同工况下的性能。万有特性曲线可以表示3个或3个以上的性能参数之间的关系,故又称多参数特性曲线。

二、传动系统试验

1. 离合器试验

离合器在工作中的性能,如离合器是否可靠地传动发动机的最大转矩、结合是否平稳、分离是否彻底、离合器吸收振动的性能如何、通风散热能力良好与否等,都是评价离合器质量优劣的重要依据,然而以上这些离合器的性能要求只有通过试验才能予以正确评定。

离合器试验主要在惯性式离合器性能测试试验台上完成,汽车行业标准《汽车干摩擦式离合器台架试验方法》(QC/T 27—2004)中规定的测试项目见表8-14。

《汽车干摩擦式离合器台架试验方法》(QC/T 27—2004)中规定的测试项目　　表 8-14

测 试 项 目	注 意 事 项
离合器热负荷测定试验	起步转速:货车为 1500r/min;轿车为 2000r/min
离合器摩擦力矩的测定试验	离合器摩擦片最大线速度为(14±1)m/s,从室温到 300℃测 10 点
离合器摩擦衬片磨损试验	摩擦表面温度应控制在 150~200℃之间;测点应在摩擦片中径处且每面不应少于 3 点

除此之外,离合器还应在不同的专用试验台上进行高速破坏试验,扭转减振器静特性及耐久性试验等。

2. 变速器试验

汽车变速器试验主要包括以下几项:

(1)变速器效率试验;

(2)变速器润滑试验;

(3)变速器总成动态刚性试验;

(4)变速器耐久性试验。

3. 传动轴试验

传动轴除了应满足可靠传递动力的要求外,还应对传动效率、振动、噪声等进行试验。汽车传动轴总成台架试验包括扭转疲劳试验万向节磨损试验、滑动花键磨损试验、静扭强度试验、剩余不平衡试验、临界转速试验、扭转间隙试验、静扭转刚性试验、静态跳动量试验等。

就目前国内状况,上述诸多试验项目中,实际在产品鉴定、行检等活动中通常只做 4 项试验:

(1)传动轴静扭转强度试验;

(2)传动轴总成扭转疲劳试验;

(3)传动轴万向节总成磨损试验;

(4)传动轴滑动花键磨损试验。

4. 驱动桥试验

驱动桥试验一般分为道路试验和台架试验。由于汽车使用条件复杂,道路试验是最接近实际使用情况的一种试验。除道路试验外,也可以在模拟汽车实际行驶状况条件下进行试验,用这种方法进行寿命试验,可简化试验条件,提高效率,并缩短试验周期。为加速汽车以及驱动桥产品的发展,必须缩短试验时间,为此应充分发挥汽车试验场与室内模拟试验的作用,并与大量的使用试验相结合。

三、汽车悬架装置试验

1. 减振器试验

现在汽车多采用体积小、质量轻、散热快、振动能够迅速衰减的筒式减振器。目前,国内汽车行业筒式减振器试验标准有《汽车减振器性能要求及台架试验方法》(QC/T 491—2018)、《低速汽车用筒式减振器台架试验方法》(JB/T 13513—2018)。

2. 钢板弹簧试验

钢板弹簧是汽车悬架中采用最广的结构形式,其试验项目有垂直负荷下的永久变形试验、弹簧特性试验和垂直负荷下的疲劳试验。

3. 螺旋弹簧试验

螺旋弹簧是汽车悬架中弹性元件采用较多的一种结构,单独的螺旋弹簧只承受垂直负荷,没有导向作用,只有和带铰链的导向机构合用时,其导向机构承受一定的纵向力或横向力。试验方法见《悬架用螺旋弹簧 技术条件》(JB/T 10416—2004)标准。试验项目有弹簧垂直方向的永久变形试验、垂直方向的疲劳试验和带铰链导向机构的疲劳试验。

4. 空气弹簧试验

近年来,在客车上空气弹簧得到了较多的应用。空气弹簧的试验标准见《商用车空气悬架用空气弹簧技术规范》(GB/T 13061—2017),其试验项目有胶料物理机械性能试验、空气弹簧、气密试验、弹性特性试验、容积试验、破坏试验、剥离试验和台架疲劳试验。

四、汽车车轮试验

汽车在使用过程中,由于悬架装置及转向系统中零部件的磨损、变坏、损坏,以及更换轮胎、减振器、球销、摆臂和横拉杆等零件后,会使车轮各项参数改变。因此,车轮试验已成为汽车试验检测的重要项目之一。

1. 车轮定位试验

汽车车轮定位检测方法主要有动态测量法和静态测量法。动态检测法是汽车在低速直向行驶的状态下,通过测量车轮作用在测试设备上的侧向力或由侧向力产生的侧滑量来检测车轮定位角。由于它反映了各定位参数的综合作用,因而可保证汽车能严格按直线行驶,适用于汽车转向轮定位的快速检测。动态检测法的检测设备有两种形式:汽车侧滑检验台和滚筒式车轮定位检验台。静态测量法是根据轮胎旋转平面与车轮各定位角间存在的直接或间接关系,在汽车车轮静止不动的状态下对车轮定位值进行几何检测。这种方法的设备操作较复杂,不适合快速检测,而且在静止状态下测量各轮定位值,很难保证汽车严格按直线行驶。静态测量法的设备称为车轮定位仪。

2. 车轮平衡试验

车轮平衡试验分为静平衡试验和动平衡试验。车轮静平衡是指静止时轮胎的恰当平衡,通常使用的仪器是气泡型车轮平衡器和电子车轮平衡器。车轮动平衡是指在轮胎和车轮旋转时轮胎的恰当平衡。车轮动态不平衡用铅块来校正。一些电子车轮平衡器用电动机使轮胎高速旋转,还有一些电子车轮平衡器在平衡操作过程中,用手使轮胎旋转。电子车轮平衡器的动平衡计算与静平衡同时进行,并将正确的平衡块的大小和位置显示给操作者。轮胎和车轮总成必须使用大小合适的适配器安全地固定在平衡器上。在车轮与汽车分离的电子高速车轮平衡器上,进行动平衡操作前,必须使平衡器上的安全护罩就位。手动的电子车轮平衡器不需要安全护罩。

3. 轮胎噪声试验

轮胎噪声试验主要是为了声源评价与分析。目前,国际上常用的轮胎噪声测量方法主要有整车远场测量法、整车近场测量法、拖车近场测量法和室内试验测量法等。轮胎噪声测量方法见表8-15。

轮胎噪声测量方法　　　　　　　　　表8-15

测量项目	测量环境与仪器	试验方法
整车远场	半自由场：声级计、轮速仪、倍频程滤波器	消去法：被试车发动机熄火，变速器操纵杆置空挡，由牵引车等速拖行，牵引绳足够长。测点布置参考整车噪声测量点（该轮胎噪声中包括部分传动系噪声）。适合轮胎噪声对比试验
整车近场	半自由场：声级计、轮速仪、倍频程滤波器	测量轮胎泵吸及振动所辐射噪声，传声器近场安装，被试车等速行驶，一般用于轮胎噪声形成机理的研究，适合轮胎噪声对比试验
拖车近场	半自由场：声级计、轮速仪、倍频程滤波器	被试轮胎装于专用拖车内，传声器近场安装于半自动声场条件的车厢内侧。装有被试轮胎的拖车由牵引车等速拖行。可精确测量轮胎噪声的大小和频谱，一般适用于轮胎的研究部门
室内试验	半自由场：声级计、轮速仪、倍频程滤波器、加载装置、低噪声转鼓	被试轮胎安装在半消声室内的加载装置上。轮胎以一定压力与转鼓接触，在转鼓驱动下实际模拟汽车轮胎使用状况。测点在轮胎与转鼓接触面的后方或室内适当位置上，进行轮胎噪声形成机理、各种参数影响及某种轮胎辐射噪声能力的评论研究，精度高，测量工况易于控制

五、汽车车身密封性试验

汽车车身的密封性是指轿车的防尘性能和防雨性能。车身密封性的好坏，直接影响乘员的身体健康，是评价车身制造质量和整车舒适性的重要指标。

车身密封性试验包括汽车粉尘密封性、水密封性和气密封性试验，主要测试车辆车身防尘、防水和气体密封性能。

1. 粉尘密封性试验

粉尘密封性试验用来测定汽车车身、门窗等部位对车外粉尘的密封程度。汽车粉尘密封性试验包括粉尘洞试验和道路试验。

2. 水密封性试验

车身水密封性试验一般在淋雨实验室进行，习惯上称为"淋雨室"。它主要考核车辆在雨天、洗车环境中，关闭门、窗及孔盖时防止水进入车厢、行李舱的能力。在人工淋雨试验条件下对车辆车身水密封性能进行检验时，通常按照《客车防雨密封性极限及试验方法》（QC/T 476—2007）中推荐的标准来检测水密封性能。图8-26所示为某公司设计的水密性试验室。

3. 气密封性试验

汽车气密封性试验，是通过建立车室内与车室外一定的压力差（正压差或负压差），进而测定车室内部的空气泄漏量的大小，来评价汽车车室的密封性能试验。气密封性试验主要分为正压法和负压法两种。正压法是指向车室内送气的方法，在车室内与车室外建立一定的压力差；负压法是指从车室内吸气的办法使车室内形成一定的真空度，来测量车室内部空气泄漏量。

图8-26　水密性试验室

第八节　汽车驾驶适宜性试验

驾驶适宜性,是指驾驶人具有的可能圆满完成汽车驾驶工作的素质,由驾驶人的先天素质以及后天学习的技能构成。驾驶适宜性检测试验的目的是评价驾驶人是否适合从事汽车驾驶工作。

一、驾驶适宜性测试

交通运输部颁布的交通行业标准《道路运输驾驶人　适宜性检测评价方法》(JT/T 442—2014),建立了完善的汽车驾驶适宜性评价指标体系,对驾驶人动体视力、暗适应、深度知觉、速度估计、选择反应 6 项测评项目进行了详细的规定。

1. 视觉特性试验

1)动体视力检验

动体视力指人或视标处于运动(其中一方运动或两方都运动)状态时的视力。动体视力是驾驶人感知移动事物的视觉机能。常规的静态视力良好者,动体视力未必就好,而影响交通安全的主要是动体视力。

该试验的目的,在于检查驾驶人对移动物体的辨别能力。

动体视力检测仪如图 8-27 所示,采用计算机控制微型电子显示屏模拟视标(C 形环,4 个切口方向)运动状态(以一定的速度由远向近移动),在被检者看清视标环缺口方向的瞬间,用应答反应键和四方位开关作出反应。

图 8-27　动体视力检测仪

试验时被试者坐在仪器前,双眼从窥视孔观察以一定速度由远及近移动的 C 形视标。当刚看清视标的开口方向时,立即按下应答开关,并指出 C 形环的开口方向。

每个被试者练习 2 次,正式检测 5 次(如果连续 3 次误答,应停止检测,待休息 30min 之后重新检测)。对检测数据求取算术平均值,用来评价被试者的动体视力。

2)暗适应检验

暗适应指人眼在强光照射刺激突然进入黑暗后视力的适应能力。夜间行驶时,由于汽车前照灯及其他各种照明,光亮度和黑暗度在时刻强烈变化。在这种情况下,若驾驶人辨认事物的能力低下,就会酿成车祸。

该试验用来测定驾驶人在黑暗中能看到物体的程度,以及由光亮进入黑暗后对视力下降的恢复能力。

暗适应检测仪如图 8-28 所示,采用计算机控制微型电子显示屏模拟视标(C 形环,4 个切口方向),配有白炽强光刺激信号。被检者在接受强光刺激后,黑暗中辨认视标"C"缺口方向,并用应答反应键和四方位开关作出反应,仪器记录正确辨认视标所需的时间。

试验时被试者坐在仪器前,将头置于遮光罩内,双眼从窥视孔向内观察。强光刺激 30s 后,突然变暗。在微光中观察"C"形视标。当被试者刚能看清视标开口方向时,迅速按下应答开关,并指出开口

图 8-28　暗适应检测仪

方向,仪器记录暗适应时间。

此项检测不做练习,每个被试者检测一次,用其读数表示暗适应时间,来评价被试者的暗适应能力。

2. 反应特性试验

选择反应指人对不同刺激作出迅速、准确反应的能力。选择反应检验项目包括选择反应时间和误反应次数。在瞬息万变、重叠复杂的信号条件下,驾驶人不能作出正确判断并敏捷地加以处理,也是引起交通事故的主要原因之一。

该试验目的在于检测驾驶人的机敏性,即检查驾驶人在行车中,对交通场面相继发生的变化能否经常正确而迅速地进行处理的能力。

选择反应检测仪如图 8-29 所示,采用计算机控制红、黄、蓝 3 种颜色刺激信号和蜂鸣器,要求受检者对不同刺激分别由左、右手和右脚作出不同反应。仪器记录每次反应时间,判断反应的正确性。

被试者坐在距离仪器面板 1.5m 处,注意观察面板上随机呈现的红、黄、蓝 3 种灯光信号,并倾听蜂鸣声。要求被试者分别以左手、右手和右脚对不同信号作出反应。仪器记录反应时间及错误反应次数。

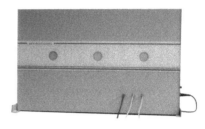

图 8-29　选择反应检测仪

每个被试者练习 8 次,正式检测 16 次,用反应时间的变动率和反应错误次数评价被试者的机敏性。

3. 感知判断特性试验

1) 深度知觉检验

深度知觉也叫立体视觉,是指人感知同一物体凸凹或不同物体前后距离的知觉能力。

本试验的目的,在于检测驾驶人感知立体和物体前后相对距离的能力。

图 8-30　深度知觉检测仪

深度知觉检测仪如图 8-30 所示,仪器内有 3 根标杆,两侧的 2 根标杆固定不动,中间 1 根装在滑块上,滑块由微电脑控制运动。背景照明采用冷光灯泡。

试验时被试者坐在距离仪器 2m 的地方。从观察窗判断 3 根标杆的位置,两侧标杆固定不动,中间标杆匀速往复运动,当 3 根标杆处于同一平面时,按下开关,仪器记录误差值。

每个被试者练习 2 次,正式检测 3 次。取算术平均值,用来评价被试者的深度知觉能力。

2) 速度估计检验

速度估计指人对物体移动速度判断的能力。驾驶人在会车、让车、超车和多种复杂道路情况下行车时,对车辆的速度没有相应而确切的速度知觉(估计),不能正确估计空间距离,这是引起事故的主要原因之一。

本试验的主要目的在于检测驾驶人对速度估计的准确性及性格的焦躁性。

速度估计检测仪如图 8-31 所示,采用计算机控制视标滑块在支架上的运动状态。仪器面板上有一横槽,横槽左侧被一定宽度的黑色挡板遮住。小灯泡以一定速度在横槽中自右

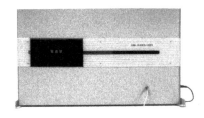

图 8-31　速度估计检测仪

向左移动,中途因黑色遮蔽而消失。受检者用眼睛跟踪灯泡移动速度,估计灯泡到达挡板左端时,同步按下手头按键。用估计时间与正确时间的差异,间接评判对速度估计的正确性。

试验时被试者坐在距离仪器面板 1.5m 的地方,注意观察面板上指示灯移动的速度。指示灯进入遮挡区后,被试者估计到达遮挡区终点时按下开关,仪器记录指示灯进入遮挡区到按下开关的时间。

每个被试者练习 3 次,正式检测 10 次,用检测结果的变动率来评价被试者的速度估计能力和性格的焦躁性。

3）处置判断检验

处置判断指人对刺激信号的注意力分配和动作协调能力。驾驶人视觉的注意力和注意力分配、转移方面的缺陷,是引起事故的又一原因。

该试验在于检测驾驶人在行车中注意力分配及转移的能力,还可衡量驾驶人转向盘操作的平滑性。

处置判断检测仪如图 8-32 所示,电机通过齿轮带动视标圆盘转动,电机的旋转由微型计算机控制。受检者通过操纵转向盘,使两根指针从视标箭头尾部通过,仪器自动记录错误次数。

试验时被试者通过操纵转向盘使两根指针左右移动,圆盘旋转时,要求被试者尽量使两指针均从箭头尾部绕过,若指针从箭头前方或跨骑箭头通过,以及触碰圆盘边缘时均视为错误。

图 8-32　处置判断检测仪

圆盘匀速转动 6 圈,仪器记录错误次数,用来评价被试者的注意分配和动作的协调能力。

二、驾驶人动态视觉特征试验

驾驶人动态视觉特征是指驾驶人随车辆处于运动状态时的眼睛运动特征。有关研究表明,由视觉通道提供给驾驶人的交通信息占全部信息的 80%。在驾驶过程中,95% 的视觉信息是动态的,与交通事故最为密切相关的是驾驶人的动态视觉特征。

1. 试验设备

驾驶人动态视觉特征测试设备是眼睛运动追踪仪,也称作眼动仪。

加拿大 SR Research 公司生产的 EyeLink II 型眼动仪如图 8-33 所示,采用瞳孔-角膜反射向量法原理进行试验测试。此方法具有精确度高、对人无干扰、可移动等优点,是目前较为理想的一种眼动测量方法。其缺陷是对受试人员的眼睛构造要求严格,调试标定过程复杂,约有 30% 的人因为眼部先天结构无法通过调试标定程序。

设备技术参数如下。

(1) 双模式选择:单瞳孔模式,瞳孔+角膜模式。

(2) 高速记录双眼位置,超高采样率:500 Hz 或 250Hz。

图 8-33　试验设备及试验过程

(3) 注视位置误差:0.25°~0.5°。

(4) 瞳孔尺寸分辨率:直径的 0.1%。

(5) 实时追踪眼动位置延时:3ms。

2. 试验流程

驾驶人动态视觉特征试验按以下流程进行:

(1) 为驾驶人佩戴眼动仪头盔。

(2) 进行眼动仪调试。

(3) 眼动仪校准和验证。

(4) 开始试验,记录数据。

试验注意事项包括:

(1) 试验前对仪器进行认真调试,确保仪器工作可靠、测量精度达到要求。

(2) 试验前预先调试好车辆,使其具有良好的操纵性能,并且保证驾驶人在驾驶时不受到车内物体的遮挡。

(3) 在移动试验仪器时要轻拿轻放,保证仪器安装牢固,便于操作。

(4) 眼动仪对光线变化较敏感,应在光线较弱处进行试验调试,以保证试验精度。

(5) 试验过程中需时刻注意眼动仪工作情况,如有问题应立即纠正。

3. 测试数据项目

眼动仪的测试项目较多,目前常用的测试指标如下。

(1) 注视点数目。在视觉搜索中,注视点的数目与观察者所需要处理信息的数目有关系。

(2) 注视持续时间。

①视角偏差:注视持续时,眼睛相对于头部位置的偏差稳定在一定的阈值范围内(一般为 2°);

②持续时间:注视持续时,其持续时间超过一个最小值(一般为 100~200ms,对人的典型注视而言,平均注视持续时间为 250~300ms);

③眼球运动速度:注视持续时,眼球运动速度低于一定的阈值(一般为 15~100°/s)。

(3) 扫视。眼跳是指眼睛从一个注视点到另一个注视点飞快地改变注视方向(或视轴),这种眼跳动速度可达到 500°/s。眼跳行为的主要作用是将目标物的新内容移到中央视觉范围内。

(4) 累积注视时间(Cumulative Fixation Time,CFT)。累积注视时间是指在某一兴趣区域

(Point of Interest,POI)的总注视持续时间,它通常被认为是观察者对某个特殊视觉元素的感兴趣程度。

(5)瞳孔大小。瞳孔大小主要表征驾驶人的紧张程度,也是视觉信息注意状态的重要指标。

(6)视觉搜索广度。搜索广度表示的是水平、垂直方向视觉搜索的范围。一般采用水平及垂直方向视觉搜索角度的方差及标准差作为评价搜索广度的指标。

4. 试验数据处理与分析

试验结束后,将所采集到的数据导入专用软件进行处理,将眼动数据与场景录像叠加,得到带有注视点的视频,如图8-34所示。图中球拍状光标即为驾驶人眼睛注视位置。

根据分析需求,可将采集的眼动数据导入测试仪器专用数据处理软件进行进一步分析处理。

图8-34 带注视点的图像数据

第九节 汽车试验场

汽车试验场,是进行汽车整车道路试验的场所。为满足汽车的实际行驶要求,汽车试验场的主要试验设施是集中修筑的各种各样的试验道路,包括汽车能持续高速行驶的高速环形道路、可造成汽车强烈颠簸的凹凸不平路,以及易滑道、陡坡、转向广场等,给汽车试验提供稳定的路面试验条件。汽车试验场的规模有大有小,试验道路的品种和长短也不尽相同,而且随着汽车技术的发展,不断会提出修筑新的试验设施的要求。

汽车试验场是重现汽车使用中遇到的各种各样的道路条件和使用条件的试验场地。试验道路是实际存在的各种各样的道路经过集中、浓缩、不失真的强化并典型化的道路。汽车在试验场进行试验比在试验室或一般行驶条件下的试验更为严格、更为科学、更为迅速、更为实际。

汽车试验场典型的试验项目包括设计和工程开发;车身强度、刚度、耐久性能和碰撞性能研究;发动机和变速器的安装和性能;振动、噪声的评价和改进;空气动力学、冷却加热通风系统;悬架装置及部件的强度和耐久性;整车性能和耐久性;制动系统开发;世界各国的法规认证试验。

汽车试验场的主要功用是:
(1)进行汽车产品的质量鉴定试验;
(2)进行汽车新产品的开发、鉴定和认证试验;
(3)为试验室零部件试验或整车模拟试验以及计算机模拟确定工况和提供采样条件;
(4)进行汽车标准及法规的研究和验证试验等。

由于控制技术和计算机的高速发展,汽车的部分行驶工况能够在试验室进行模拟试验和用计算机进行仿真计算,如在整车振动试验台上模拟汽车在道路上行驶的振动情况,在驾驶模拟器上模拟汽车的加速、制动、侧滑、甩尾、高速失控等极限工况,用虚拟试车场技术进行仿真计算等。但这并不意味着汽车试验场的作用减小,恰恰相反,这些先进的试验手段应用的前提是获得汽车在实际道路上行驶的各种工况数据,这些数据大部分是在试车场采集的。现代化试验技术将汽车道路试验与试验室内的试验研究紧密配合、相互验证、相互依存、相互补充,达到全面检验和评价汽车性能和可靠性的目的。

一、试验道路和设施

由于规模和功能的差别,各汽车试验场的试验道路和设施的种类、几何形状、路面参数等各有不同,甚至同样的设施有不同的名称。下面仅就常规项目进行说明。

1. 高速环行试验道

以持续高速行驶为目的的高速环行试验道(图 8-35)是试验场的主体工程,其形状和大小视场地条件而异,以长圆形居多,其余是电话听筒形、圆形、三角形等,周长从几百米到数千米。德国大众汽车公司的 Ehra-Lessin 的高速环道超过 20km,是世界上最长的。

2. 普通路环道

这种试验道通常用于试验里程累积和试车场内的交通路,设置各种无超高弯道后,可兼作操纵稳定性试验路。

3. 综合性能路

综合性能路又称水平直线性能路。一般是电话听筒形,直线部分是试验段,要求路面平坦均匀,如图 8-36 所示。横坡在保证排水的前提下尽量小,纵坡不得大于 2‰,最好是水平的。长度在 1km 以上,宽度大于 8m。综合性能路主要进行汽车动力性、经济性、制动性能等试验。有些中小型试车场将直线线段中间加宽到数十米,进行操纵稳定性等试验。两端是回转弯道,主要起掉头和加速作用。在直线段不是足够长时,回转弯道设一定的超高以提高试验车速。

图 8-35 高速环形试验道

图 8-36 综合性能路

4. 回转特性试验广场

回转特性试验广场一般是直径 100m 左右的圆形广场,内倾坡或外倾坡小于 0.5%,路面平坦均匀,而且能长期保持比较稳定的附着系数,主要用于测量和评价汽车的转向特性。有的还设有淋水或溢水设施,用来测试汽车在湿滑路面上的回转特性。为研究汽车高速下的操纵性、稳定性,美国通用汽车公司 Milford 试车场建有边长 500m 的近似方形的广场,面积达 23 万 m^2,两端设有加速用的半环形跑道。德国大众汽车公司、美国 IRC 等也有近似规模的汽车运动特性试验广场。

5. 多附着系数制动试验路

多附着系数制动试验路也称易滑路,中间是加宽的试验段,长 200m 以上,两端设有加速跑道。试验段由几种不同附着系数的路面对接或并接成组合路面,以检验汽车从高附着系数路到低附着系数路或左右两侧车轮各在高附着系数路和低附着系数路面上制动的稳定性,这是研究汽车防抱死制动系统不可缺少的试验道路。

各种附着系数的路面用不同的耐磨材料铺砌,两侧装有淋水量可调的喷头,可以形成湿滑路面,最低时附着系数可达到 0.15~0.3,相当于冰雪路面的效果。英国 MIRA 试车场用玄武岩瓦铺砌的低附着系数路是比较有代表性的易滑路,路面上有 100mm×100mm 的含水槽,起到及时恢复制动时被汽车前轮破坏的水膜的作用。

有的试车场还建有多附着系数的试验广场,设有水量可调的喷头,用来研究汽车在转弯制动的情况下的运动状态。

6. 操纵性、平顺性试验路

试验路由不同半径的弯曲路,包括回头弯和 S 弯,以及存在各种缺陷的路段组成。弯道一般不设超高,缺陷路上布置有凸出或凹下去的阴井盖、横沟、铁路岔口、局部修补的补丁和反向超高等。其主要用于检验汽车的操纵性、稳定性、平顺性、噪声等,同时也可作为一种典型的坏路进行汽车可靠性行驶试验。

7. 石块路(比利时路)

石块路(图 8-37)是汽车行业一致认同的汽车可靠性行驶试验路,长从几百米到几千米,宽 3.5~4.0m,几乎每个试车场都有,因为这种路最早取自比利时某些失修的石块路,所以又称比利时路。石块路是考核汽车轮胎、悬架装置、车身、车架以及结构部件的强度、振动和可靠性的比较理想的试验道路。

8. 卵石路

卵石路是将直径为 180~310mm 的大鹅卵石稀疏地、不规则地埋入水泥混凝土路槽中(图 8-38)形成的路。

图 8-37 石块路(比利时路)

图 8-38 卵石路

大卵石高出地表部分的高度为 40~120mm,铺砌成几百米长的卵石路。汽车在卵石路上行驶时,除了引起垂直跳动外,不规则分布的卵石还对车轮、转向系统和悬架装置造成较大的纵向和横向冲击。卵石路是大中型载货汽车、自卸车等可靠性试验路之一。

9. 扭曲路

扭曲路(图 8-39)由左右两排互相交错分布的凸块组成,以凸块形状梯形最简单,也有正弦环锥形,作用都是一致的,就是使汽车产生强烈的扭曲,以检验车辆的车架、车身结构强度和各系统的连接强度、干涉等。凸块高度一般在 80~200mm 之间,分别修筑成甲、乙、丙等扭曲路。如海南试车场,规定大中型载货汽车要通过200mm的甲种扭曲路,微型车只需通过80mm的丙种扭曲路。

10. 搓板路

搓板路(图8-40)每个凸起近似于正弦波,是砂石路上常见的路况。波距以500~900mm不等,行驶车速很高的波距可达到1100mm。汽车以较高车速在搓板路上行驶时,悬架下部高频振动,悬架上部比较平稳。试车场用水泥混凝土修筑的搓板路大多采用的波高为25mm,波距为600~800mm。为了造成左右车轮的相位差,常将左右两侧的搓板错位布置或斜置某一角度。搓板路用于进行汽车的振动特性、平顺性、可靠性试验。

图8-39　扭曲路　　　　　　　　　图8-40　搓板路

11. 溅水池与涉水池

溅水池一般是并联在石块路上,水深0.15m左右且可调,池两侧设挡水墙。汽车连续在石块路上行驶时,悬架装置,特别是减振器发热严重,会造成非正常损坏,所以试车场一般规定汽车在石块路上每转两圈必须通过一次溅水池,起到冷却悬架装置作用。

涉水池(图8-41)可修成环形或长条形,水深可调,用以检查汽车涉水时水对汽车各种部件的影响,如进行制动器浸水恢复试验、汽车下部和底板浸水密封性以及电气装置防水性能等试验。

12. 标准坡道

标准坡道是常用坡道从10%~60%并列布置或阴阳坡两面布置的数条坡道,坡长不小于20m。如图8-42所示,40%以上的坡道要采取防滑措施,坡顶和坡底的广场能保证汽车方便地掉头。标准坡道用于进行汽车爬坡性能、停车制动器驻坡性能、坡道起步和离合器研究开发等试验。

图8-41　涉水池　　　　　　　　　图8-42　汽车在做40%坡道的爬坡试验

除以上道路和设施之外,有些汽车试验场还有长坡路、枕木路、砾石路、盐水池、灰尘洞、噪声发生路、静路(标准路面)、砂石路、越野路等。越野路主要是崎岖不平的、无铺筑路面的道路,同时有沙地、沼泽地等地面通过性试验设施以及弹坑、横沟、垂直台阶、驼峰等地形通过性试验设施,用于检测越野车在无路区的通过性能。

13. 安全和环境设施

每一项试验道路和设施的设计,都应该同时考虑汽车试验安全的需要。通常在高速环道两侧,除供临时停车的硬路肩外,要设置不少于 10m 宽的安全地带并种植草皮;弯道外侧、桥涵处、填方处以及在安全带内设置的标志杆、灯柱、测速装置等都应安装安全护栏;高速环路入口应该是唯一的,并且能实施有效地控制。其他试验道路和设施,也希望设置宽 3.5m以上的辅助道路和一定宽度的安全带。辅助道路是故障车辆或交通事故的救援通道,同时作为监测路,保证测试车和摄影车对试验车的跟踪。所有的试验道路都必须有醒目的标线和指示标牌,而且夜间在灯光的照射下也是清晰的。

对试车场要进行绿地设计,充分利用空地种植树木花草,在试验道路两侧形成高低错落、形态各异的绿化带,可以有效地发挥挡风、抑制灰尘、降低噪声和排气污染、防止夜晚灯光炫目等作用。同时能给人一个生机盎然的感觉和轻松的心情,对减轻试验人员枯燥感和疲劳感非常有效。

二、特殊试验场

1. 冬季试验场

冬季试验场是利用低温及天然的冰雪路面,对车辆进行低温起动、除霜除雾、冷热冲击和可靠性方面的测试。2011 年 1 月,中国汽车技术研究中心汽车试验研究所设在黑龙江佳木斯地区的卡达克冬季汽车试验场修建完成。随着一汽丰田、长安汽车等厂家 ABS、主观评价及扬雪试验的完成,标志着中国汽车技术研究中心已进入汽车寒区试验的全新研究领域。该冬季汽车试验场共修建了 ABS 试验路、冰雪分割路、操控路、扬雪路、冰雪环路、动态广场及城市起停路共 7 条功能跑道,除可完成整车动力系统、传动系统、转向系统、制动系统、底盘悬架装置及燃料供给系统等寒区适应性试验外,还可完成 ABS、ESP(Electronic Stability Program,车身电子稳定系统)、ASR、TCS(Tranction Control System,牵引力控制系统)等零部件开发性匹配试验。此外,试车企业也可利用周边的公共道路进行寒区耐久试验。

目前,各汽车主机厂为保证新车的质量和安全,都加大了产品研发、试车的投入,汽车寒区试验也越来越受到重视,汽车寒区试验的市场需求很大。中国汽车技术研究中心卡达克冬季汽车试验场的建成及寒区试验的开展,填补了该中心在测试领域的空白,提升了行业地位,为冬季汽车安全试验标准的起草和制定提供了方便条件,同时也可为整车厂和零部件厂的产品前期研发及各项冬季性能检测试验和耐久试验提供良好的测试服务。

2. 轮胎试验场

米其林、普利司通、固特异等知名品牌在世界建有二三十个大小、功能、地域不同的轮胎试验场。轮胎作为汽车行走系主要零部件,轮胎试验场主要关注的是轮胎对车辆的操控性、舒适性、制动稳定性、噪声等的影响,主要道路设施有以下几类:

(1)高速循环跑道、综合性能路。

(2)乘适耐久测试道包括裂缝路面、柏油路面、沥青路面、轮辙路、凹槽路、卵石(凸)路和抗撕裂路等。

(3)制动性能测试道包括水泥路面、玄武岩铸石路面、瓷砖路面、沥青路面和沥青小砾石路面等。

(4)振动噪声测试道包括排水粗路面及水泥混凝土路面、桥梁接缝路、铁道斜交路、沥青不良路、花纹噪声路面、铁条路、正弦波低洼路、单一小凸起段差路、沥青凹凸路、平坦粗路面及人力粗路面。

(5)噪声测试道包括 ISO 路面。ISO 路面按照 ISO 10844 标准要求的级配曲线铺设沥青混凝土,路面表面平均分布深度为(0.5 ± 0.2)mm。

(6)湿地操纵稳定性测试道分别为玄武岩铸石路面和瓷砖路面,主要模拟雪面和冰面。

三、试验场主要配套实验室

1. 噪声和振动实验室

通过噪声和振动实验室能够开发出舒适和低噪声的汽车。它提供的服务项目从发动机或零部件的噪声研究、评价、认证,到整车的噪声和振动性能开发。采用的新技术包括脉冲容量的声级测量,根据发动机和零部件的噪声参数预计车辆内部的噪声水平,用激光扫描干涉测量法绘制车辆表面的振动图,估算发动机进气和排气系统的噪声性能。试验设施主要有整车半消声室、发动机半消声室、发动机全消声室、独立的排气系统试验装置和变速器传动试验间。主要设备包括底盘测功机和噪声测量仪器。

2. 排放实验室

排放实验室主要用于冷和热测试、化学实验室物质分类、多用途催化剂的效率分析、增强蒸发的排放测量、用户自定义试验、代用燃油试验、高海拔试验和各国法规规定的试验等。主要设备包括底盘测功机、废气分析仪、密闭舱和低温舱等。

3. 碰撞实验室

在碰撞实验室中可以进行国际法规认证试验、车辆碰撞性能和乘员保护系统的独立评价、使用最新科技设计并开发车辆原型、为厂家保密的例行碰撞试验等,以解决各种有关碰撞难题。主要仪器设备包括实车碰撞系统和模拟碰撞系统,其中包含照明、假人、牵引、数据采集、高速摄像和图像数据分析系统。

4. 电磁干扰实验室(EMC)

电磁干扰实验室用来对工作状态中的机动车及其他设备进行完全辐射敏感度和电磁辐射度的测试;在人工操作状态下测试车辆在城市及郊区遇到的宽频带电磁环境;在正常操作环境下车辆电子配件互相作用的影响;车辆系统电压改变和瞬变的影响;从附近发射机、动力线和闪电来的外部电磁辐射对车辆产生的影响;车辆上的移动无线发射机产生辐射的影响;车辆系统辐射(点火、发动机微机控制、数字时钟等)对环境的影响。

5. 发动机实验室

发动机实验室可开展发动机及传动系统耐久性室内模拟试验,完成新型发动机设计、提高燃油经济性、降低有毒物质的排放以及改善发动机性能等研究工作。

6. 车辆结构实验室

车辆结构实验室从事车身部件结构整体性的研究和开发工作。结构分析包括线性和非线性、静态和动态有限元模型计算、结构模型分析、碰撞分析和系统模拟等。

7. 零部件耐久性实验室

零部件耐久性实验室的主要试验项目包括结构或部件的断裂、失效、静态受力、振动试验；弯曲、扭转、剪切等组合应力分析；通过机械、气压、电液压方法产生的随机负荷输入、单一负荷输入以及程序控制的负荷输入；锈蚀、湿度、高低温、灰尘进入对汽车部件的影响；用于凸轮和随动件、车轮、齿轮的专用试验装置；空气、润滑油和燃油滤清器试验；零部件失效分析；为客户设计并建造特殊的试验台架或实验室。

8. 人体工程学实验室

人体工程学是汽车设计和试验工作中必须考虑的重要课题，主要指人与车辆相互作用的关系，包括驾驶过程的工作量、乘坐舒适性、行人安全性和维修人员的操作简便性等。

9. 腐蚀实验室

腐蚀实验室能够进行车辆的加速腐蚀性实验。其由六面双层隔热板包围而成，拥有先进的空气自动控制系统，室内温度、湿度都可根据需要进行调节。实验室内所有设备都进行了防腐蚀处理，并有安全保护装置。汽车在腐蚀实验室内进行50天实验与实际使用5年所受的腐蚀等效，从而大大缩短了试验周期。

本章思考题

1. 汽车的认证试验可以采用虚拟仿真试验吗？为什么？
2. 除了一般汽车试验的项目外，对于智能网联汽车还应该设置哪些试验项目？

第九章　主观评价方法

之前章节所讨论的内容都是汽车试验过程中的客观定量评价方法和手段。但是，客观定量评价方法存在着客观指标单一、局限的不足，难以综合系统地评价汽车性能之间的相互作用、相互影响和各个指标项的平衡协调以追求完善整体性能的需求。主观评价方法是一种传统而又非常有效的检验整车性能匹配与调校的方法，也是一种综合判定汽车各种性能的综合平衡方法。与客观定量评价的本质区别在于主观评价不是以考核各种性能的核心指标量作为评价结果，而是以经过培训的专业评价人员通过针对某一项或某几项具体性能目标的观察与感受而对车辆性能形成的评价，从而避免了定量评价中过分依赖某些核心指标数据而忽视无法进行定量评价带来的对综合性能的误判。因此，主观评价具有一定的综合性、模糊性和主观性。汽车主观评价方法是目前唯一能够全面有效地评价汽车复杂行驶过程的方法，它作为一种定性评估的手段，可以快速地发现车辆之间的性能差距，是提升产品用户的体验感和满意度，增强产品竞争力的有效验证方法，是实现从市场用户语言精准转化为工程技术语言的必要环节。

第一节　概　　述

一、汽车主观评价的定义及影响因素

广义的主观评价概括为：通过人的感觉器官（眼睛、耳朵、皮肤、手和身体等），从客体获取有效信息，然后由大脑对信息进行综合判断处理，最终作出对客体价值的评判。

汽车的主观评价是由具有相当经验的专业人员按照一定的主观评价规范，在典型的行驶道路或评价环境中，通过感觉器官对所关注的汽车品质属性进行观察、操作、判定、结果记录和数据分析等的活动。主观评价的内容一般包括整车乘坐舒适性能、转向循迹性能、操纵稳定性能、换挡平顺性能和噪声振动强度（NVH）性能等。

主观评价作为评价和衡量整车性能的重要指标之一，在整车性能开发中可以提升整车研发质量，通过与客观测试结合进而构建一个更加系统科学的车辆评价体系，及时地找到车辆研发中的各类问题。在此基础上可以对整车研发形成指导意义，进而缩短开发周期，提高研发质量。

汽车主观评价需要特定的人员在特定的环境中对特定的车辆进行评价，汽车的主观评价是受人、车、环境等众多因素影响的。作为评价工作的主体，评价人员需要具有丰富的驾驶经验和一定的专业评价经验。一般要对有可能影响评价结果的信息进行屏蔽，以避免评价者由于心理认知使评价结果过于主观，另外评价小组的成员应该涵盖不同年龄阶段、性别、人群，同时具有较好的分辨能力和记忆力且需要有系统的专业知识、受过专门的训练。主观评价环境需要涵盖各种不同类型路段，包括高速公路、普通公路、山区道路、城乡道路，以及各类非铺装路面（颠簸路面与冲击路面）等。通过在不同路段进行的试验，可以更加全

面地评测出一款车型的具体性能。

主观评价受评价者的生理和心理的影响,即使是相同的人、相同的车和相同的环境,在不同时间进行的主观评价,结果都不一定一样。由于主观感受是不同的,因此在进行主观评价前,一定要对影响主观评价的三个因素进行设定,以保证主观评价的准确性。

不同评价者的尺度和标准存在差异,会造成主观评价的结果具有一定的离散性,因此,需要通过多人多次主观评价,然后对主观评价结果进行数据统计分析,从而降低主观评价离散度,减少误差影响,提高评价结果的准确度。

为了使针对汽车性能进行的每一项主观评价结果都能够全面地反映各性能主观评价结果的差异,汽车行业常采用雷达图的形式来表示,如图9-1所示。

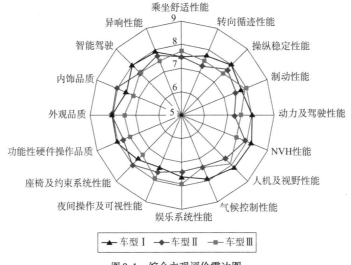

图9-1 综合主观评价雷达图

二、汽车主观评价方法

汽车主观评价方法一般分为以下几种,如图9-2所示。

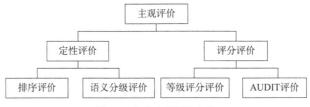

图9-2 汽车主观评价方法

主观评价分为定性评价和评分评价。其中,定性评价又分为排序评价和语义分级评价,评分评价又分为等级评分评价和AUDIT评价。

1. 排序评价

排序评价就是通过排序的方式完成汽车主观评价,它要求评价者针对某项性能对多个汽车样本进行感受和评价,并按照性能表现的优劣进行排序。排序评价通常适用于样本数量较少的情况,需要评价者对比样本性能表现的优劣,以排序的方式给出评价结果。

2. 语义分级评价

语义分级评价是一种通过语义的分级描述进行主观评价的评价方法,要求评价者运用一对反义形容词,对汽车样本的性能表现进行分级描述。反义形容词组位于等级的两端,中间使用一般、非常、略微等度量性的副词进行分级。通常评价等级可分为5级、7级或者9级,不同分级评价结果示意图分别如图9-3~图9-5所示。

特别	有些	一般	有些	特别
1	2	3	4	5
粗糙 ⟵		□□□□		⟶ 精致

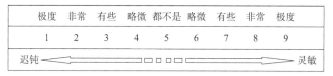

图9-3　5级语义分级评价结果示意图

极度	非常	有些	都不是	有些	非常	极度
1	2	3	4	5	6	7
粗糙 ⟵			□□□□			⟶ 精致

图9-4　7级语义分级评价结果示意图

极度	非常	有些	略微	都不是	略微	有些	非常	极度
1	2	3	4	5	6	7	8	9
迟钝 ⟵				□□□□				⟶ 灵敏

图9-5　9级语义分级评价结果示意图

3.等级评分评价

等级评分评价是在规定的评分范围内对汽车样本进行评分的评价方法,评价等级和评价分数采用一定的对应关系进行定义。一般日本企业常用5分制评价打评分,见表9-1;国内和欧美企业常用10分制评价评分,见表9-2。

5分制评分法评价等级和评价分数对应关系　　表9-1

评价分数	1	2	3	4	5
评价等级	很差	差	一般	好	很好
客户满意度	不满意		基本满意	满意	非常满意
期望改进者	所有顾客、一般顾客		挑剔顾客	受训人员	难以察觉

10分制评分法评价等级和评价分数对应关系　　表9-2

评价分数	1	2	3	4	5	6	7	8	9	10
评价等级	无法接受		很差		边缘	可接受	一般	好	非常好	好极了
客户满意度	非常不满意				稍不满意	基本满意		很满意	非常满意	
期望改进者	所有顾客			一般顾客		挑剔的顾客		受训人员		难以察觉
客户抱怨百分比%	100~50					50~10		10~1	<1	无

4.AUDIT评价

AUDIT评价是一种针对产品质量状况进行评价的方法,评价者站在顾客的角度,对合格的车辆进行评价。AUDIT评价分为生产过程评价、动态路试评价以及管线路评价,包含漆面质量、车身、发动机舱、底盘、淋雨和路试等方面内容。

AUDIT评价采用扣分累计的评价方式,即根据问题的严重程度划定不同的扣分标准,经过累加和计算,可较为直观地反映不同板块的质量问题程度。

第二节 乘坐舒适性主观评价

一、乘坐舒适性能评价的定义

乘坐舒适性能是指乘员对频率在 0.5~25Hz 内的振动、噪声和冲击的舒适性感受程度。当车辆与乘员身体部位发生共振时,会加剧乘客对乘坐舒适性的不舒适感知,人体不同部位对频率的反应如图 9-6 所示。

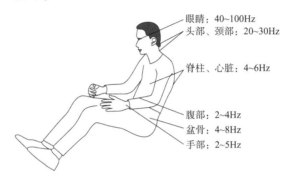

图 9-6 人体各部位的敏感频率范围

依靠客观数据获得的乘坐舒适性指标并不足以说明乘员对舒适性感受的好坏。乘坐舒适性主观评价是从振动频率入手,通过对应的评价指标对车辆的乘坐舒适性能进行评估判定。乘坐舒适性能评价指标体系如图 9-7 所示。

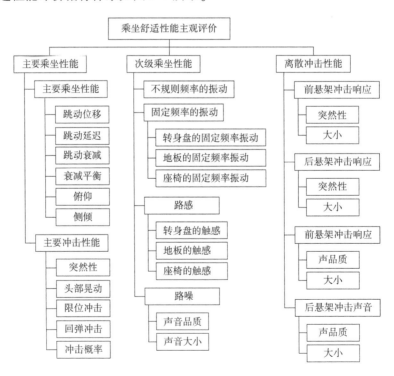

图 9-7 乘坐舒适性能评价指标体系

二、主要乘坐性能

主要乘坐性能又称初级乘坐性能,用于评估在路面振动输入下的车身运动量和运动特征时,在特定的典型路面上以与路面相匹配的方式下驾驶车辆,将车速从20km/h开始逐步增大到在该路面下能稳定行驶时的车速(一般为30~80km/h)。在不同路面振幅引起的车身低频运动下,通过乘员对车身的运动幅度、运动突然性和噪声进行评价。小振幅路面具有不易察觉的路面起伏,通过这些路面特征可以评估出悬架初始行程下的运动特征,大振幅路面具有可见的连续或间断的路面起伏,通过这些路面特征可以评估出悬架在较大甚至全运动行程下的运动特征。对于在不同的车辆乘坐位置下的感受,可从以下6个方面进行评价。

1. 跳动位移

跳动位移用于评价车辆相对于路面垂向运动的方式。根据垂向方向上的车身运动是复制了路面轮廓的波形还是吸收了路面轮廓的波形,来判定车身运动情况,并观察车身的垂向运动是否过大,以至于车轮有跳离路面而悬空的现象。

在常规的驾驶工况下产生车轮悬空的现象,往往意味着悬架的运动行程设置过小或悬架的压缩和回弹行程比例关系不合理。在车辆高速行驶时允许出现车轮悬空现象,但车轮悬空不应对车辆的行驶轨迹产生影响,也不应让驾驶人感觉到明显的悬架冲击感。

2. 跳动延迟

跳动延迟用于判定车辆在路面轮廓波动下的车身垂向运动的响应状态。根据车身运动是随着路面轮廓的波动立刻响应还是有明显的响应延迟来判定车身响应速度。

3. 跳动衰减

跳动衰减用于判定车身垂向运动的衰减周期情况。在路面激励作用下,车身的跳动随着路面的形状起伏同步缓冲衰减,并应尽可能在较少的周期内完成衰减动作。长波路是进行跳动衰减评价较好的路面。

车身运动的方式由车辆的阻尼元件和弹性元件来共同决定,起主要作用的元件随振幅不同而有所改变;在小振幅路面下,悬架装置的摩擦力和阻尼,以及弹性元件的起动力和小位移以下的阻尼特性起着主要作用;在大振幅路面下,悬架装置的刚度和阻尼起着主要作用。

4. 衰减平衡

衰减平衡用于观察前后悬架在受到路面轮廓波动下的运动方式,判定前后悬架衰减运动的幅频和相频的协调性;根据车辆是否给评价者车身体前后围绕着某一根假想的移动的横向轴在转动的感觉来判定转动的程度。

衰减平衡会提高驾驶者对车辆前后一致性的感受程度。不同波长的中短波路面可以选为能够较全面地进行衰减平衡评价的路面。

5. 车身俯仰

观察是否因为前轴和后轴的衰减幅频和相频的不协调性而引起了车身前后的上下波动,而出现严重的点头现象,是否给评价者带来车身围绕着某一根假想的横向轴在转动的感觉,并判定转动的幅度和衰减变化情况。

对于经过专业培训的评价者来说,俯仰和衰减平衡较容易区分开,因为产生俯仰和衰减不平衡的主要原因是不同的。

6. 车身侧倾

在不施加转向的情况下,观察车身是否存在因为路面轮廓横截面形状的变化而产生了绕车辆纵轴左右摆动的现象,并判定摆动动作的幅度和衰减变化情况。

三、主要冲击性能

主要冲击性能评估乘坐控制性下的车身运动对乘员舒适性感受的干扰,在特定的典型路面以与路面相匹配的方式驾驶车辆,车速从 20km/h 开始逐步增大到在该路面下能稳定控制的车速。对于主要冲击性能,可从以下 5 个方面进行评价。

1. 突然性

车身垂向跳动时可能带给乘员冲击感,体现在随着车身的上下运动时,乘员感觉是生硬还是柔和,是否感觉车身像在轮胎上跳动。突然性评价用于判定车身冲击感觉的突然程度,如果冲击过大,则会导致乘员弹离座椅。如果发生这样的情况,乘员会觉得车辆并没有对路面不平输入进行过滤和衰减,路面不平度反而被放大了。

2. 头部晃动

考核观察乘员的上身和头部左右晃动的浮动和动作的突然性,是否有意料之外的猛拉或甩出现象。根据头部晃动判定运动的幅度和运动的突然程度。

3. 限位冲击

限位冲击是考核当悬架上下运动冲击到限位块的时候,限位冲击感带给乘员的感受是柔和还是生硬,以及冲击时乘员听到的声音是柔和还是生硬。

较好的限位冲击设计从弹簧到辅助弹簧的压缩过渡过程应该是线性的,并且不被驾驶者所觉察。在与限位块接触后冲击结束时,没有明显的冲击感和噪声,对弹簧的变形有较好的抑制作用,且在此过程中弹簧没有发生并圈的现象。

4. 回弹冲击

当发生限位冲击后,判定回弹冲击感带给乘员的感受是柔和的还是快速的,能否明显地感觉出回复峰值,在回弹过程中乘员听到的声音是生硬还是柔和。

5. 冲击概率

判定在上述操作下,车辆发生限位或回弹冲击的概率。

四、次级乘坐性能

次级乘坐性能评估的是车辆在平滑、粗糙和起伏路面上行驶时,试验车速从 20km/h 开始逐步升高到在该路面下能稳定行驶的车速时,由于路面和路面材质的变化引起的振动感受。对于次级乘坐性能,可从以下 4 个方面进行评价。

1. 不规则频率的振动

观察车辆产生的不规则的俯仰、跳动、振动的情况。

2. 固定频率的振动

感受或者观察车身、副车架、悬架、动力传动和座椅的和谐振动,同时也需要考虑车门内饰板、座椅扶手、头枕、内外后视镜等部件的振动。

固定频率的振动是由频率在 5~40Hz 之间的车辆系统共振产生的,这种共振通常发生在一个临界车速下,改变车速可以改变固定频率振动的强度,但对不规则频率的振动没有多大的改变。

3. 路感

路感是指经过驾驶人的手、脚等身体部位所感受到或者看到的由地板、转向盘、座椅、座椅扶手等部件产生的振动所映射出的路面形状和材质的触觉,包括转向盘的触觉、地板的触觉和座椅的触觉。

4. 路噪

路噪是指车辆在路面上行驶时,轮胎通过车辆传递给驾驶人的行驶噪声。判定行驶噪声给车内乘员的感受时,主要关注声音的品质是否和谐。

五、离散冲击性能

离散冲击性能是指在单一路况的路面冲击下车辆隔离缓振的能力,要求车速从 10km/h 逐步增大到在该路面下能稳定行驶的车速。典型的路面冲击有路拱减速和井盖。对于离散冲击性能,可从以下 4 个方面进行评价。

1. 前悬架冲击响应

判定车辆前悬架对路面的不平和干扰带来的振动的隔离能力,车辆在接触到路面不平或干扰时产生的振动是否带有粗暴和突然的冲击感觉,冲击振动是否能够迅速衰减。

2. 后悬架冲击响应

判定车辆后悬架对路面的不平和干扰带来的振动的隔离能力,车辆在接触到路面不平或干扰时产生的振动是否带有粗暴和突然的冲击感觉,冲击振动是否能够迅速衰减。

3. 前悬架冲击声

判定车辆前悬架在上述冲击时的声音给车内乘客的感受。

4. 后悬架冲击声

判定车辆后悬架在上述冲击时的声音给车内乘客的感受。

第三节 操纵稳定性主观评价

操纵稳定性所描述的内容包括 3 个方面:①转向中心区域(转向盘中间位置)受到干扰后恢复到稳定平衡状态的能力;②线性区域和非线性区域受到干扰时恢复到稳定平衡状态的能力;③由转向中心区域到非中心区域响应之间过度的瞬时操纵性和稳定性。

操纵稳定性能评价指标体系如图 9-8 所示。

汽车操纵稳定性能的评价涉及车辆在高速和极限区域工况下的评价,评价者应具备一定的车辆动力学理论知识,并且可以充分理解评价指标的意义,还应该受过专业驾驶培训,具备极限驾驶技能。操纵稳定性能的评价需要在不同附着系数的均匀路面上进行。

一、直线行驶稳定性能

1. 直行方向稳定性能

直行方向稳定性能是指车辆在稳定状态下,在没有转向输入或者非常小的转向输入下,维持直线行驶的能力。直行方向稳定性能可从行驶偏移、横摆稳定性能、纵向缝隙稳定性能、纵向沟痕稳定性能、侧倾转向 5 个方面进行评价。

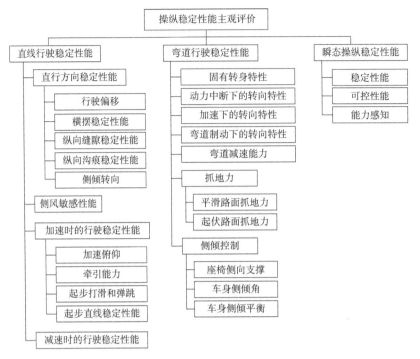

图 9-8 操纵稳定性能评价指标体系

(1)行驶偏移。行驶偏移是指在无风的环境下,车辆以不同车速行驶在良好的路面上,在没有转向输入的情况下,车辆偏离给定运动方向的情况。

(2)横摆稳定性能。车辆以不同车速在良好路面上以直线行驶,在提高车速的过程中,观察车辆的横摆运动是否有明显增强的现象,如果出现这种现象,意味车辆接近横摆失稳的临界车速。

车辆以 80km/h 的车速行驶在光滑路面上,缓慢增加车速,同时以小幅度特定频率进行转向操作,观察是否随着车速的提高存在横摆运动明显增强的现象。如果出现这一现象,则意味着车辆接近横摆失稳的临界车速。

(3)纵向缝隙稳定性能。驾驶车辆以不同的车速行驶在带有纵向缝隙的附着良好的直线路面上,判定车辆行驶路径的偏移量和转向盘力矩的变化量之间的关系。提高车速直到最大行驶稳定车速,判定偏移量与转向盘上力矩变化量之间的关系。

(4)纵向沟痕稳定性能。驾驶车辆以不同车速行驶在带有纵向沟痕的良好路面上,判定车辆行驶路径的偏移量与转向盘上力矩的变化量之间的关系。提高车速至最高稳定行驶车速,判定偏移量的大小变化与转向盘上力矩变化量的关系。

(5)侧倾转向。车辆以不同车速行驶在凹凸不平的路面上时,使车辆左右轮出现行驶差异,在没有转向输入的情况下,判定车辆在左右车轮行驶差异下的抗干扰能力,判定车身横摆和转向盘反向冲击程度。

2.加速时的行驶稳定性能

(1)加速俯仰。判定车辆在加速初期的俯仰程度和加速过程中俯仰角的保持情况。

(2)牵引能力。在平坦的、具有不同附着系数路面上(如冰雪路面、不同坡度路面、干燥的高附着路面),分别进行怠速静止和低速起步两种工况,车辆以不同加速度进行加速时,判定车辆轮胎与路面的附着能力。

（3）起步打滑和弹跳。低速大加速度起步时，观察轮胎是否由于牵引力的作用产生打滑现象，在地面滚动时是否出现弹跳现象，并且判定其严重程度。

（4）起步直线稳定性能。低速大加速度起步时，在没有转向输入的情况下，观察车辆是否能保持直线行驶，判定其保持直线行驶的能力。

3. 侧风敏感性能

车辆以80km/h的速度行驶在笔直的良好路面上，分别在握紧转向盘和松开转向盘两种模式下，判定车辆在侧风影响下的行驶路径偏移量，车辆横摆和侧倾响应；以及对车辆修正时，修正时间是否充足。

4. 减速时的行驶稳定性能

车辆在平坦的良好附着路面上进行制动时，观察制动初期车辆俯仰角的变化，制动中后期观察车辆是否存在车轮的弹跳现象，车辆停止之前观察车身的俯仰运动的幅度和衰减程度。

二、弯道行驶稳定性能

弯道行驶稳定性能是指车辆在非转向中心区域的动力学响应特性，可从以下7个方面进行评价。

1. 固有转向特性

车辆以恒定转向盘转角在定半径的圆周上低速起步，缓慢加速直至接近车辆的附着极限。感受车辆的转向特性是不足转向、过度转向还是中性转向；随着车速的提高，驾驶人是否可以清晰感觉到车辆进入极限状态；不足转向度的变化是否连续。

2. 动力中断下的转向特性

车辆以恒定转向盘转角在定半径的圆周上低速起步，缓慢加速直至接近车辆的附着极限，突然松开加速踏板，判定车辆不足转向的变化情况。恢复驱动力，观察不足转向度能否恢复到之前的程度，判定在此过程中不足转向度的变化是否连贯。

3. 加速下的转向特性

车辆以恒定转向盘转角在定半径的圆周上低速起步，缓慢加速直至接近车辆的附着极限，突然踩下加速踏板进行阶跃输入，判定车辆不足转向度的变化情况。

调整转向盘使车辆维持预定的行驶轨迹，观察不足转向度与转向输入的一致性。

4. 弯道制动下的转向特性

车辆以恒定转向盘转角在定半径的圆周上低速起步，缓慢加速直至接近车辆的附着极限，车辆施加中等强度和高强度的制动。观察车辆是否出现过度转向以及过度转向随制动强度的变化情况。

5. 弯道减速能力

车辆以恒定转向盘转角在定半径的圆周上低速起步，缓慢加速直至接近车辆的附着极限，对车辆施加制动，判定车辆的减速能力和维持行驶轨迹的能力。

6. 抓地力

车辆以恒定转向盘转角在定半径的圆周上低速起步，缓慢加速直至达到车辆的侧向附着极限，判定此时的侧向加速度大小。

抓地力以平滑路面抓地力和起伏路面抓地力两方面评价,其中起伏路面抓地力试验指在如鹅卵石路和搓衣板路面等路面上进行的抓地力的试验。

7. 侧倾控制

侧倾控制可从座椅侧向支撑、车身侧倾角和车身侧倾平衡3个方面进行评价。

三、瞬态操纵稳定性能

瞬态操纵稳定性评价的是车辆转向在中心区域和非中心区域的过渡过程的状态,它模拟了车辆在进行变线超车或紧急避障状况下的反应,可从以下3个方面进行评价。

1. 稳定性能

驾驶车辆以一定的车速在平整的路面上稳定行驶,施加一定的转向盘转角,并且迅速回正,判定车辆后轴甩尾、侧滑情况。

2. 可控性能

驾驶车辆以一定的车速在平整的路面上稳定行驶,施加一定的转向盘转角,并且迅速回正,判定此过程中为了控制车辆不失稳的转向修正量和修正速度。

3. 能力感知

驾驶车辆以一定的车速在平整的路面上稳定行驶,施加一定的转向盘转角按照预期路线行驶,分别考核车辆通过规定线路的初期和后期,最大的可控的变线速度和侧向加速度。

第四节 转向性能主观评价

转向性能主观评价是在不同驾驶工况下,对车辆转向性能特性和转向系统自身特性进行的主观评价。在操纵稳定性的范围内,涉及转向输入的控制划分为转向性能的范畴。转向性能评价指标体系包括驻车操纵性能、直线行驶可控性能、转向可控性能和转向扰动。

一、驻车操纵性能

驻车操纵性能是指在停车场或路边停车时汽车以非常低的速度行驶和驻车的性能。驻车操纵性能主要包括以下3个方面。

1. 转向力

考核车辆静止时的转向力,车辆以非常低的速度转弯转动转向盘时,是否有转向力的波动,即转向力是否均匀。

2. 回正性能

判定车辆以非常低的速度前进或倒车行驶时转向盘自动回到直线行驶的状态。考察转向盘回正是否平滑、一致、稳定,自动回正后转向盘位置接近直线行驶状态的程度,自动回正的速度,回到直线行驶状态是否需要驾驶人辅助。

3. 操控性能

判定在行驶空间狭小时车辆的操纵性。在驻车时考核转向盘转动的角度大小,是否感觉到车辆受狭窄道路、转向轮转角及车身外伸部分(转向半径)的限制。

二、直线行驶可控性能

直线行驶可控性能是指汽车在直线行驶时,驾驶人对转向盘施以幅值较小的转向角,考察汽车的转向特性,观察转向盘转角、转向盘力矩和车辆侧向/横摆响应的对应关系。驾驶人所给出的转向动作并不是为了改变汽车行驶方向,而是用来修正诸如抵抗侧风、路面不平等外界干扰引起的车辆跑偏;在该位置时驾驶人是否可以精确、自信地进行转向控制。该特性反映了驾驶人为保持汽车直线行驶进行方向修正时,汽车的响应和转向力矩反馈的大小。

1. 转向响应

汽车直线行驶时,对转向盘施加小角度转向角,判定汽车横摆角、侧向加速度等的响应品质,包括响应空行程、响应增益、响应线性程度和转向柔性。

2. 力矩反馈

力矩反馈也叫转向中心感,主要考察转向系统在转向盘中间位置附近区域给驾驶人的力矩反馈,考核在直线行驶位置附近的转向力矩反馈。考核转向力矩随小转向角变化而改变的程度,反馈的强弱,转向力矩是否线性增大、转向力矩是否为不连续的或黏滞的;是否有摩擦阻力感;是否有转向盘刚性地连接到转向轮的感觉,或者是否柔性地连接到转向轮上的感觉。

3. 转向力

在不同的车速下判定小的转向修正(直线行驶)时转向力是否合适,并判断其轻重程度。

4. 转向精确度

考核转向盘力矩、转向盘转角与车辆响应的关系(直线行驶或转向盘小转角输入)。判断在转向中心区域转向力矩反馈与车辆响应是否一致、是否缺失与车辆及路面关联的转向感觉、是否有转向修正的精确感觉。

三、转向可控性能

转向可控性能是指转向时的转向特性,以及这些特性如何使驾驶人精确、自信地控制汽车。转向可控性包括转弯时车辆响应、力矩反馈,使车辆既进入弯道又使车辆按预定线路行驶的转向盘转角调整,也包括车辆出弯道时的自动回正特性。

1. 响应

考核在各种弯道情况下车辆关于转向盘输入的响应品质。考虑车辆对转向输入的响应量,特别是在弯道行驶阶段,是否有明显的转向滞后现象,转向盘输入和车辆响应是否成比例或有可预见性。

2. 力矩反馈感

考核转弯时来自转向盘的力矩反馈特性和感觉。当转向盘转角增大或减小时,是否有明显的或明确的转向盘力矩增加或减小;在整个转向盘转角操作范围内,转向盘力矩是否连续或与转向盘转角成比例;当少量调整转向盘转角时,是否有转向盘力矩阶跃改变的感觉(转向力矩滞后感);转向是否有路感,是否有僵硬和直接或柔性和顺从感。

3. 转向力

考核不同车速下的转向力。转弯时的转向力和把持力是否合理,是轻还是重。

4. 回正性

考核从不同转弯状态恢复到直线行驶状态的能力。回正运动是否平滑、一致和稳定;自动回正到直线行驶状态的程度;自动回正的稳定性,超调量和振荡次数(衰减特性)。

5. 转向精确度

考核转弯时转向盘力矩、转向盘转角与车辆响应的关系。车辆响应对转向盘输入是否直接和精确;在整个转向操作范围内转向盘力矩反馈与车辆响应是否一致。

四、转向扰动

转向扰动是指由其他原因(驾驶人输入除外)导致的不希望的转向响应或反馈。

1. 力矩转向

考核发动机关闭或打开时车辆的偏离行驶路线;驱动力矩改变或换挡时,汽车直线行驶的稳定性。

2. 跑偏

在平滑路面上行驶时汽车是否总是跑向一边;踩下离合器踏板、不制动、转向盘无约束时,考核车辆的侧向漂移量,判定维持汽车直线行驶的转向盘力矩。

3. 路拱敏感性

考核车辆对路拱导致的偏离行驶路线是否显著,需要多大的转向盘转角补偿扰动,判定维持汽车直线行驶的转向盘力矩。

4. 车轮冲击

判定转向轮在不平路面上的运动;单边路面激励时的车辆振动,如汽车通过凹坑、非对称不平路面等。

5. 扭振

考核由于车轮不平衡,在平滑路面上行驶时导致的转向盘扭振。

五、转向性能主观评价试验项目的选择

可用于转向性能评价的试验有很多,包括定圆转向、阶跃输入转向、双纽线转向、蛇行、单移线、双移线、U形路掉头等。不同的操作和车速考核的侧重点不同,反映的转向感觉也不同,应选择具有代表性的试验项目,尽可能以较少的试验工况全面反映转向性能的各个方面。

原地转向和双纽线试验用来检验转向的轻便型,属于转向的客观性评价。双移线试验中驾驶人对试验结果影响较大,同时也说明驾驶人对转向感觉感受得较为充分,所以双移线试验在主观评价中采用得最多。如果考核汽车转向的极限情况,如转向引起的侧滑或甩尾,可以采用小半径U形路掉头试验。对中间位置的转向性能评价,一般采用蛇行试验或者正弦输入试验。对于试验中所应采用的车速、输入角度和输入频率等,国际上没有明确的规定。

第五节 制动性能主观评价

制动性能是指车辆行驶时能在短距离内停车并且维持行驶方向稳定性,在长下坡时能维持一定的车速的能力。从主观评价的角度出发,制动性能包括静态评价与动态评价两大方面。静态评价包括驾驶人操作制动装置时操纵装置的位置感、操作感;动态评价包括驾驶人操作制动装置时车辆制动踏板力与行程给予的反馈、车辆减速度、制动时车辆方向可控性

等性能指标。因此,制动性能主观评价主要包括以下几个方面:制动系统人机工程、制动踏板感、制动效能、制动方向稳定性、制动热稳定性和制动振噪。

一、制动踏板静态特性

在静止怠速状态下对车辆系统进行制动操作,判定制动踏板性能,包括两个方面:踏板静态人机工程和操作舒适性。

二、制动踏板感

制动踏板感是指驾驶人在踩踏制动踏板的过程中,对于车辆减速度、制动踏板力、踏板行程等的综合感受,是反映制动性能的重要评价指标。评价方法主要是驾驶人在不同车速、不同踩踏速度的驾驶模式下,判定踏板行程、踏力与减速度三者之间的关系。

在轻制动($<0.3g$)、中度制动($0.3g \sim 0.6g$)和紧急制动($>0.6g$)情况下对车辆的制动踏板的特性进行评价,包括不同速度和不同操作方式下制动踏板的响应特性和制动踏板的调节特性的判定。对于制动踏板感风格的设定,需要从用户的角度出发,对车辆不同速度、减速度、工况的判定以及客观数据的测量,分析主客观之间的相关性,建立主观与客观相关联的评价体系,将用户语言转化为工程语言,输入到整车开发体系并设定制动踏板力度和力感风格。

三、制动效能

制动效能是模拟用户在行车过程中遇到突发障碍物而采取快踩制动踏板或紧急制动后车辆的制动能力。制动效能的主要评价指标为制动距离和制动减速度,主要评价方法是在低速、中速、高速行驶下,驾驶人分别进行快踩制动踏板、紧急制动等操作后,驾驶人对制动减速度、制动响应、制动过程信心感、安全感的判定。为更好地覆盖不同用户的驾驶习惯,可在不同车速下,分别采用不同的速率踩踏制动踏板、定值踏力、轻踩制动踏板转重踩制动踏板、重踩制动踏板转轻踩制动踏板等不同的评价方法分别判定制动效能感、安心感及响应性。

四、制动方向稳定性

制动方向稳定性是在不同道路上对车辆进行不同程度的制动操作后,车辆减速的同时维持车道行驶的能力。在直线、弯道驾驶中,判定车辆在轻踩制动、中等制动、紧急制动的情况下,是否能够保持在车道内行驶,其主要评价指标为车辆的左右制动力、制动响应速度是否一致。评价过程中,不允许车辆出现跑偏、甩尾等车辆失稳状态。

五、制动热稳定性

制动热稳定性是模拟用户在山路、高速驾驶等工况下,对车辆进行连续多次加减速操作后,制动摩擦片及制动盘温度升高后,制动踏力与行程的变化及制动性能衰退是否能够满足实际驾驶需求。评价过程中不允许出现制动踏板行程触底、车辆减速度严重不足等情况。

六、制动振噪

制动振噪主要指制动摩擦片、制动盘、制动卡钳及其他制动系统相关部件产生振动发出的振动或噪声,常见的制动振噪包括啸叫音、蠕动音、哞音、撞击音、刷盘音、抖动等。其影响因素较为复杂,如制动器本身的磨耗、环境温度、湿度、天气状况等均会对制动振噪产生巨大影响,因此评价需要在不同的行驶里程、不同的行驶工况下模拟用户的不同驾驶环境,如在夜晚静置、洗车、雨天等条件下,模拟用户早晚高峰、城市驾驶、山路及高速等工况进行评价。

七、驻车制动

车辆在怠速状态下,对驻车制动进行评价,包括操作力、驻车制动效能、驻车人机工效等。

第六节　动力性及驾驶性能主观评价

车辆的动力性指车辆在不同负荷下的加速能力,动力性的强弱由整车动力总成和整车行驶阻力决定。驾驶性是指动力输出的平顺度,主要由发动机和变速器的匹配决定,同时涉及传动轴和悬架等动力传动部件的性能,是一种车辆的综合性能评价。

动力性及驾驶性主观评价是驾驶人根据车况和路况通过对加速、离合、换挡的操作控制车辆,车辆对驾驶人的输入产生不同响应,在这个过程中,驾驶人对车辆的响应进行主观感觉的评价。静态性能从加速踏板评价、离合踏板评价、发动机起停评价、发动机怠速评价和静态换挡评价5个方面进行。动态性能主要从以下8个方面进行评价。

一、起步加速性能

起步加速性能评价包含起步动力性评价和起步驾驶性评价,起步动力性主要以加速度大小和加速度响应为评价指标,起步驾驶性以起步平顺性为评价指标。起步加速性能主要从怠速起步、小节气门开度起步、中节气门开度起步和大节气门开度起步的工况下,从起步响应、起步加速度、起步平顺性3个方面进行评价。

二、行驶中加速性能

加速性能主要针对车辆的动力性进行评价,在全加速踏板开度百公里加速、全节气门开度区间加速、急踩加速踏板加速、缓踩加速踏板加速4种工况下,分别从加速时间和加速度大小两方面进行评价。

试验中驾驶人以最高挡的稳定车速等速行驶,当车速稳定后迅速将加速踏板踩到不同位置,并对汽车的加速性以及加速时的速度平顺性进行评价。

三、各挡加速性能

评价各个挡位加速性能感觉,一般从静止起步到节气门全开度加速时的高速区(车速为最高车速的90%),过程中覆盖所有挡位,中间连续换挡感觉各个挡位的加速性能,挡位速比是否合理以及换挡的平滑性,最后在高速区域判定发动机的平稳性。

四、转弯加速性能

判定汽车转弯时的加速性能,转弯加速时存在纵向和侧向的耦合,在保证侧向稳定性能的前提下,汽车的加速性应尽量好。

五、低附着路面加速性能

在驱动力大并且路面提供的附着力不足时,车轮可能打滑,影响加速性能及侧向稳定性能。低附着路面加速性判定汽车在低附着、对开路面等低附着路面上的牵引力和加速性能,同时保证汽车侧向稳定性。

六、爬坡性能

判定汽车的爬坡性能,要求牵引能力强且爬坡速度快。对于具有一定坡度且较长的路面,汽车从静止或低速状态到加速踏板全开度的加速状态,考核爬坡时汽车的加速性能。或者在坡度大而短的路面上,感觉汽车的最大爬坡度。当试验车处于坡道上时,停住车辆,将变速器操纵杆置于空挡,发动机熄火 2min,再起步爬坡。

七、快速踏下或抬起加速踏板操作的车辆特性

快速踩抬加速踏板操作时的车辆特性是驾驶性能评价的重要指标,在不同挡位对应的不同发动机转速下,快速踩抬加速踏板,判定车辆加速度大小、车辆纵向响应快慢和加速度的平顺性。因为在一定的速度和负荷工况下,由于突然踏下或抬起加速踏板时,发动机输出转矩的突然变化会激起传动系统扭转的固有频率,从而导致汽车加速度的波动。快速松踩加速踏板操作时的车辆特性主要依赖驾驶人对动力性和舒适性的感知评价。一般认为汽车加速度响应应当迅速、延迟小,并且汽车加速度变化率中等响应比较好。

八、加速抖动

当发动机工作在不稳定区域,传动系统扭转或者振动等造成在发动机和驱动车轮之间动力传递不均匀时,有可能会出现振动,这些振动通过转向盘或者车身传递到驾驶人,会使人感受到轰鸣或抖动,在加速过程中不应该出现抖动情况。

第七节 NVH 性能主观评价

汽车 NVH 主观评价是顾客对车内噪声振动进行直观感受,如车内声音是安静还是吵闹,是和谐还是刺耳,以及振动大小和舒适程度。

汽车 NVH 主观评价分为动力传动系统 NVH 性能评价、道路行驶 NVH 性能评价和电子机械 NVH 性能评价。

一、动力传动系统 NVH 性能评价

动力传动系统 NVH 性能涉及发动机、发动机附件、进排气、悬架、传动冷却模块等多个子系统,重点关注在常规及非常规驾驶工况下各子系统的振动噪声及平顺性表现。动力传动系统 NVH 性能评价包括点火与熄火工况、起动暖机工况、怠速工况、原地加减速工况、怠速慢行工况、加减速工况的评价。

1. 点火与熄火工况

点火、熄火工况 NVH 性能评价主要判定汽车上电过程、点火起动过程以及熄火瞬间的

车内噪声大小和声音品质。

2. 起动暖机工况

发动机起动点火后,转速未回落至稳定怠速状态、发动机冷却液温度从环境温度攀升至暖机标称温度(90°)前都视为暖机工况。该工况下,若发动机润滑状况不良,则可能存在异常的机械噪声。车内噪声和车内关键点的振动是其评价指标。

3. 怠速工况

怠速工况的主观评价主要分为驻车怠速和起步怠速两种,主要判定车内振动噪声的大小、声音品质的好坏以及振动是否异常和是否出现噪声。

4. 原地加减速工况

原地加减速工况 NVH 性能的评价可分为原地发动机转速全速段运行和原地急加/急减速两种工况,重点关注是否出现异常噪声。

发动机原地转速全速段运行是指在空挡怠速的基础上,起动或拉紧驻车制动装置,轻踩加速踏板踏板将发动机转速逐渐从怠速提升到额定转速,或者能达到的最高转速,再逐步控制加速踏板,将转速降低到怠速的过程。

原地急加/急减速工况要求急踩加速踏板,跳跃式提升发动机转速,且保证发动机转速不超过总行程的50%。

5. 怠速慢行工况

发动机暖机后,在发动机怠速转速时车辆以 1 挡或 2 挡行驶,逐步开启灯光、刮水器、空调等用电器,评价车内噪声以及声音品质的变化情况。

6. 加减速工况

加减速工况 NVH 性能评价应分别在平直光滑路面和不大于10%坡道的光滑路面进行。对连续加减速过程的车内噪声、关键点振动进行判定,重点关注轰鸣声和各类啸叫噪声。

二、道路行驶 NVH 性能评价

道路行驶 NVH 性能评价主要包括底盘 NVH 性能、风噪性能和整车隔声性能评价。

1. 底盘 NVH 性能评价

底盘系统 NVH 性能评价涉及整车胎噪、路噪、转向系统振动噪声、整车斗振等与底盘系统操作运行强相关的各类 NVH 现象评价。

2. 风噪性能评价

风激励噪声或风噪是汽车在高速行驶时遇到的最主要的噪声,是一种空气动力性噪声。由于风噪的瞬态特性比较复杂,目前尚无简单的客观指标来进行准确的风噪性能评价,因此风噪性能的主观评价就显得尤为重要,风噪的主观评价主要针对高速滑行和高速巡航两种情况。

3. 整车隔声性能评价

整车隔声性能评价包括发动机舱隔声性能、门窗隔声性能和底盘隔声性能评价。

三、电子机械 NVH 性能评价

电子机械 NVH 性能评价主要包括整车机电系统、空调暖通系统和机械操作机构 NVH 性能评价。其主观评价主要关注机电系统 NVH、空调暖通系统 NVH 和机械操作机构 NVH

等在操作使用中所发出的声音量级大小、音质、有无异常响动等情况。

第八节 智能驾驶主观评价

智能驾驶经过了两个发展阶段：第一阶段是智能驾驶的初级阶段，即驾驶辅助阶段；第二阶段是智能驾驶发展的终极阶段，即完全替代人的无人驾驶。目前绝大多数整车厂已进入驾驶辅助的产业化发展阶段，部分领先整车厂正在此基础上进行自动驾驶技术的研究和大规模的路试。当前针对智能驾驶技术的主观评价主要包括以下几个方面。

一、人车交互

人车交互主要对人与汽车的交互方式进行测试，包括但不限于中控屏幕、仪表盘、物理/触控按键、语音交互以及驾驶意图识别与行为感知系统等。通过对上述功能的评价，为用户直观诠释了智能驾驶系统的适用性与实用性问题。其中，中控屏幕测试内容包括系统易用性、屏幕质感、尺寸、显示效果等方面；物理/触控按键包括易用性、按键反馈等方面；语音交互包括识别准确率、功能满足度等内容；仪表盘包括屏幕尺寸、显示效果等内容；意图识别与行为感知系统包括识别准确率、误识别率以及识别响应等内容。

二、功能实现

功能实现测试主要评价智能驾驶系统功能的丰富程度。针对目标识别、导航、娱乐、泊车影像、通信、系统功能、远程控制、映射功能以及其他的创新功能进行评价。评价项目包括功能满足度、功能实现效果等。具体项目包括功能满足度、功能实现效果、乘坐人体验、易用性、扩展性、信息共享、响应速度、清晰度等方面。由于系统功能直接影响用户的使用体验，因此该部分测试较为重要。该项测试中涵盖了智能驾驶系统的主流功能，且通过对系统功能进行深度的体验和测试，令用户对智能驾驶系统的功能配置有一个直观的认识。

三、服务生态

除了云端资源带来的便利之外，如今许多智能驾驶系统还在此基础上提供了围绕车辆的服务功能，例如通过 App 或车载系统可以完成对车辆的维修预约、状态检测；通过车载通信芯片实现无感支付、自动加油、停车缴费；将车载系统同无人机、智能家居等智能硬件互联实现智能生活等，这也是未来智能驾驶系统发展的趋势。目前服务生态测试主要评价的维度包括日常支付、维保救援和硬件性能。评价项目包括功能实用性、车内场景功能满足度、App 场景功能满足度、硬件适用性等方面。

四、交互友好性

驾乘者都希望能够与车辆进行自然交互。如今一些车辆通过智能语音识别、人工智能算法以及硬件设备，能够实现虚拟的智能助理、自然语句沟通、智能场景识别等功能。鉴于目前技术发展现状以及普及程度，交互友好性测试项目主要包括逻辑算法和实现形式等方面。

五、智能驾驶实际场景测试

该部分评估从用户使用智能驾驶功能的四个主要场景出发,对车辆智能驾驶部分在各种路况下的表现进行专业客观的评估。

1. 城市场景

城市场景测试主要从跟车、拥堵、城市弯道、路口、特殊场景和 V2X 功能 6 个维度来评价汽车在城市中的使用情况。基础测试主要考核智能驾驶功能的基本情况,包括入门的难度和功能交互的便利性。通过模拟日常驾驶中的不同情况,如前方车辆突然制动等,全面测试驾驶人对智能驾驶系统的响应灵敏度和主观感受。针对车辆前方极端堵车的情况,从现场进行还原,重点考核系统对周围障碍物车辆的识别率,同时也对系统的处理逻辑和响应进行评估。

2. 高速场景

高速场景测试中还原了高速行驶时可能出现的追尾、弯道、跟车、高速障碍物等不同场景,并通过专业测试仪器量化主观体验,比如通过测量减速度来衡量制动过程是否平稳。除了在试验场进行试验外,还可通过高速公路进行实际道路试验。在高速公路上,可全面体验和测试智能驾驶系统的功能,如高速自动变道、虚/实线识别、限速标志识别等。

3. 停车场景

停车场景中包含目前常见的三种停车位:垂直停车位、侧向停车位和斜向停车位。在测试中将从使用该功能的便利性、车位识别率和停车时间等方面进行评估,并对车辆的自动泊车能力进行全面测试。

4. 急救场景

急救场景包括主动紧急制动、追尾静态仿真车测试和行人测试,涵盖对系统稳定性的考核,以及逆光和灯光场景的考核,从而对整个主动紧急制动功能有了更全面的评价。通过这样的测试,用户可以对主动紧急制动功能的触发过程和稳定性有更直观的了解。

本章思考题

1. 汽车主观评价包含哪些方面?评价方法有哪些?如何评价?
2. 汽车操纵稳定性能评价有哪些方面?

参 考 文 献

[1] 孙传友,孙晓斌,张一.感测技术与系统设计[M].北京:科学出版社,2004.
[2] 刘君华,申忠如,郭福田.现代测试技术与系统集成[M].北京:电子工业出版社,2005.
[3] 杨学山.工程振动测量仪器和测试技术[M].北京:中国计量出版社,2001.
[4] 冯忠绪.仿真设计与模型试验[M].西安:陕西科学技术出版社,1997.
[5] 施文康,余晓芬.检测技术[M].北京:机械工业出版社,2005.
[6] 邬惠乐,邱毓强.汽车拖拉机试验学[M].北京:机械工业出版社,1981.
[7] 李杰敏.汽车拖拉机试验学[M].2版.北京:机械工业出版社,1994.
[8] 蒋维铭,徐向东,周宇仁.误差理论及试验设计[M].成都:电子科技大学出版社,1993.
[9] 国家技术监督局计量司.测量不确定度评定与表示指南[M].北京:中国计量出版社,2000.
[10] 国家技术监督局计量司.通用计量术语及定义解释[M].北京:中国计量出版社,2001.
[11] 傅立敏.汽车空气动力学[M].北京:机械工业出版社,1998.
[12] 靳晓雄,张立军.汽车振动分析[M].上海:同济大学出版社,2002.
[13] 周开学,李书光.误差理论与数据处理理论[M].东营:中国石油大学出版社,2002.
[14] 钟志华,张维刚,曹立波,等.汽车碰撞安全技术[M].北京:机械工业出版社,2003.
[15] 王铁城.空气动力学实验技术[M].北京:国防工业出版社,1986.
[16] 《汽车工程手册》编辑委员会.汽车工程手册[M].北京:人民交通出版社,2006.
[17] 黄素逸.动力工程现代测试技术[M].武汉:华中科技大学出版社,2001.
[18] [俄]Я.M.别符兹聂尔.汽车振动的试验与研究[M].于长林,译.北京:机械工业出版社,1987.
[19] 梁晋文,陈林才,何贡.误差理论与数据处理[M].北京:中国计量出版社,1989.
[20] 杨惠连,张涛.误差理论与数据处理[M].天津:天津大学出版社,1992.
[21] 徐科军.信号处理技术[M].武汉:武汉理工大学出版社,2001.
[22] 田胜元,萧月荣.实验设计与数据处理[M].北京:中国建筑工业出版社,1988.
[23] [德]贝尔恩德·海森英,汉斯·于尔根·布兰德耳.汽车行驶动力学性能的主观评价[M].石晓明,等,译.北京:人民交通出版社,2010.
[24] 吴礼军,管欣.汽车整车性能主观评价[M].北京:北京理工大学出版社,2016.